际知识产权环境研究及

产权培训中心◎组织编写

实务教程

Guoji Zhishichanquan
Huanjing Yanjiu Ji
Zhongguo Shiwu Jiaocheng

知识产权出版社
全国百佳图书出版单位

图书在版编目（CIP）数据

国际知识产权环境研究及中国实务教程/中国知识产权培训中心组织编写. —北京：知识产权出版社，2019.4
ISBN 978-7-5130-6153-7

Ⅰ.①国… Ⅱ.①中… Ⅲ.①国际法—知识产权法—教材 Ⅳ.①D997.1

中国版本图书馆 CIP 数据核字（2019）第 042290 号

内容提要

本书涵盖了国际专利申请、专利审查高速路、国际商标、国际工业品外观设计、域名争议、IP 争端解决机制、国际组织数据利用等方面的法律制度和实务详解，通过分析和梳理在国际层面获取知识产权和争端解决的相关规则，给中国企业等市场主体提供便捷和有效的知识产权服务教程。

责任编辑：王祝兰　　　　　　　　　　责任校对：潘凤越
执行编辑：崔思琪　　　　　　　　　　责任印制：刘译文

国际知识产权环境研究及中国实务教程
中国知识产权培训中心　组织编写

出版发行	知识产权出版社 有限责任公司	网　址	http://www.ipph.cn
社　址	北京市海淀区气象路 50 号院	邮　编	100081
责编电话	010-82000860 转 8555	责编邮箱	wzl@cnipr.com
发行电话	010-82000860 转 8101/8102	发行传真	010-82000893/82005070/82000270
印　刷	三河市国英印务有限公司	经　销	各大网上书店、新华书店及相关专业书店
开　本	787mm×1092mm　1/16	印　张	12.75
版　次	2019 年 4 月第 1 版	印　次	2019 年 4 月第 1 次印刷
字　数	230 千字	定　价	60.00 元

ISBN 978-7-5130-6153-7

出版权专有　侵权必究
如有印装质量问题，本社负责调换。

编委会

主　编：许　静
副主编：钟　晶　许　凯
主　审：孙　玮　高　强　杨　璐
编　委：李　勋　王　彦　肖　婧

前言

在当今世界,知识产权日益成为各国增强国际竞争力的战略资源,随着美国、日本等发达国家在一些传统制造领域的优势渐失,挑起知识产权争端、利用知识产权诉讼,已成为他们狙击中国企业、保护自身市场的主要手段。一些跨国公司滥用权利,给我国某些行业和企业的生存和发展带来了巨大的挑战。

近10年来,中国外向型经济逐渐形成,中国企业不断成长壮大,开始大规模进入海外市场,增加海外投资。企业的"走出去"已经成为国家的一项基本战略。

我国企业扬帆出海,制度壁垒或技术壁垒难以回避,阻力重重。由于信息获取的不完全、专业人才的缺乏、分析能力和应对能力的严重不对等等因素,面对诉讼纷争,缺乏财力的支撑而无法与竞争对手持续对抗,我国企业的维权过程没有展开就已经失败了。在国际知识产权领域,我国企业可能遭遇到商标、专利、版权、外观设计、域名等各类具体贸易风险,甚而面临跨国诉讼和经济赔偿。提升国际贸易中的竞争能力,已成为我国企业亟待解决的难题。

为了从整体上提升我国企业知识产权实力,在国际知识产权博弈中取得主动权,从根本上提升我国企业在国际市场上的竞争力,为企业、科研单位及知识产权服务业等社会主体提供国际层面知识产权法律问题及中国实务的指引,已成为业内的迫切需求。本教材涵盖了国际专利申请、专利审查高速路、国际商标、国际工业品外观设计、法院外争议解决机制、域名争议等方面的法律制度和实务详解。本书分析和梳理了在国际层面获取知识产权和解决争议的相关规则,给中国企业等市场主体提供了便捷有效的知识产权服务指导。

目 录

第一章 知识产权国际保护概述 ... 1
    一、什么是知识产权国际保护 ... 1
    二、知识产权国际保护的由来 ... 1
    三、与知识产权国际保护相关的国际组织 ... 3
    四、知识产权国际保护的规则体系 ... 6
    五、知识产权国际保护的基本原则 ... 8
    参考文献 ... 11

第二章 国际专利申请体系 ... 13
    一、《专利合作条约》（PCT）概述 ... 13
    二、国际申请的程序 ... 18
    参考文献 ... 60

第三章 专利审查高速路（PPH） ... 61
    一、PPH 项目的产生 ... 61
    二、PPH 项目的运行模式 ... 62
    三、PPH 的好处 ... 63
    四、PPH 项目的推行效果 ... 64
    五、PPH 项目对国家和地区局审查带来的影响 ... 64
    六、我国 PPH 项目现状以及基本处理原则 ... 67
    七、PPH 项目与其他国际合作项目之间的关系 ... 70
    八、PPH 的发展趋势 ... 71
    参考文献 ... 83

第四章 国际商标体系 ... 84
    一、马德里商标国际注册体系 ... 84

二、我国加入马德里商标国际注册体系的概况与现状 ………… 91
　　三、办理马德里商标国际注册实务 ………………………… 98
　　参考文献 …………………………………………………… 116

第五章　国际工业品外观设计体系 ………………………… 117
　　一、工业品外观设计保护制度概述 ………………………… 117
　　二、海牙体系总体介绍 ……………………………………… 137
　　三、海牙体系发展现状 ……………………………………… 142
　　四、目前海牙体系下中国相关申请情况 …………………… 152
　　五、申请海牙国际申请操作实务 …………………………… 155
　　参考文献 …………………………………………………… 160

第六章　法院外知识产权争议解决体系 …………………… 161
　　一、概说 ……………………………………………………… 161
　　二、法院外争议解决办法有诸多好处 ……………………… 162
　　三、WIPO 仲裁与调解中心 ………………………………… 163
　　四、调解 ……………………………………………………… 166
　　五、仲裁 ……………………………………………………… 170
　　六、专家裁定 ………………………………………………… 177
　　参考文献 …………………………………………………… 179

第七章　国际域名争议解决及我国现状 …………………… 180
　　一、什么是域名 ……………………………………………… 180
　　二、什么是域名争议 ………………………………………… 184
　　三、国际域名争议解决机制 ………………………………… 185
　　四、我国域名争议解决机制及相关规定 …………………… 192
　　五、域名争议纠纷的司法解决 ……………………………… 195
　　参考文献 …………………………………………………… 196

第一章　知识产权国际保护概述

一、什么是知识产权国际保护

知识产权的国际保护是指以多边国际公约为基本形式,以政府间国际组织为协调机构,通过协调各国国内知识产权法律制度,从而在相对统一的基础上对知识产权进行的保护。知识产权的国际保护目的不是取代国内法保护,而是在于协调各国国内法、统一保护标准、实现跨国保护。知识产权国际保护的基本方法是通过政府间国际组织制订多边国际公约,利用国民待遇、最惠国待遇、最低保护标准等原则,对各国国内知识产权法律制度进行协调,建立相对统一的知识产权保护规则体系。

一般而言,知识产权国际保护的对象是所有类型的知识产权,不仅包括传统的知识产权如:专利权、商标权、版权及其邻接权,还包括商业秘密(未公开信息)、植物新品种、地理标志、集成电路、遗传资源等。

二、知识产权国际保护的由来

知识产权有着显著的地域性特点。按照一个国家或者地区的法律产生的知识产权,只在本国家或地区范围内有效,超出该地域范围,这项知识产权即不复存在,失去了法律效力。

19世纪以来,随着工业产权制度在西方各国普遍建立,科学技术与生产力获得了空前的发展,跨国贸易与技术合作渐成潮流。国际经贸合作的日新月异映衬出各国知识产权法律的局促不堪,甚而阻碍了国际经济与技术交流。因此,实行知识产权国际保护的制度呼之欲出,知识产权领域的国际条约应运而生。

1883年,国际社会缔结了第一个知识产权领域的国际公约《保护工业产权巴黎公约》(以下简称《巴黎公约》),知识产权国际保护从此拉开了序幕。1993年,多国参与并签订的《与贸易有关的知识产权协议》(TRIPS)标志着知识产权的国际保护进入一个新的历史阶段。在这一百多年的时间里，逐渐形成了由全球性公约与地区性公约共同组成的国际公约系统，各参与国的法律逐渐与该原则所要求的标准接轨，为知识产权的国际保护确立了统一的公平合理的基准。各国知识产权法律制度与地区甚至国际知识产权条约共同构建了完整的知识产权制度体系。

作为知识产权领域的基本性国际公约，《巴黎公约》与《保护文学艺术作品伯尔尼公约》（以下简称《伯尔尼公约》）均以国民待遇及独立保护为其基本原则。根据国民待遇原则，任何一个成员国的国民在其他成员国境内，享有与该成员国给予其国民在知识产权保护上的同样的待遇。这一原则为知识产权的国际保护提供了前提。根据独立保护原则，各国在知识产权保护方面互相独立，这正是知识产权地域性的突出表现。该项原则包含了下述两层含义：其一，条约的规定须借助于各国国内法将其付诸实施，也就是说，"任何国际公约允诺所能提供的保护，都必须通过成员国的国内法的作用实现"。比如，我国于1985年加入《巴黎公约》，对于该公约所规定的进口权，则是通过1992年修订的《专利法》予以确认以后才在我国受到保护的。这说明，各成员国国民不可能仅凭借国际条约就获得现实的知识产权国际保护。就知识产权而言，不存在一种通行各国的统一的专利权、著作权或商标权，实际存在着的是按照各国知识产权法律存在着的在各个国家有效的单个的知识产权，比如，中国专利权、中国著作权或者法国专利权、法国著作权等。在这一点上，有必要明确知识产权领域的这一类国际公约与有形财产领域的统一实体法的区别。后者直接规定了当事人的权利与义务，有明确的约束力。若将上述两者相提并论，则会造成对知识产权及其国际保护的不正确认识。其二，任何一个国家对其他国家的国民在知识产权方面所提供的保护是完全独立的。对此，《巴黎公约》明确规定：就同一发明在不同国家取得的专利互相独立；同一商标在不同国家所受保护具有独立性。《伯尔尼公约》也规定：对作品的保护程度以及为保护作者权利而向其提供的补救方法完全由被要求给以保护的国家的法律规定。上述规定具体表现为：在权利的创设、范围、保护水平以及救济等方面，任何国家都不受其他国家的影响。例如，以权利的创设而言，甲国对植物新品种不予以专利保护，作为甲国国民的植物新品种的发明人却可以到保护该种发明的乙国去申请专利，反之亦然。产生这种现象的原因就是乙国对甲国国民的知识产权保护不以甲国的保护为前提，乙国完全是按照其国内知识产权法律对具备资格的主体授予权利的。甲国国民在乙国就其植物新品种发明所享有的专利权（即乙国专利权）只在乙国有效，包括甲国在内的其他任何国家都不会承认该项专利权的效力。

独立保护原则普遍地体现于各有关的知识产权国际条约中。除上述基本公约以外，对知识产权国际保护有着重要影响的还有涉及国际申请程序的公约，这包括我国已加入的《商标国际注册马德里协定》（以下简称《马德里协定》）以及《专利合作条约》（PCT）。这两项条约都是对商标以及专利申请案的接受及审查程序作出某种国际性的统一规定，而不涉及商标权与专利权的批准问题。也就是说，是否授予权利，由各国依其国内法作出决定。

伴随着知识产权领域国际交往的日益频繁，地区性统一实体法成为现代知识产权国际保护制度的一大发展趋势。超越一国地域的知识产权只在它借以产生的跨国实体法效力所及的范围内有效。这正体现了知识产权的地域性。根据地域性的含义，它是指按一国或一地区（大的地区如欧洲、非洲等，小的如中国的香港和台湾等）法律产生的知识产权只在该国或该地区范围内有效。因此，诸如欧洲专利权、非洲跨国著作权等只在其得以产生的欧洲或非洲区域内有效。在其他国家或地区，它们仍需依照各该国或地区的法律去寻求保护。

三、与知识产权国际保护相关的国际组织

（一）世界知识产权组织（WIPO）

WIPO是一个致力于促进使用和保护人类智力作品的国际组织，总部设在瑞士日内瓦，是联合国组织系统中的18个专门机构之一。它管理着涉及知识产权保护各个方面的26项（17项关于工业产权，8项关于版权，加上《建立世界知识产权组织公约》）国际条约。截至2016年，成员国有189个国家。

1. 组织历史

WIPO的根源可追溯到1883年。1883年，《巴黎公约》诞生了。这是第一部旨在使一国国民的智力创造能在他国得到保护的重要国际条约。这些智力创造的表现形式是工业产权，包括发明（专利）商标工业品外观设计。《巴黎公约》于1884年生效。1886年，随着《伯尔尼公约》的缔结，版权走上了国际舞台。该公约的宗旨是使其成员国国民的权利能在国际上得到保护，以对其创作作品的使用进行控制并收取报酬。这些创作作品的形式有：长篇小说、短篇小说、诗歌、戏剧；歌曲、歌剧、音乐作品、奏鸣曲；绘画、油画、雕塑、建筑作品。同《巴黎公约》一样，《伯尔尼公

约》也成立了国际局来执行行政管理任务。1893年，这两个小的国际局合并，成立了被称之为保护知识产权联合国际局（常用其法文缩略语 BIRPI 表示）的国际组织。这一规模很小的组织设在瑞士伯尔尼，当时只有7名工作人员，即是今天的 WIPO——这个有着184个成员国和来自全世界95个国家的约938名工作人员并担负着范围不断扩大的使命与任务的充满活力的实体——的前身。随着知识产权变得日益重要，这一组织的结构和形式也发生了变化。1960年，BIRPI 从伯尔尼搬到日内瓦，以便与联合国及该城市中的其他国际组织更加邻近。1967年7月14日，"国际保护工业产权联盟"（以下简称"巴黎联盟"）和"国际保护文学艺术作品联盟"（以下简称"伯尔尼联盟"）的51个成员国在瑞典首都斯德哥尔摩共同建立了 WIPO，以便进一步促进全世界对知识产权的保护，加强各国和各知识产权组织间的合作。1970年后，《建立世界知识产权组织公约》生效。经历了机构和行政改革并成立了对成员国负责的秘书处之后，保护知识产权联合国际局变成了 WIPO。1974年，WIPO 成为联合国组织系统的一个专门机构，肩负着管理知识产权事务的任务，这一任务得到了联合国会员国的承认。WIPO、世界贸易组织（WTO）、联合国教育、科学及文化组织（以下简称"联合国教科文组织"，UNESCO）是现今3个最主要的管理知识产权条约的国际组织（后两个国际组织不是知识产权专门机构）。WIPO 总部设在瑞士日内瓦，在美国纽约联合国大厦设有联络处。1978年，WIPO 秘书处搬入总部大楼。

1996年，WIPO 同 WTO 签订了合作协定，从而扩大了其在全球化贸易管理中的作用，并进一步证明了知识产权的重要性。

2. 主要机构

WIPO 下设4个机构：

① 大会。由成员国中参加巴黎联盟和伯尔尼联盟的国家组成，每3年召开1次会议；大会为这个组织的最高权力机构。

② 成员国会议。由全体成员国组成，每3年召开1次会议，讨论有关问题，制定法律和技术计划及财政预算。

③ 协调委员会。由巴黎联盟和伯尔尼联盟执行委员会的成员国组成，每年召开1次会议，提出有关意见，拟定大会议程草案，提出总干事候选人名单等。

④ 国际局，是 WIPO 的常设办事机构，负责组织会议及文件、交流情报、出版刊物和国际注册，包括 PCT 的专利登记、《马德里协定》的商标

注册、《工业品外观设计国际注册海牙协定》（以下简称《海牙协定》）的外观设计备案、《保护原产地名称及其国际注册里斯本协定》（以下简称《里斯本协定》）的产地名称注册等。

3. 主要职能

通过国家间的合作促进对全世界知识产权的保护，确保各成员国之间的合作，并从事知识产权法律和管理工作。它的主要活动包括：

① 鼓励签订新的有关知识产权的国际公约；

② 协调各国有关知识产权的国内立法；

③ 向发展中国家提供有关知识产权的法律和技术援助；

④ 收集和传播有关技术情报；

⑤ 办理有关知识产权的国际注册事宜。

4. 主要任务

（1）协调各国知识产权的立法和程序；

（2）为工业产权国际申请提供服务；

（3）交流知识产权信息；

（4）向发展中国家及其他国家提供法律和技术援助；

（5）为解决私人知识产权争端提供便利；

（6）利用信息技术和因特网作为存储、查询和使用有价值的知识产权信息的工具。

（二）世界贸易组织（WTO）

1. WTO 概况

（1）1994 年 4 月 15 日乌拉圭回合马拉喀什部长会议决定成立 WTO，总部设在日内瓦。

（2）其前身是 1947 年的《关税及贸易总协定》（GATT）。WTO 于 1995 年 1 月 1 日正式运作，1996 年 1 月 1 日正式取代 GATT。

（3）WTO 是独立于联合国的永久性国际组织。

2. WTO 的职能

（1）组织实施各项贸易协定；

（2）为各成员提供多边贸易谈判场所，并为多边谈判结果提供框架；

（3）解决成员间发生的贸易争端；

（4）对各成员的贸易政策与法规进行定期审议；

（5）协调与国际货币基金组织（IMF）、世界银行的关系；

（6）提供技术支持和培训。

3. WTO 的组织机构

WTO 的机构包括部长级会议、总理事会、专门委员会、秘书处与总干事。

（三）欧洲专利局（EPO）

欧洲专利局是根据《欧洲专利公约》于1972年成立的。其主要职能是负责欧洲地区的专利审批工作，它是世界上实力最强、最现代化的专利局之一，拥有世界上最完整的专利文献资源，先进的专利信息检索系统和丰富的专利审查、申诉及法律研究方面的经验。

（四）非洲知识产权组织（OAPI）

非洲知识产权组织创立于1962年9月13日，是非洲地区法语国家知识产权保护的区域性组织。

（五）联合国教科文组织（UNESCO）

联合国教科文组织于1946年11月16日成立，同年12月成为联合国专门机构，其宗旨是通过促进各国间教育、科学和文化合作，对和平与安全作出贡献。《世界版权公约》由该组织主持缔结和独立管理。

（六）国际劳工组织（ILO）

国际劳工组织于1919年根据《凡尔赛和约》作为国际联盟的附属机构成立，1946年12月14日成为联合国专门机构。国际劳工组织和WIPO、联合国教科文组织共同发起缔结并共同管理《保护表演者、录音制品制作者和广播组织国际公约》（以下简称《罗马公约》）。

（七）国际植物新品种保护联盟（UPOV）

该组织于1961年依据《保护植物新品种国际公约》成立。

四、知识产权国际保护的规则体系

（一）由 WIPO 管理的公约

由 WIPO 管理的公约见表1.1。

表1.1　WIPO 管理的公约

名称	简称	时间	地点
《保护工业产权巴黎公约》	《巴黎公约》	1883年	巴黎
《保护文学艺术作品伯尔尼公约》	《伯尔尼公约》	1886年	伯尔尼

续表

名称	简称	时间	地点
《制止产品来源虚假或欺骗性标记马德里协定》	《(产地标记)马德里协定》	1891年	马德里
《商标国际注册马德里协定》	《马德里协定》	1891年	马德里
《工业品外观设计国际注册海牙协定》	《海牙协定》	1925年	海牙
《商标注册用商品和服务国际分类尼斯协定》	《尼斯协定》	1957年	尼斯
《保护原产地名称及其国际注册里斯本协定》	《里斯本协定》	1958年	里斯本
《保护表演者、录音制品制作者和广播组织罗马公约》	《罗马公约》	1961年	罗马
《建立世界知识产权公约》	《WIPO公约》	1967年	日内瓦
《建立工业品外观设计国际分类洛迦诺协定》	《洛迦诺协定》	1968年	洛迦诺
《专利合作条约》	PCT	1970年	日内瓦
《国际专利分类斯特拉斯堡协定》	《斯特拉斯堡协定》	1971年	斯塔拉斯堡
《保护录音制品制作者禁止未经许可复制其录音制品公约》	《录音制品公约》	1971年	日内瓦
《建立商标图形要素国际分类维也纳协定》	《维也纳协定》	1973年	维也纳
《发送卫星传输节目信号布鲁塞尔公约》	《布鲁塞尔公约》	1974年	布鲁塞尔
《国际承认用于专利程序的微生物保存布达佩斯条约》	《布达佩斯条约》	1977年	布达佩斯
《保护奥林匹克会徽内罗毕条约》	《内罗毕条约》	1981年	内罗毕
《国际商标注册马德里协定有关议定书》	《马德里议定书》	1989年	马德里
《关于集成电路知识产权的华盛顿条约》	《华盛顿条约》	1989年	华盛顿
《商标法条约》	TLT	1994年	日内瓦
《世界知识产权组织版权条约》	WCT	1996年	日内瓦
《世界知识产权组织表演和录音制品条约》	WPPT	1996年	日内瓦
《专利法条约》	PLT	2000年	日内瓦
《商标法新加坡条约》	《新加坡条约》	2006年	新加坡
《视听表演北京条约》	《北京条约》	2012年	北京

续表

名称	简称	时间	地点
《关于为盲人、视力障碍者或其他印刷品阅读障碍者获得已出版作品提供便利的马拉喀什条约》	《马拉喀什视障者条约》	2013年	马拉喀什

（二）由 WTO 管理的公约

《与贸易有关的知识产权协议》（TRIPS）1993 年于日内瓦。

（三）由联合国教科文组织管理的公约

《世界版权公约》1952 年于日内瓦。

五、知识产权国际保护的基本原则

（一）非歧视原则

该原则是知识产权国际保护制度的基础，主要通过国民待遇、最惠国待遇、互惠待遇等制度体现。

1. 国民待遇原则

国民待遇原则是众多知识产权公约所确认的首要原则。其基本含义是，在知识产权保护方面，各缔约国依本国法已经给予或今后可能给予其本国国民的待遇，须同等地给予其他缔约国国民。不同的国际公约对"同等"的表述不同，主要包括"不低于""不歧视""不应较为不利"等。

（1）《巴黎公约》的国民待遇原则

《巴黎公约》所称的国民待遇是指在工业产权保护方面，每个缔约国给予联盟其他成员国国民的待遇不得低于该缔约国给予其本国国民的待遇，包括该国法律现在授予或今后可能授予的待遇。

【《巴黎公约》第 2 条：本联盟任何国家的国民，在保护工业产权方面，在本联盟所有其他国家内应享有各该国法律现在授予或今后可能授予国民的各种利益；一切都不应损害本公约特别规定的权利。因此，他们应和国民享有同样的保护，对侵犯他们的权利享有同样的法律上的救济手段，但是他们遵守对国民规定的条件和手续为限。但是，对于本联盟国家的国民不得规定在其要求保护的国家须有住所或营业场所才能享有工业产权。本联盟每一国家法律中关于司法和行政程序管辖权、以及指定送达地址或委派代理人的规定，工业产权法律中可能有要求的，均明确的予以

保留。】

案例

国民待遇案

1995年以来，荷兰飞利浦电子有限公司向中国申请并获得了剃须刀、剃须器的10余项外观设计专利。这些产品在中国畅销的同时，出现了假冒行为。2001年8月，飞利浦公司将26家经销商举报到某省知识产权局。8月9日该省知识产权局、公安局采取联合行动，对该地市场上涉嫌销售侵权产品的26家销售商的柜台、仓库进行了检查，查获各式涉嫌侵权产品821件并封存。

【我国《专利法》第18条：在中国没有经常居所或者营业所的外国人、外国企业或者外国其他组织在中国申请专利的，依照其所属国同中国签订的协议或者共同参加的国际条约，或者依照互惠原则，根据本法办理。】

(2)《伯尔尼公约》的国民待遇原则

【《伯尔尼公约》第5条第1款：就享有本公约得到保护的作品而论，作者在作品起源国以外的本同盟成员国中享有各该国法律现在给予和今后可能给予其国民的权利，以及本公约特别授予的权利。】

【《伯尔尼公约》第5条第3款：起源国的保护由该国法律规定。如作者不是起源国的国民，但其作品受公约保护，该作者在该国仍享有同本国作者相同的权利。】

《伯尔尼公约》"起源国"的标准：

① 作者具有某一缔约国的国籍；
② 作者在某一缔约国内有住所或居所；
③ 作品在某一缔约国首次出版。

案例

《加菲猫》著作权纠纷案

《加菲猫》(GARFIELD)漫画为美国公民吉姆·戴维斯(Jim Davis)创作。以该漫画为内容的《加菲猫》系列丛书于20世纪80年代在美国出版，现版权所有人为本案原告Paws Incorporated。被告希望出版社在履行了审批备案手续后，未经原告许可，于1999年11月出版发行了《加菲猫》系列丛书的中文本。北京市中级人民法院认为，美国与我国均为《伯尔尼公约》成员国，根据国民待遇原则，我国应按照《著作权法》的规定，保护美国当事人的合法权益。法院依照《著作权法》判决被告构成侵权，停止侵害，赔偿损失。

(3) TRIPS 的国民待遇原则

根据 TRIPS 第 3 条，在知识产权保护方面，WTO 每一成员给予其他成员的待遇不得低于其本国国民的待遇。

(4) 其他国际公约的国民待遇原则

《世界版权公约》《罗马公约》《华盛顿条约》……

2. TRIPS 的最惠国待遇原则

最惠国待遇是指在知识产权保护方面，某一缔约方提供给另一缔约方的国民的任何利益、优惠、特权或豁免，均应立即、无条件地给予全体其他成员的国民。

(二) 最低保护标准原则

最低保护标准原则是指缔约方依据本国法对其他任何缔约方国民的知识产权保护，包括权利保护对象、权利取得方式、权利内容及限制、权利保护期间等方面，不能低于条约规定的最低标准。

【《伯尔尼公约》第 19 条：如果本同盟成员国的本国法律提供更广泛的保护，本公约条款不妨碍要求适用这种规定。】

【《伯尔尼公约》第 20 条：本同盟各成员国政府保留在它们之间签订给予作者比本公约所规定的更多的权利，或者包括不违反本公约的其他条款的特别协议的权利。凡符合上述条件的现有协议的条款仍然适用。】

【TRIPS 第 1 条第 1 款：各成员方应使本协议的规定生效。各成员方可以，但不应受强制地，在本国法律中实行比本协议所要求的更加广泛的保护，只要这种保护不与本协议条款相抵触。各成员方应在各自的法律体系及惯例范围内自由确定实施本协议各条款的适当方法。】

该原则是对国民待遇原则的重要补充，与国民待遇原则既有区别又相互统一。

(三) 独立保护原则

独立保护原则是指缔约方国民就其智力成果在某一缔约方得到的保护，与在其他缔约方或非缔约方所获得的保护，包括权利的取得、权利的内容、权利的消灭等方面，是相互独立的。

【《巴黎公约》第 4 条之二第 1 款：本联盟国家的国民向本联盟各国申请的专利与在其他国家，不论是否为本联盟的成员国，就同一发明所取得的专利是相互独立的。】

（四）公共利益原则

公共利益原则是指知识产权的保护和权利行使，不得违反社会公共利益，应保持公共利益和权利人之间的平衡。在相关公约中，"公共利益"通常被表述为"公共健康""社会发展""表现自由""公共教育"等。

【TRIPS 第 8 条：（1）各成员在制定或修改其法律和规章时，可以采取必要的措施，以保护公共卫生和营养，以及促进对其社会经济和技术发展极关重要的部分的公共利益，但是以这些措施符合本协定的规定为限。（2）为了防止权利持有人滥用知识产权，或者采取不合理地限制贸易或不利于国际技术转让的做法，可以采取适当措施，但是以这些措施符合本协定的规定为限。】

【《世界知识产权组织版权条约》序言：承认有必要按《伯尔尼公约》所反映的保持作者的权利与广大公众的利益尤其是教育、研究和获得信息的利益之间的平衡。】

【《巴黎公约》第 5 条：强制许可。】

【《伯尔尼公约》第 10 条：合理使用。】

案例

南非《药品和相关物质控制修正案》违宪审查案

南非的 HIV 病毒感染率很高，已严重影响其政治、经济和社会的稳定，但其国内市场用于抑制 HIV 病毒的药品都是发达国家生产的专利药，其价格高出国际市场上通用名药品价格的十几倍。为此，南非国会于 1997 年通过了《药品和相关物质控制修正案》，其第 15 条规定，健康部长有权允许"平行进口"专利药品。法案颁布后，受到 39 家跨国制药公司和在该领域具有领先地位的 5 大药厂的强烈反对，并在南非最高法院联合控告南非政府。这些企业在国际社会舆论压力下于 2001 年 4 月撤诉，但南非政府同意与相关制药商建立一个工作委员会以制订上述法案下的行政规章，制药企业亦同意向南非提供低价药品作为让步。

参考文献

[1] 郑成思. 知识产权论 [M]. 北京：法律出版社，2001.

[2] 刘春田. 知识产权法 [M]. 北京：高等教育出版社，2003.

[3] 吴汉东. 知识产权法 [M]. 北京：法律出版社，2009.

［4］吴汉东. 知识产权国际保护制度研究［M］. 北京：知识产权出版社，2007.

［5］董新凯，吴玉岭. 知识产权国际保护［M］. 北京：知识产权出版社，2010.

［6］唐广良，董炳和. 知识产权的国际保护（修订版）［M］. 北京：知识产权出版社，2006.

［7］吴汉东. 知识产权法教学案例［M］. 北京：法律出版社，2005.

［8］孔祥俊，武建英，刘泽宇. WTO规则与中国知识产权法［M］. 北京：清华大学出版社，2006.

［9］刘春田. 知识产权法教程［M］. 北京：中国人民大学出版社，1995.

［10］郑成思. 知识产权与国际贸易［M］. 北京：人民出版社，1995.

［11］世界知识产权组织网站（http：//www. wipo. int）.

［12］国家知识产权局网站（http：//www. cnipa. gov. cn）.

第二章　国际专利申请体系

一、《专利合作条约》（PCT）概述

（一）PCT 的产生

1. 历史回顾

1474 年 3 月 19 日威尼斯颁布了世界上第一部专利法。该法虽然比较简单，但已包括现代专利法的基本特征和内容，因此威尼斯被认为是专利制度的发源地，威尼斯颁布的专利法被认为是现代意义上专利法的雏形。1623 年英国国会通过并颁布了《垄断法规》，并于 1624 年开始实施。这个法规被认为是具有现代意义的世界上第一部专利法。英国专利制度的产生标志着现代专利制度步入发展阶段。此后，美国、法国、荷兰、奥地利、德国、日本等国相继制定和颁布了专利法。17 世纪、18 世纪在欧洲各国及美国纷纷建立起专利制度，但是各国的专利制度仅限于保护本国发明人的专利权，却不能给予外国人以相同的待遇。随着国际市场的形成，便显现出其局限性。1883 年 3 月 20 日，英国、法国、比利时、意大利、荷兰、葡萄牙和西班牙等 14 国在法国巴黎外交会议上签订了《巴黎公约》，成立了国际保护工业产权巴黎联盟。《巴黎公约》为发明人在外国寻求专利保护提供了可能性。依据公约规定的国民待遇原则和优先权原则建立了传统的巴黎公约申请体系。即发明人在向本国提出首次申请之后 1 年内，可以分别向各国专利局提交申请文件，该文件要使用各国规定的语言、按照各国的形式及内容的要求撰写。申请时要分别向各国专利局缴纳专利费用，多数专利局往往还要求委托当地的专利代理人。

2. 问题的提出

随着专利制度的发展和完善，申请人希望其发明能够在多个国家得到保护，这样申请人就需要分别向各个国家提出专利申请，而各国的专利局也需要就同一发明进行重复性的审查，这样无疑会耗费申请人和专利局的时间与资源。

3. 签约

1966年工业产权巴黎联盟提请保护知识产权联合国际局（BIRPI，即WIPO的前身）研究就同一发明向多国提出申请的情况下如何减少申请人和各国专利局重复劳动的问题。BIRPI拟定草案，经多次专家会议讨论、修改，1970年6月在华盛顿举行的外交会议上签订了《专利合作条约》（PCT）。

4. 生效

经过8年的准备工作，条约于1978年1月正式生效，并于当年6月在最初的18个成员国开始实施。PCT是在《巴黎公约》之下，仅对《巴黎公约》成员国有效的协议。参加PCT的国家组成联盟，称为国际专利合作联盟。PCT分别于1979年、1984年、2001年进行了3次修订，实施细则经过了三十几次修订。到2018年6月，成员国为152个。根据WIPO的统计，在1978年按照PCT提出的国际申请只有459件，而发展至今日，仅2017年一年就受理了243500件国际申请。近年来，美国、日本、韩国、欧洲专利局等国家和组织纷纷提出关于PCT的改革方案，目的在于进一步加强在专利领域国际合作的力度，向国际化的方向发展，进一步减少在专利申请、专利审批中的重复劳动，从而减轻申请人和各国专利局的负担。

（二）PCT的内容简介

1. PCT宗旨及主要目标

概括地说，PCT的规定主要涉及在成员国之间对专利申请的提出、检索和审查等方面进行合作。PCT的目标是建立起PCT申请体系。PCT规定申请人只需以一种语言向一个专利局按照PCT的要求提出一份申请，这份申请自国际申请日起在所有指定国具有与其本国的申请同等的效力。PCT还规定由一个专利局，即受理局对国际申请进行形式审查，由一个专利局（国际检索单位）对国际申请进行检索并制定国际检索报告，所有的国际申请及国际检索报告都由国际局进行统一的国际公布。如果申请人提出要求，再由一个局（国际初步审查单位）对国际申请请求保护的发明是否具有专利性提出初步的、无约束力的意见，制定一份国际初步审查报告，供申请人及选定局参考。PCT没有涉及专利申请的授权，授予专利权的任务仍旧由被指定给予保护的每个缔约国的专利局完成，授予专利的实质性条件，包括关于现有技术的标准，应当适用于该国本国法的规定。PCT没有实现授权程序的国际合作。

2. PCT 主要内容及其他有关法规

PCT 共 8 章，涉及国际申请程序的规定主要在前 3 章。PCT 第 Ⅰ 章是关于提出国际申请、进行国际检索、随后完成国际公布的规定，凡是符合要求的国际申请都要历经第 Ⅰ 章规定的程序。PCT 第 Ⅱ 章是关于国际初步审查程序的规定，由于该程序是根据申请人的请求才启动的，所以第 Ⅱ 章条款的适用是可选择的、非强制性的。PCT 第 Ⅲ 章是对各程序都适用的共同规定。PCT 附有《PCT 实施细则》，《PCT 实施细则》对 PCT 明文规定按细则办理的事项作出补充规定，对有关管理的要求和程序作出规定，对贯彻 PCT 规定中的具体细节作出规定。按照《PCT 实施细则》的规定，WIPO 总干事颁布《PCT 行政规程》，对《PCT 实施细则》中明文规定按《PCT 行政规程》办理的事项作出补充规定，对适用《PCT 实施细则》的具体细节作出规定。PCT 及其实施细则、行政规程是 PCT 申请体系运作的法律依据。另外，为帮助受理局、国际检索单位、国际初步审查单位执行条约为其规定的任务，WIPO 出版了《受理局指南》《国际检索指南》《国际初步审查指南》，为帮助申请人正确利用 PCT 申请体系，并向申请人提供必要的信息，WIPO 出版了《PCT 申请人指南》，上述指南仅提供指导和参考，不是法规性文件，当指南与正式法规发生抵触时，要以 PCT 及其实施细则、行政规程的规定为准。

（三）PCT 申请程序的特征

1. 与传统的《巴黎公约》比较

传统的专利体系要求向每个国家提出单独的专利申请，以寻求在该国的专利保护，但地区专利体系除外，如非洲知识产权组织、非洲地区工业产权组织（ARIPO）框架下的哈拉雷议定体系、欧亚专利体系及欧洲专利体系。根据传统的《巴黎公约》，在外国随后提出的申请可以享有 1 项在先申请的优先权，但是后一申请必须在在先申请提出后 12 个月内提交。而 PCT 申请体系向申请人提供了一条新的向国外申请专利的途径。PCT 申请程序通常被分为两个阶段，第一阶段称为 PCT 申请程序的"国际阶段"，它包括国际申请的提交、形式审查、国际检索和国际公布，如果申请人要求，国际阶段还要包括国际初步审查（发明的专利性的审查）。由于一件国际申请的上述程序分别由一个特定的专利局代表申请中指定的所有国家统一完成，并且依据的是 PCT 中规定的统一标准，具有明显的国际化的特征，所以叫作"国际阶段"程序。第二阶段是 PCT 申请程序的"国家阶段"，主要指授权程序。在国际阶段程序完成之后，申请人必须按照各指定国的规定，履行进入国家阶段的行为，从而启动国家阶段的程序。PCT没有关于对"国际申请"授权的规定，是否授予专利的决定仍旧由申请中指定寻求保护的各个国家（或地区组织）的专利局独立完成，对发明的专利性的最终判断仍旧依据各国（或地区组织）的专利法的规定。授予的专利权是在各国有效的国家专利（或地区专利）。这一阶段仍旧保留有传统申请程序的特征，所以叫作"国家阶段"程序。

2. 利用 PCT 申请途径的好处

（1）简化提出申请的手续。申请人只需提交一份国际申请，就可以向多个国家申请专利，获得这些国家的申请日，而不必向每一个国家分别提交专利申请。

（2）推迟决策的时间。申请人可以在首次提出申请之后的 30 个月内办理国际申请进入每一个国家的手续。利用这段延长的时间，申请人可以对市场、对发明的商业前景及其他因素进行调查，在花费较大资金进入国家阶段之前，决定是否继续申请外国专利。

（3）准确地投入资金。国家阶段的花费比起国际阶段的花费要多得多，是申请过程中的主要投入，PCT 申请程序可以使大量资金的投入推迟到最后阶段，使其更为准确、减少盲目性，从某种意义上说也是经费上的节省。

（4）完善申请文件。在 PCT 申请程序的国际阶段有多次修改申请文件的机会，特别是在国际初步审查过程中，申请人可以在审查员的指导下进行修改，使申请文件更为完善。

（5）减轻成员国国家局的负担。由于 PCT 申请在国际阶段已经进行了形式审查，而且经过了整体统一的国际公布，形式和内容上遵守了相应的标准，使得进入国家阶段时，各个国家局对于申请更加容易处理。

3. PCT 申请程序中的职能机构

（1）受理局。受理国际申请的国家局或政府间组织被称为受理局。其中国家局是指缔约国授权发给专利的政府机关，政府间组织是指地区专利条约的成员国授权发给地区专利的政府间机关，如欧洲专利局、欧亚专利局（EAPO）、非洲地区工业产权组织、非洲知识产权组织等。多数国家加入 PCT 后，其国家局即成为接受本国国民或居民提交的国际申请的受理局。同时国际局作为受理局可以接受任何 PCT 缔约国的国民或居民提交的国际申请。

（2）国际检索单位。负责对国际申请进行国际检索的国家局或政府间组织被称为国际检索单位，其任务是对作为国际申请主题的发明提出现有技术的文献检索报告。国际检索单位由国际专利合作联盟大会指定。到目前为止，被大会指定的国际检索单位共有 22 个，它们是：奥地利专利局、澳大利亚专利局、巴西工业产权局、加拿大知识产权局、智利工业产权局、中国国家知识产权局、埃及专利局、欧洲专利局、西班牙专利商标局、芬兰专利与注册局、以色列专利局、印度专利局、日本特许厅、韩国知识产权局、俄罗斯联邦知识产权局、瑞典专利局、新加坡知识产权局、土耳其专利商标局、美国专利商标局、乌克兰知识产权局、北欧专利机构、维谢格兰德专利机构（Visegrad patent institute）。

（3）国际初步审查单位。负责对国际申请进行国际初步审查的国家局或政府间组织被称为国际初步审查单位，其任务是对作为国际申请主题的发明是否有新颖性、创造性和工业实用性提出初步的、无约束力的意见，制定出国际初步审查报告。国际初步审查单位由国际专利合作联盟大会指定。到目前为止，被大会指定的国际初步审查单位共有 22 个。上面列举的国际检索单位同时也是国际初步审查单位。

（4）国际局。国际局是指 WIPO 国际局。国际局对《专利合作条约》的实施承担有中心管理的任务。国际局负责保存全部依据 PCT 提出的国际申请文件正本，负责国际申请的公布出版，负责在申请人、受理局、国际检索单位、国际初步审查单位以及指定局（或选定局）之间传递国际申请和与国际申请有关的各种文件，此外，国际局还负责受理国际申请。

（5）指定局和选定局。申请人在国际申请中指明的、要求对其发明给予保护的那些缔约国即为指定国，被指定的国家的国家局被称为指定局。申请人按照 PCT 第Ⅱ章选择了国际初步审查程序，在《国际初步审查要求书》中所指明的预定使用国际初步审查结果的缔约国被称为选定国，选定国的国家局即为选定局。选定应限于已被指定的国家。

（四）中国加入和利用 PCT 的情况

我国于 1994 年 1 月 1 日正式成为 PCT 缔约国。从该日起中国国家知识产权局成为 PCT 受理局，接受我国国民和居民提出的国际申请，同时中国国家知识产权局还被指定为国际检索单位和国际初步审查单位；从同一日起，申请人在国际申请中可以指定中国、中国国家知识产权局作为 PCT 的指定局。在 2001 年 7 月 1 日生效的中国《专利法》及其实施细则的修改中增加了关于国际申请的规定。中国《专利法实施细则》第 10 章针对进入我国国家阶段的国际申请的处理和审查作出特别规定。

二、国际申请的程序

（一）国际阶段

1. 提出国际申请

在 PCT 缔约国，按照 PCT 第 I 章的要求提出的保护发明的申请称为 PCT 国际申请。PCT 对提出国际申请的申请人的资格、申请应当使用的语言、申请文件的内容和形式、应当缴纳的费用等问题作了详细的规定，在任何缔约国提出的国际申请都必须遵守。

（1）国际申请的申请人

PCT 规定缔约国的任何国民或者居民都可以作为申请人提出国际申请。申请人在国际申请的请求书中应当如实填写作为其国籍的国家的名称和作为其长期居所的国家的名称。确定申请人是否属于请求书中所填写的国家的国民和居民，要依据该国的本国法，并且由受理局审核确定。另外，PCT 还规定，如果国际申请中有 2 个或 2 个以上申请人，只要其中有 1 个人是 PCT 缔约国的国民或者居民，就认为是符合要求的。与国家申请不同，当几个申请人共同提出一份国际申请，不同的申请人可以分别对应于不同的指定国，即分别作为不同指定国的申请人。例如某公司与其雇员，即该发明的发明人共同作为国际申请的申请人，发明人可以作为美国的申请人，而某公司作为除美国以外其他指定国的申请人。

（2）向何处提交国际申请

国际申请应当向规定的受理局提交。除少数例外，一般来说，PCT 缔约国的国民和居民作为申请人时，其本国的国家局应当是主管受理局。这少数例外是指一些法语非洲国家和斯里兰卡等委托国际局作为其本国国民或居民的主管受理局、列支敦士登委托瑞士国家局代为受理国际申请。如果申请人的国籍和居所分属于不同缔约国，可以由申请人从中选择一个国家局作为国际申请的受理局。另外，不管是哪个缔约国的国民或居民，除了可以向本国国家局提交申请外，都可以向国际局提交国际申请。以地区组织加入 PCT 的欧洲专利公约组织、欧亚专利公约组织、非洲地区工业产权组织和非洲知识产权组织等的成员国居民和国民还可以分别向欧洲专利局、欧亚专利局、非洲地区工业产权组织专利局或非洲知识产权组织专利局提交申请。

(3) 申请语言

申请人必须使用受理局接受的语言提出国际申请。受理局规定的申请语言可能是一种，也可能是几种，如果受理局规定了几种接受的语言时，申请人可以从中选择一种。受理局在规定可以接受的语言时，主要考虑以下3方面因素：主管国际检索单位能够接受的语言、国际公布允许使用的语言、作为受理局的国家局的工作语言。由于中国国家知识产权局既是受理局又是国际检索单位，同时其官方语言中文又是国际公布使用的语言，所以选择中文完全符合上述3个方面的要求。另外考虑到英文在我国已经被多数人掌握，而且中国国家知识产权局的审查员完全有能力使用英文进行审查，英文又是国际公布规定的几种语言之一，所以中国国家知识产权局作为受理局接受的申请语言除中文以外还有英文，申请人可以从两种语言中任意选择。申请人选择使用其中一种语言提出申请后，在国际阶段的全部程序中都将使用这种语言，包括申请人随后提交的各种文件（直接向国际局提交的文件除外），以及由中国国家知识产权局发出的各种通知在内都应当使用该申请语言。相对来说，向中国国家知识产权局提交国际申请的语言问题是比较简单的。

(4) 申请文件的标准化

PCT对国际申请文件的格式和内容的撰写方式规定了统一的标准。申请人准备的申请文件只要符合该标准，就应当被PCT的受理局接受，也就意味着可以被所有的指定国接受。PCT规定，任何缔约国的法律在国际申请的形式和内容方面不能提出与PCT不同的或额外的要求。申请文件的标准化是PCT程序的优点之一。《PCT实施细则》和《PCT行政规程》对申请文件的格式和内容的标准作出具体的规定。

① 请求书：请求书由国际局统一制定，每半年更新一次。与我国国家申请的请求书相比，PCT对国际申请请求书的要求有如下特点。

（ⅰ）请求书中必须包含申请人请求按PCT规定处理本国际申请的明确说明；

（ⅱ）请求书中必须写明申请人的国籍和居所，以便对申请人是否有权提出国际申请进行审查；

（ⅲ）请求书中可以对不同的指定国填写不同的申请人，也允许对不同的指定国填写不同的发明人；

（ⅳ）如果国际申请要求优先权的在先申请是在受理局提出的，申请人可以在请求书中做出标记，请求受理局为其准备优先权文件并传送到国际局；

（ⅴ）如果国际申请可以有2个或2个以上主管国际检索单位，申请人应当从中选择并填写在请求书中；

（ⅵ）为了在不同的缔约国不至于对请求书的内容产生歧义，PCT对填写格式作了十分具体的规定，例如：日期必须按照日、月、年的顺序书写，又如姓名必须按照姓在前、名在后书写，还有表明国家时填写的代码应当使用WIPO标准ST.3等规定。随着计算机技术的发展，请求书除了可以填写在印刷表格上（PCT/RO/101表）外，还可以选择使用PCT-SAFE软件提交申请，申请人选择PCT-SAFE形式，在提交纸件的同时还要附上软盘。

② 说明书：《PCT实施细则》第5条对说明书的撰写方式作出规定，主要有以下要求。

（ⅰ）应当按照"技术领域""背景技术""发明内容""附图概述""本发明的最佳实施方式"（或"本发明的实施方式"）"工业实用性"6个部分的方式和顺序撰写，并建议在每一部分前加上相应的标题。

（ⅱ）如果国际申请中包含核苷酸或氨基酸序列的公开，说明书中应当包括序列表，该序列表应当符合《PCT行政规程》附件C规定的标准，按照该标准序列表应作为说明书的单独部分提交，加上标题"序列表"字样。如果序列表部分包含有《PCT行政规程》规定的自由内容，该自由内容还应写入说明书的主要部分，标题为"序列表自由内容"。多数国际检索单位还要求提供计算机可读形式的序列表，《PCT行政规程》附件C对软盘格式做出规定。申请人应当将载有序列表的软盘连同申请文件一起向受理局提交，软盘不构成申请文件的一部分，仅为检索的目的提供给检索单位使用。2001年10月3日《PCT实施细则》作出修改，规定如果国际申请中包含有大的序列表，可以直接以电子形式提交而不必提交纸件，前提是受理局同意接受电子形式的序列表。在这种情况下，电子文件构成了申请文件的一部分。

③ 权利要求书：PCT第6条及其实施细则第6条对权利要求书的撰写作出规定，主要有以下几方面内容：

（ⅰ）权利要求要得到说明书的充分支持，应当确定要求保护的内容；

（ⅱ）关于权利要求引用国际申请其他部分，例如引用说明书、附图时的规定；

（ⅲ）适当的情况下，权利要求应由陈述部分和特征部分两部分组成，即包括对现有技术的指明和对请求保护的技术特征的表述；

（ⅳ）多项从属权利要求不能被另一多项从属权利要求所引用。

如果国际申请的权利要求书的撰写不符合《PCT 实施细则》第 6.4 条关于从属权利要求的规定写法，并且也不符合作为国际检索单位的国家局的本国法，国际检索单位根据 PCT 第 17（2）（b）条有理由对该项权利要求不做检索。另外，PCT 还规定一件国际申请应只涉及一项发明或由一个总的发明构思联系在一起的一组发明，即说明书的撰写应遵守发明单一性的要求。关于符合发明单一性要求的具体标准在《PCT 行政规程》附件 B 中作出规定。该标准既适用于国际检索单位、国际初步审查单位，在进入国家阶段程序后，也同样适用于指定局和选定局。

④ 附图：PCT 规定在对理解发明必要的情况下，国际申请必须包含有附图。流程图和图表应当作为附图，化学式或数学式可以作为说明书、权利要求书的内容，也可以作为附图提交。除绝对必要时附图中可以包含几个字，一般情况下附图中不应当有文字内容。

⑤ 摘要：《PCT 实施细则》第 8 条对摘要的撰写作出规定。摘要应当是说明书、权利要求书及附图所包含的公开内容的概括。摘要应当在内容允许的情况下尽可能简明，用英文书写或译成英文时最好在 50~150 个词之间。摘要的撰写原则是使其成为特定技术领域中科研人员、工程技术人员进行检索的有效查阅工具。摘要不能使用含义不清的词句，不能包含对要求保护的发明的优点、价值或属于推测性的应用的说明。如果国际申请包含附图，申请人应当在请求书规定栏目中注明其建议与摘要一起公布的某幅图的编号。

⑥ 文件的形式要求由《PCT 实施细则》第 11 条规定。例如对纸张、版式、字体的要求，对页码编写的规定，对附图绘制的要求等。要求申请文件满足这些形式规定，可以使国际申请的国际公布达到统一，同时具有标准化形式的国际申请更有利于各指定国对其内容的理解。除上述统一规定外，中国国家知识产权局作为受理局规定提出国际申请时只需提交一份申请文件。

（5）国家的指定及保护类型的确定

在 2002 年 PCT 联盟大会上讨论并通过了对《PCT 实施细则》中有关"指定"概念的修改，修改后的《PCT 实施细则》规定，国际申请一经提出，便具有自动指定在申请日时已正式生效的所有缔约国的效力，无须申请人再作出具体的国家指定，除指定 PCT 缔约国还包括成员国中的地区组织，如非洲地区工业产权组织专利、欧亚专利、欧洲专利、非洲知识产权组织专利，而保护类型的选择则推迟到进入国家阶段时再作出。这一修改简化了申请程序，同时也减少了申请人的失误。PCT规定，国际申请是指保护"发明"的申请，可以解释为发明专利、发明人证书、实用证书、实用新型和各种增补专利和增补证书的申请。不属于上述范围之内的其他形式的工业产权的申请，如外观设计，不能作为PCT意义上的国际申请提出。申请人在办理进入国家阶段手续时，对不同的指定国可以要求不同类型的保护。各缔约国可以给予的保护类型由该国现行的本国法确定。

（6）优先权要求及优先权文件

优先权声明（《PCT实施细则》第4.10条）国际申请可以要求一项或几项主题相同的在先申请的优先权。关于优先权要求的条件和效力，PCT没有特别规定，应当按照《巴黎公约》第4条的规定，即在先申请应当是在《巴黎公约》缔约国提出（或对该缔约国有效）的正规申请；在后的国际申请应当在要求其优先权的首次申请提出日起12个月内提出。在先申请可以是国家申请，也可以是地区申请或者是国际申请。由于国际申请在每一个指定国具有正规的国家申请的效力，所以按照《巴黎公约》原则，在先的国际申请也可以作为主题相同的在后申请的优先权基础。要求优先权的国际申请应当在请求书中包含一项声明，声明的内容包括在先申请的提交日、在先申请的申请号和受理在先申请的国家等，如果由于申请人的疏忽，在国际申请提出时没有包含要求享有在先申请优先权的书面声明，或者虽然做出了书面声明，但是声明的内容有错误，PCT程序规定，允许申请人在随后4个月内增加被遗漏的优先权要求或者改正要求优先权的书面声明中的缺陷。

优先权文件（《PCT实施细则》第17.1条）申请人在作出要求优先权的书面声明后，应当向受理局或者直接向国际局提交作为优先权要求基础的在先申请的副本（即优先权文件）。如果在先申请是在该受理局提交的，申请人可以直接在请求书中作出标记，请求受理局准备优先权文件并将该文件送交国际局。申请人提交优先权文件的期限是自优先权日起16个月，该文件最迟应当在国际公布日之前到达国际局。

（7）国际申请的费用

申请人提出国际申请应当缴纳以下费用。

① 传送费：传送费是由受理局收取的，是为了受理局对国际申请所完成的工作要求申请人支付的费用。支付传送费的货币种类及数额由受理局

制定。中国国家知识产权局作为受理局以人民币收取传送费 500 元。

② 检索费：检索费是由国际检索单位收取的，是为了完成国际检索、提供国际检索报告要求申请人支付的费用。支付检索费的货币种类及数额由国际检索单位制定。中国国家知识产权局作为国际检索单位以人民币收取检索费 2100 元。

③ 国际申请费：国际申请费是由国际局收取的，是为了国际局对国际申请完成国际公布、文件传送等各项任务要求申请人支付的费用。国际申请费的标准由国际局制定，在《PCT 实施细则》附件——费用表中公布了以瑞士法郎收取国际费的数额。以其他国际局可自由兑换成瑞士法郎的货币缴纳国际费的数额标准在《PCT 公报》上定期发布。国际申请费与申请文件页数有关，超过 30 页，国际申请费数额要增加。

上述 3 种费用都应当向接受国际申请的受理局缴纳，然后再由受理局将检索费转寄给国际检索单位（当二者不是一个局的情况下），由受理局将国际申请费转寄给国际局。如果申请人在请求书中标明请受理局为其准备优先权文件并将文件转交给国际局，受理局可以为此收取优先权文件请求费。

国际局关于减缴国际费的两项规定：国际局在 1996 年 1 月 1 日制定了一项减缴国际申请费的规定。当国际申请的所有申请人都是自然人，并且都属于国民人均年收入低于 3000 美元的国家的国民和居民，可以减缴国际费的 75%。其国民和居民可以获得减费资格的缔约国的名单由国际局公布，当国际申请的申请人分属于不同的国家，或者申请人的国籍和居所不是同一国时，只要这些国家都满足上述条件即可。为此目的，申请人的国籍和居所的国家的确定取决于申请人在请求书中的填写。如果申请人使用 PCT-SAFE 软件提交申请，并将 PCT-SAFE 格式的请求书（纸件）、说明书及权利要求书数据与摘要电子文本的计算机软盘一起向受理局提交，国际申请费可以减少 100~300 瑞士法郎不等。

缴费时间、地点：申请人应当在受理局收到国际申请之日起 1 个月内缴纳，如果在规定的期限内申请人没有缴纳所需费用，受理局将通知申请人自通知之日起 1 个月内缴纳所需数额，同时会收取滞纳金，滞纳金是未缴数额的 50%，但最低不少于传送费，最高不超过页数相当于 30 页的国际申请费的 50%。

要求国际初步审查时应缴纳的费用：如果申请人提出国际初步审查的要求，需要向国际初步审查单位缴纳初步审查费和手续费，其中手续费是为国际局的利益收取，数额为 200 瑞士法郎。中国国家知识产权局作为国际初步审查单位收取初步审查费 1500 元。

进入国家阶段的费用：根据各国的本国法所确定。

(8) 请求书（PCT/RO/101 表）中的几项声明

声明的作用：为了简化申请人在进入国家阶段时为满足特殊的国家要求而履行的手续，在 2001 年 10 月 3 日对《PCT 实施细则》第 4.17 条和第 51 条之二作出了修改，按照修改后的规定，在国际申请提出时，为了满足一个或几个指定国的国家法的要求，申请人可以在请求书的规定栏目中作出不同的声明，通过在国际阶段统一的标准化的声明来代替国家阶段各国要求的不同形式的文件。

声明包括的内容：

① 发明人身份的声明；

② 申请人在国际申请日有权申请和被授予专利的声明；

③ 申请人在国际申请日有权要求优先权的声明；

④ 发明人资格声明（仅为指定美国的目的）；

⑤ 不影响新颖性的公开或丧失新颖性的例外的声明。

声明的效力：申请人如果做出了上述声明，在进入国家阶段时，除非指定局有理由怀疑该声明的真实性，否则，一般情况下不应当再要求申请人按照其本国法提供有关证明。

(9) 向中国国家知识产权局提出国际申请的有关规定

申请人准备向中国国家知识产权局提出国际申请时，首先应当注意以下几项规定。

① 应当委托由中国国家知识产权局指定的专利代理机构办理。

② 依据中国《专利法》第 20 条的规定，中国单位和个人就其在本国完成的发明创造提出国际申请的，可以先向中国国家知识产权局提出国家申请；也可以直接提出国际申请。

③ 中国单位和个人将其在国内的发明提出国际申请时，应当附有该发明不涉及国家安全或国家重大利益的声明。声明应当由全体申请人签字。如果申请人拒绝作出声明，该申请将不能作为国际申请处理。

2. 受理局的程序

(1) 检查是否符合确定国际申请日的条件

一件国际申请在提交到主管受理局后，受理局将按照 PCT、《PCT 实施细则》以及《PCT 行政规程》的规定，对该国际申请进行处理和审查。受理局基本的程序包括检查是否符合给出国际申请日的条件，对申请文件形式的审查、费用的审查和传送、登记本和检索本的制作及传送。中国国家知识产权局作为受理局接收国际申请有两种方式，第一种方式是申请人通过面交或邮寄将申请文件送交到受理局，无论是面交还是邮寄，均是以申请文件到达中国国家知识产权局为收到日。第二种方式是通过传真的方式提交国际申请，通常外地的涉外代理机构在优先权日的最后几天通过邮寄已经无法保证申请文件会在期限内到达中国国家知识产权局专利局的情况下，会采用传真的方式将申请文件传送到专利局 PCT 处，如果采用传真的方式，必须保证传真的文件字迹清晰完整，而且在传送之日起 14 日内要提交传真文件的原件，如果申请人没有按规定提交原件，该国际申请将被认为撤回。受理局在收到国际申请后，首先审查是否符合确定国际申请日的条件，即审查国际申请是否符合 PCT 第 11（1）条的要求，对于符合要求的给予国际申请日。

PCT 第 11（1）条主要包括以下内容：

① 申请人具有提出国际申请的资格，即申请人的国籍或居所表明其具有提交国际申请的权利以及表明国际申请应当向该受理局提交；

② 国际申请要使用规定的语言撰写；

③ 提出国际申请的意图；

④ 至少指定一个缔约国；

⑤ 写明申请人的姓名；

⑥ 一份说明书；

⑦ 一份权利要求书。

对不能确定国际申请日的申请的处理：如果从请求书中填写的申请人的国籍和居所来看，申请人不具备提出国际申请的资格，受理局会通知申请人。申请人说明是由于填写错误造成的，要提供相应的证明以证实申请人在受理局收到申请之日是具有提出国际申请的权利的，这时受理局可以接受对国籍或居所的改正，仍然以收到国际申请之日为国际申请日。如果申请人没有改正缺陷或者没有提交证明文件，受理局将通知申请人和国际局，该申请不作为国际申请处理。如果国际申请存在其他不符合 PCT 第 11（1）条的缺陷，受理局会通知申请人在指定的期限内改正，申请人在规定的期限内提交了改正文件，克服了原有的缺陷，受理局会以改正之日作为国际申请日；如果申请人没有在规定的期限内提出改正，或者改正仍然不符合要求，受理局会通知申请人和国际局，该申请不作为国际申请处理。

除了受理局通知申请人对国际申请存在的缺陷进行改正外，申请人也可以自己主动对申请文件进行改正，比如申请人在首次提交的申请文件中缺少了说明书、权利要求书的某一页，可以提交改正后的说明书、权利要求书，但是这种改正必须在受理局首次收到文件之日起 30 日内提交，超过了 30 日的，提交的改正文件不予考虑。由于这种改正是会影响到国际申请日的改正，所以申请人必须注意到，一旦国际申请日发生变更，有可能就超出了优先权日起 12 个月，影响到优先权的有效性，造成优先权要求视为未提出。所以，申请人应尽量保证首次提交的申请文件符合 PCT 第 11（1）条的要求，符合给出国际申请日的条件。一个特殊情况是，申请人如果使用 PCT-EASY 方式提交国际申请，因为其纸件形式的申请文件才是必需的法律文件，而计算机软盘只是电子形式的副本。如果申请人只是提交了计算机软盘而没有提交打印出的纸件，这个时候是不符合给出国际申请日的要求的。相反，如果申请人提交了 PCT-EASY 打印出的纸件形式的请求书，但没有提交计算机软盘，这个时候可以随后补交软盘而不影响国际申请日。如果申请人没有使用规定的语言，这时受理局将把该申请传送给国际局，由国际局作为受理局对该申请进行处理。

发出国际申请号与国际申请日通知书：对于符合规定的国际申请，受理局将按照《PCT 行政规程》的统一规定给出国际申请号，给申请人发出国际申请号和国际申请日通知书，表格为 PCT/RO/105 表。国际申请号的结构为 PCT/CN2004/001234。受理局会在申请文件的每一页的右上角标注国际申请号，对于国际申请日按照日、月、年的顺序进行标注，例如在中文申请上标注为 01.10 月 2004（01.10.2004），在英文申请上标注为 01. Oct. 2004（01.10.2004）。

（2）形式审查

形式审查是指审查国际申请中是否存在 PCT 第 14（1）（a）条所列的那些缺陷，以及检查国际申请中的优先权要求是否符合《PCT 实施细则》第 4.10 条的规定，对于这些缺陷的改正属于不会影响到国际申请日的改正。审查的内容包括申请人提交的 PCT/RO/101 表、摘要、说明书、权利要求书、附图等。需要特别注意的是，如果说明书中提及了附图，但是申请人没有提交附图或者提交的附图不全，申请人随后补交的附图是会影响到国际申请日的，而且申请人必须要在首次提交文件之日起 30 日内补交，以补交附图之日为国际申请日。对于其他后交的文件，比如摘要，受理局会在文件上记载实际收到日而不会更改国际申请日。申请文件中如果缺少请求书中的某页，例如填写共同申请人的续页，填写优先权要求的某一页等可以视具体情况通过变更或增加优先权要求等方式灵活处理，尽可能不改变已确定的国际申请日。

不影响申请日的改正：PCT 第 14（1）(a) 条所列缺陷的改正是不会影响已确定的国际申请日的改正。这些缺陷包括：缺少申请人的签字，如没有提交申请人签字的委托书；缺少发明名称和摘要，如请求书中没有填写发明名称一栏或者申请文件中没有包括摘要；未按规定指出申请人的信息，如申请人的姓名、地址、国籍和居所等；其他不符合《PCT 实施细则》第 11 条要求的形式缺陷，如申请文件没有满足国际公布时出版的要求，例如对纸张、文字书写、编页、附图的线条、图号等的要求。当受理局发现申请文件存在以上缺陷时，有两种处理方法。第一种方法是依职权改正存在的缺陷，允许依职权改正的特定情况是由《PCT 行政规程》所限定的，不是所有的情况都可以依职权改正，比如说可以改正不符合规定的日期的表示方法，在请求书中文件清单一栏中作出必要的改正等，依职权改正必须使原来的内容仍然清晰可见，同时在该页边缘注明改正由受理局做出。第二种方法是审查员给申请人发出补正通知，通知申请人在指定的期限内改正，期限一般为 1 个月到 2 个月，申请人如果在期限内提交了改正文件，该文件将替换存在缺陷的相应页，不更改国际申请日。如果在规定期限内申请人没有提交改正文件，受理局将宣布该国际申请被视为撤回。在 PCT 的国际阶段，应尽可能避免因形式上的缺陷而导致国际申请被视为撤回，例如，如果受理局是在期限届满之后收到的改正文件，只要申请被视为撤回的决定尚未作出，都应当接受该改正。

（3）优先权要求的审查

如果请求书中包含有优先权要求的声明，申请人应当在提交的请求书中优先权项一栏写明在先申请的提交日期、在先申请号，如果在先申请是国家申请，写明受理该申请的《巴黎公约》缔约国的名称；如果在先申请是地区申请，写明依据适用的地区专利条约有权授予地区专利的组织；如果在先申请是国际申请，写明受理该申请的受理局。受理局将根据《PCT 实施细则》第 4.10 条审查优先权要求是否存在缺陷，具体的审查内容包括：在先申请是否在《巴黎公约》缔约国或 WTO 成员中提出、提出在先申请的日期是否包含在国际申请日前 12 个月内、优先权要求声明中的事项是否按规定的方式填写以及优先权声明中的事项与优先权文件中的记载是否一致。

在通知规定的期限内仍未满足《PCT 实施细则》第 4.10 条要求的处理：如果受理局发现优先权要求存在缺陷，会通知申请人在规定的期限内改正，如果缺陷是属于不符合《巴黎公约》优先权原则的，比如优先权日不包含在国际申请日前 12 个月内，或者申请人未在规定的期限内改正缺陷的，受理局将发出优先权视为未提出的通知。但是有以下两种情况除外，一种是优先权声明中的某一事项与优先权文件中的记载不一致，另一种是没有提供在先申请号的，这两种情况受理局不会作出优先权视为未要求的决定，该缺陷将留到国家阶段的程序中由指定局来处理。如果申请人发现提交的优先权中某一项有错误，或者遗漏了某一项优先权要求，在国际阶段申请人仍然有机会对优先权进行改正或增加。根据《PCT 实施细则》第 26 条之二，申请人可以向受理局或国际局递交一份通知，以改正或增加一项优先权要求，期限是自优先权日起 16 个月内，或者如果所做的改正或增加可能导致优先权日发生变动，则自变动了的优先权日起 16 个月内，以先届满的 16 个月期限为准。如果受理局宣布了某一项优先权视为未提出，申请人可以请求国际局将视为未提出的优先权连同国际申请一起公布。这样是为了在进入国家阶段的时候，可以请求指定局恢复该优先权请求。如果该视为未要求的优先权没有同国际申请一起公布的话，申请人在进入国家阶段的时候则不能恢复该优先权。

未在规定期限内提交优先权文件的处理：优先权文件是指经原受理机构证明的在先申请文件的副本，根据《PCT 实施细则》第 17 条的规定，提交优先权文件是申请人的义务，申请人应在优先权日起 16 个月内，向受理局或国际局提交优先权文件，如果优先权文件由受理局出具，申请人可以不提交优先权文件而请求受理局准备优先权文件并将该文件送交国际局。例如，中国的申请人在提出国际申请的时候要求了一个本国优先权，可以请求中国国家知识产权局专利局为其制作优先权文本并向国际局传送，为此申请人需要缴纳优先权文本制作费 200 元。如果申请人在国际阶段没有在规定期限内提交优先权文件，受理局也不做任何处理，在进入国家阶段的时候，指定国会给予补救的机会。

（4）检查费用、向国际局传送费用

申请人缴纳的费用，包括传送费、检索费、国际申请费，应当在提交申请文件之日起 1 个月内缴纳。如果申请人没有在规定期限内缴纳，受理局将给申请人发出通知，要求申请人在指定的 1 个月期限内缴纳所欠费用，同时会向申请人收取滞纳金，滞纳金按照未缴费用的 50% 计算。如果申请人在通知规定的期限内仍然没有缴纳,该国际申请将被视为撤回。

以下几种情况受理局会将某些费用退还给申请人:

① 如果由于国家安全的原因国际申请没有被受理,退还给申请人检索费、国际申请费;

② 如果国际申请不符合 PCT 第 11（1）条的规定,不能给予国际申请日,可以退回检索费和国际申请费;

③ 如果受理局在向国际局传送登记本之前,收到申请人主动撤回该申请的通知,可以退回国际申请费;

④ 如果受理局向国际检索单位传送检索本之前收到申请人的撤回通知,可以退回检索费。

因为国际申请只要一提出,受理局就要对该申请作出处理,所以在任何情况下,传送费是不会退回的。在这几项费用当中,国际申请费是受理局代国际局收取的费用,受理局每月一次将代收的费用转送给国际局,国际局要求使用能够自由换成瑞士法郎的货币,那么专利局在收取国际申请费的时候,并要求受理局列出转账清单。

（5）传送登记本和检索本

中国国家知识产权局作为受理局要求申请人在提交国际申请时只需提交一份文件,中国国家知识产权局专利局将申请人提交的文件复制成一式三份。申请人提交的文件作为登记本,要在文件首页的上方标注出"登记本"的字样,登记本是要传送给国际局由国际局来保存的,将申请文件的一份副本留受理局保存,在文件首页上方标注"受理本"字样,另一份副本送国际检索单位,在文件首页上方标注"检索本"字样。如果申请是以传真方式提出的,传真件作为登记本,随后提交的传真件的原件将作为确认本,登记本和确认本都要传送给国际局。还有一些国家的受理局要求不太一样,比如欧洲专利局、英国知识产权局、法国工业产权局等他们要求申请人提供 3 份申请文件,受理局不需要复制文件,但对 3 份文件的一致性要进行审查。

受理局应当在优先权日起 13 个月内保证登记本到达国际局,国际局在收到登记本后,会向申请人和受理局发出一份"收到登记本通知书"（PCT/IB/301）,申请人应当认真核对通知书上记载的信息,如申请人、优先权要求等,如果与请求书中填写的不一致,应及时地向国际局提出改正错误的请求。传送检索本的时间一般不迟于传送登记本的时间,但是如果申请人还没有缴纳检索费,这个时候不会传送检索本,直到收到检索费后才传送检索本。国际检索单位在收到检索本后，应当将收到的日期以"收到检索本通知书"（PCT/ISA/202）的形式告知申请人、国际局和受理局，由于中国国家知识产权局既是受理局也是国际检索单位，该日期就是指将检索本送到负责作出国际检索的审查部门的日期。受理局在传送登记本和检索本时，申请文件当中可能会存在一些缺陷，那么这些形式缺陷不会影响受理局的传送。受理局随后收到的申请人提交的改正缺陷的替换页，会在替换页上标注国际申请号及文件的收到日，再将替换页分别传送给国际局和国际检索单位。

3. 国际检索

国际检索是国际申请在国际阶段必经的程序，国际检索单位收到检索本后，会对国际申请进行检索，作出一份国际检索报告和书面意见。国际检索报告将由国际局进行公布，提供给申请人、公众和指定局使用，书面意见不予公布。如果申请人不要求国际初步审查，国际局将以国际检索单位的书面意见为基础形成"关于专利性的国际初审报告（PCT第Ⅰ章）"，并将其传送给指定局参考。

（1）国际检索单位的确定

主管国际检索单位是由受理局来确定的，受理局可以指定一个或几个国际检索单位作为其主管国际检索单位。受理局在指定主管国际检索单位时，要考虑到语言问题，即向受理局提交的国际申请使用的语言，或随后提交的译文的语言应当是国际检索单位接受的语言。如果受理局指定了几个国际检索单位，申请人可以从中进行选择。申请人在选择时同样要考虑到语言问题，例如挪威工业产权局接受用英语和挪威语提出的申请，该局指定的主管国际检索单位有瑞典专利局和欧洲专利局，挪威语是瑞典专利局接受的语言之一，而欧洲专利局接受的检索语言是英语、法语和德语，不包括挪威语，申请人用挪威语提出的国际申请，如果指定瑞典专利局作为国际检索单位，将不存在语言上的障碍，如果选择欧洲专利局作为主管国际检索单位，申请人必须在提出申请之后1个月内提交译文，该译文要使用欧洲专利局接受的语言。中国国家知识产权局作为受理局仅指定了该局作为主管国际检索单位。由于都是同一个局，所以也不存在语言问题。如果国际申请是向作为受理局的国际局提出的，主管国际检索单位将按照申请人的国籍和居所有权受理该国际申请的国家局指定的主管国际检索单位作为该申请的主管国际检索单位。例如，中国的申请人向国际局提出了国际申请，仍将由中国国家知识产权局对该申请进行国际检索。

(2) 国际检索单位的任务

国际检索单位的任务是通过进行国际检索,查找相关的文献来发现相关的现有技术,从而有助于将来在授权的时候判断该申请是否具有新颖性和创造性。国际检索是在权利要求书的基础上进行的,依据的申请文本应当是申请人在国际申请日提交的原始申请,在国际检索程序中不接受申请人提出的对申请文件的修改,除非是属于明显错误更正。

(3) 国际检索前允许的改正和更正

在国际检索报告作出之前一般不可以修改申请文件的内容,除非是属于明显错误更正的情况。明显错误是指申请人书写了某些明显的不是有意要写的内容,申请人提出的更正也应当是明显的、唯一的,即任何人可以立即领会除更正的内容外不可能是指其他内容。如果属于整段或整页的遗漏,即使是明显属于疏忽造成的,也不能作为明显错误更正。明显错误更正必须得到审查员的批准。更正文件及国际检索单位作出的许可更正的决定必须在优先权日起 17 个月前到达国际局,更正才能生效,国际公布时,生效的更正文件将替换有明显错误的文件,但是在文件纸业的下页边要注明是更正页。国际检索单位如果发现申请中包含有违反道德、违反公共秩序的用语或贬低他人的内容,会建议申请人删除上述不符合规定的内容,并将发现的情况告知受理局和国际局。经修改后的文件应当在优先权日起 17 个月届满前到达国际局,国际公布时,修改后的文件将替换申请日时提出的文件。关于摘要和发明名称,《PCT 实施细则》也有相应的规定。如果检索单位的审查员认为申请人提供的摘要不能明确地表达出目的、不够简洁、包含不必要的内容,审查员可以重新撰写摘要,并把制定的摘要填写在国际检索报告的规定栏目中,自检索报告邮寄日起 1 个月内,申请人可以对审查员制定的摘要提出意见,在收到意见后,审查员应当决定是否需要对摘要进行再次修改。如果审查员认为申请人确定的发明名称不够简洁、明确,也可以自行确定发明名称,并填写在国际检索报告的规定栏目中。

2005 年 4 月 1 日关于序列表审查的规定:如果说明书中包含有核苷酸或氨基酸序列表的公开,申请人除提交一份纸件形式的序列表外,还应当提交一份电子形式的序列表,提交这种电子形式的序列表是为了国际检索。2005 年 4 月 1 日以前,如果申请人在提交国际申请时没有提交电子形式的序列表,受理局会通知申请人补交,不向申请人收取费用。2005 年 4 月 1 日以后,如果申请人没有提交电子形式的序列表或者提交的序列表不符合《PCT行政规程》的要求，受理局在要求申请人补交的同时会向申请人收取过期提交费200元。

（4）不做国际检索的情况

只要申请人按规定缴纳了费用，国际检索是每件国际申请必经的程序，但是在以下几种情况下国际检索单位可以拒绝对国际申请或国际申请中的部分权利要求进行检索。

① 国际申请涉及的内容是按PCT规定不要求进行国际检索的主题（《PCT实施细则》第39条）。包括科学和数学理论，动植物品种或主要是用生物学方法生产动物或植物的方法，经营业务、纯粹的智力活动或游戏比赛的规则、方法，治疗人体或动物体的外科手术或治疗方法，单纯的信息提供以及计算机程序，计算机程序仅限于该国际检索单位不具备条件对与该程序有关的现有技术进行检索的情况。对于这些不要求进行国际检索的主题，不同的国际检索单位根据其本单位的规定，可以进行国际检索，扩大国际检索的范围，比如欧洲专利局、中国国家知识产权局、日本特许厅等。但是任何国际检索单位不能依据其本国法缩小国际检索的范围。例如，根据中国《专利法》的规定，对用原子核变换方法获得的物质不授予专利权，但是按照PCT的规定，该主题内容没有被排除在国际检索之外，所以中国国家知识产权局作为国际检索单位仍然要对这一主题进行国际检索。

② 说明书、权利要求书或附图不符合规定的要求，以至于不能进行有意义的检索。如果国际申请的说明书、权利要求书或附图的表达含糊不清、前后有不一致甚至矛盾之处，特别是权利要求书中存在模糊、有歧义的表达，以至于难以确定权利要求的保护范围。在这种情况下，国际检索单位的审查员应尽可能地在能够作出合理结论的程度内进行有意义的检索。如果经过努力仍然无法明确，国际检索单位可以拒绝对有缺陷的国际申请或拒绝对部分不明确的权利要求进行国际检索。

③ 没有提交符合规定形式的计算机可读形式的序列表以至于不能进行有意义的检索。

④ 权利要求书的撰写方式不符合规定（《PCT实施细则》第6.4条）。例如多项从属权利要求不能作为另一多项从属权利要求的基础。

国际检索单位在对所有的权利要求都不进行检索的情况下，可以宣布不制定国际检索报告，发出不制定国际检索报告的通知书PCT/ISA/203表。如果只对某些权利要求不做检索，要在检索报告中加以说明。

不制定国际检索报告并不影响国际申请的有效性，该申请仍然可以继续国家阶段的程序。但是申请人应当注意，不作出检索的这些缺陷在进入国家阶段时根据指定国的国家法仍然是存在的，可能造成不能被授予专利权的后果，申请人可以对申请文件进行修改，或者不进入国家阶段的程序。

（5）缺乏发明单一性的申请的处理

《PCT实施细则》第13条规定，一件国际申请应只涉及一项发明或者由一个总的发明构思联系在一起的一组发明，即国际申请应当符合发明单一性的要求。如果是要求保护的一组发明，这些发明之间要存在着技术关联，包含一个或多个相同或相应的特定技术特征。确定是否符合发明单一性要求时，要以权利要求书为准，说明书和附图可以用来解释权利要求。《PCT行政规程》附件B对单一性的要求作了更为具体的解释，对是否符合单一性的标准既适用于国际检索单位、国际初步审查单位也适用于指定局和选定局。对于缺乏发明单一性的国际申请，国际检索单位将给申请人发出PCT/ISA/206（缴纳附加费和适用时异议费的通知）通知，要求申请人在规定期限内缴纳附加费，该通知的期限为1个月。审查员在通知中说明理由，并且可以将国际申请的权利要求中首先提到的发明作出的部分国际检索的结果附于通知之后。如果申请人拒绝缴纳附加检索费，国际检索单位将只对主要发明部分作出国际检索报告。如果申请人对缴纳附加费有意见，例如，认为不应当缴纳或缴纳的数额过高，可以提出异议程序，但前提是申请人先要将附加检索费缴纳，同时还要缴纳异议费，该异议请求将由国际检索单位的3人委员会进行审查并作出裁决。异议程序在2005年4月1日之后稍有修改，即在2005年4月1日之前，申请人提出异议时，国际检索单位要对缴纳附加费的理由进行前置审查，如果坚持原来通知的意见，会要求申请人缴纳异议费，然后启动异议程序。在2005年4月1日之后，为了简化程序，申请人在提出异议的同时就要缴纳异议费。如果3人小组在经过异议程序的审查后，认为申请人的理由是正确的，将退还异议费和附加检索费。如果申请人由于没有缴纳附加检索费导致国际申请中某些部分没有被作出国际检索，在国际阶段并不会影响到该国际申请，但在进入国家阶段的时候，指定国的国家法可以规定，只要该局认为国际检索单位的要求是正当的，申请人必须缴纳一笔特别费用，否则对该国而言，国际申请中未被检索的部分将被视为撤回。有一些国家作了这样的规定。

(6) 国际检索的要求

一件国际申请能否授权需要具有三个标准：新颖性、创造性和工业实用性。对新颖性和创造性的判断就是对该发明在申请日时是否已成为现有技术的判断。现有技术是指在国际申请日之前，世界上任何地方的公众可以得到的以书面方式公开的有助于确定要求保护的发明是否是新的和是否具有创造性的一切事物。

与国际检索有关的现有技术包括：

① 国际申请日前公布的与有关的世界任何地方的书面公开；

② 国际申请日之前公众不是通过书面公开而是通过比如口头公开、使用、展览等方式得到的一些内容，并且这个内容记载在了国际申请日之后公众可以得到的书面公开里；

③ 国际检索中还要发现那些公布日在被检索的国际申请的国际申请日之后，而其申请日（优先权日）在国际申请日之前，并且如果在国际申请日之前公布，就会构成相关现有技术的任何申请或专利，在国际检索报告中要特别说明。

国际检索是通过查阅馆藏的文献发现相关的现有技术的，最低限度文献包括以下几个方面。

① 国家专利文献，指在 1920 年以后由法国、德国、日本、俄罗斯、英国、美国、瑞士（使用法语和德语）公布的专利申请或颁发的专利，以及 1920 年以后在任何其他地方用英、法、德或西班牙几种语言公布的专利申请或颁发的专利；

② 所有公布的 PCT 的国际申请，已公布的地区专利申请以及公布的地区专利；

③ 其他公布的非专利文献，包括期刊、书籍等。

(7) 国际检索报告的内容

① 按国际分类法对发明主题给出的分类号；

② 列出已经检索的领域的分类号，以及检索的任何电子数据库的名称、所用的检索术语；

③ 对被认为是相关文件的引证、指出所引用文件与新颖性和创造性可能的相关性。

国际检索报告还可能包括以下内容：

① 关于缺乏发明单一性的说明；

② 对某些权利要求不能进行国际检索的说明；

③ 由国际检索单位重新制定发明名称和摘要的说明。

在国际检索报告中，相关文件的填写是有规定的，具体应按照《PCT 行政规程》的要求进行填写。

报告的语言及份数：

申请语言为中文：

PCT/ISA/220（中文）：2 份及 220 表说明 1 套（中文）；

PCT/ISA/210（中文 3 份，英文 2 份）；

PCT/ISA/237（中文 3 份，英文 2 份）。

申请语言为英文：

PCT/ISA/220（英文）：2 份及 220 表说明 1 套（英文）；

PCT/ISA/210（英文）：3 份；

PCT/ISA/237（英文）：3 份。

（8）国际检索单位制定的书面意见

2002 年的 PCT 大会通过了对《PCT 实施细则》的修改，采用了一种扩大范围的国际检索和初审制度，目的是使 PCT 国际检索和国际初审程序更加合理化。这个新制度的主要特点，就是原来 PCT 第 II 章规定的国际初审程序的主要内容之一，初审单位审查员的书面意见，被提前并入到第 I 章所规定的国际检索程序当中。自 2004 年 1 月 1 日以后，由国际检索单位负责作出一份有关要求保护的发明是否看来具备新颖性、创造性和工业上的实用性的初步和无约束力的书面意见。如果申请人不提出国际初步审查要求，这份由国际检索单位制定的书面意见将由国际局转换成专利性国际初步报告（PCT 第 I 章），自优先权日起 30 个月届满时传送给指定局；如果申请人提出了国际初步审查要求，通常这份书面意见被用作国际初步审查单位的首次书面意见，最终由国际初步审查单位作出的国际初步审查报告称为专利性国际初步报告（PCT 第 II 章）。

书面意见的内容：

① 对优先权的核查结果；

② 是否存在不作出关于专利性意见的情况；

③ 是否有缺乏发明单一性的情况；

④ 对本发明是否具有专利性的初步意见及其解释；

⑤ 对抵触申请以及某些相关的非书面公开的引用；

⑥ 国际申请的缺陷。

(9) 国际检索报告及书面意见完成期限及传送

《PCT 实施细则》规定，国际检索单位应当在收到受理局送来的检索本之日起 3 个月或自优先权日起 9 个月，以后到期为准，作出国际检索报告和书面意见。当国际申请不包含优先权要求时，优先权日就是指国际申请日，此时，审查员有 9 个月的时间进行检索，时间比较充裕。如果国际申请是在优先权日起 12 个月期限临近届满时提出的，审查员只有 3 个月的时间进行检索。例如：优先权日为 2004 年 1 月 1 日，国际申请日为 2005 年 1 月 1 日，此时国际检索单位完成报告的时间按照收到检索本之日起 3 个月，为 2005 年 5 月 1 日。如果没有优先权，优先权日指国际申请日，完成报告的时间按照优先权日起 9 个月，为 2005 年 10 月 1 日。这个时间的确定是为了保证在任何情况下国际检索报告可以在优先权日起 18 个月同国际申请一起公布。国际检索报告和书面意见作出后，会及时地传送给申请人和国际局。在国际公布以后，国际检索报告会由国际局传送给指定局，书面意见不会公布，如果申请人不提出国际初步审查要求，书面意见将由国际局转换成专利性国际初步报告（PCT 第 I 章）在优先权日起 30 个月届满后才传送给指定局。

4. 修改权利要求书的机会（PCT 第 19 条）

允许修改的期限：在国际阶段，申请人可以根据 PCT 第 19 条对权利要求书进行修改，修改的期限为自优先权日起 16 个月或自国际检索单位送交国际检索报告之日起 2 个月，以后届满为准。如果国际申请没有优先权要求，优先权日就是指国际申请日。如果申请人收到了根据 PCT 第 17（2）条宣布不作出国际检索报告的决定，则不允许对权利要求书进行任何修改。修改的内容仅限于权利要求书，说明书、附图、摘要等内容不能修改。

向何处提出：根据 PCT 第 19 条对权利要求书的修改只能提交到国际局。

修改文件的形式要求和内容要求：修改文件必须使用该国际申请公布时使用的语言。

(1) 申请人要提交修改替换页，替换页与前、后两页的内容必须是连续的。如果修改导致删去原始提出的国际申请中的一整页，则无须提交替换页，只要在给国际局的信中说明即可。

(2) 经修改的全部权利要求要用阿拉伯数字连续编号，如果修改仅仅是删除一项或几项权利要求，可以不对权利要求重新编号，只要在被删除的权利要求的原编号旁注明删除字样，但是，如果申请人采取连续编号的形式，编号必须是连续的。

（3）申请人向国际局提交修改时必须附有一封信件，说明替换页与被替换页之间的不同，或者说明修改导致对某页的取消。信件上方标明按 PCT 第 19 条提出对权利要求修改的说明。该信件应当使用国际局的工作语言，即英语或法语撰写。

（4）申请人在提交对权利要求的修改的同时可以提交一份声明，声明的内容主要是对修改加以解释，并指明该修改对说明书和附图可能产生的影响。声明与给国际局的信件中所做的说明是不同的，说明是必须提交的，而声明只有在申请人认为必要时才提出。另外，声明是同修改一起被公布的，而说明是不会公布的。

（5）修改不能超出原始提出的国际申请中公开的范围，如果超出了公开的范围，在随后的国际初步审查程序或进入国家阶段后审查员会拒绝该修改，对申请人产生不利的后果。如果没有在规定期限内提出修改，或不符合要求的修改，有可能不被国际局接受，没有被接受的修改将不予公布。

修改的必要性：PCT 规定，申请人在提出国际初步审查要求书时，以及随后的国际初步审查程序中可以对国际申请的权利要求书、说明书、附图进行修改，因此一般情况下，申请人没有必要利用 PCT 第 19 条的修改机会，但是在以下两种情况利用这一修改机会对申请人是有益的。第一，如果申请人不提出国际初步审查要求，而且国际检索报告引用的相关文件对申请人十分不利，有可能造成不授予专利权的可能，那么申请人应当考虑对权利要求书进行修改，修改文件将同国际申请一起公布，并传送给指定局。不少缔约国，像澳大利亚、加拿大、丹麦等规定，如果按 PCT 第 19 条修改过权利要求，在进入国家阶段时，只需提交修改后的权利要求书的译文。还有一些缔约国，如日本、韩国、俄罗斯等规定，可以由申请人选择，或者提交原始权利要求书的译文，或者提交修改的权利要求书的译文。对于准备进入上述国家的国家阶段的国际申请，利用修改的机会会使程序简化。第二，要求临时保护。多数缔约国规定，只要国际申请以本国官方语言公布，申请人可以享受临时保护的权利。如果申请人希望通过修改进一步明确权利要求的范围，并且希望尽快在那些本国法规定给予临时保护的指定国获得该项权利，利用第 19 条规定的修改机会也是有益的。

5. 国际公布

（1）完成公布的时间

国际公布应当在自优先权日起 18 个月届满后迅速完成，由国际局进行国际公布，国际局通常在公布日前15天完成公布的技术准备工作，也就是说，在优先权日起17个半月内到达国际局的改正、更正、修改、变更等信息可以及时的包含在公布的内容中。

(2) 公布语言

共有8种：中、英、法、德、日、俄、西班牙、阿拉伯语。《PCT实施细则》规定如果国际申请是用英语以外其他7种语言公布的，公布的某些内容，例如发明名称、摘要、摘要附图中的文字以及国际检索报告（或者宣布不作出国际检索报告的决定），要用申请提出时使用的语言和英语两种文字同时公布。上述内容的英文译文由国际局负责准备。由于中国国家知识产权局受理的国际申请的语言——中文和英文都是PCT规定的公布语言，所以申请提出时的语言就是申请的公布语言，但是以中文提出的申请在公布前需要将上述某些内容译成英文。

(3) 公布的形式和内容

以小册子的形式公布，即以纸件形式出版时，每件国际申请的公布内容自成一册，称为小册子。小册子出版的当日，在《PCT公报》（国际局的出版物）的第一部分包含了从所有被公布的国际申请小册子扉页中摘出的相应内容。国际局对每件被公布的国际申请给予一个国际公布号，并在小册子上标明。国际公布号由字母代码WO、表示年份的4位数字、斜线和6位数的流水号组成，例如：WO2004/000001。小册子在每周的周四出版，有纸件和电子两种形式。小册子包括以下内容：扉页，扉页中包括请求书中的一些著录项目信息、摘要和摘要附图。说明书、权利要求书，如果按照PCT第19条修改过权利要求，则小册子应同时包括原始提出的和修改后的权利要求书，如果有修改声明，还包括修改声明。附图、序列表、国际检索报告、其他规定公布的内容，如有关生物材料保藏的信息的说明，要求公布的有关优先权视为未提出的信息。

公布种类的表示：小册子有A1、A2、A3 3种形式，A1代表国际公布包括检索报告，A2代表国际公布不包含国际检索报告，A3代表随后公布的国际检索报告。一般情况下，进行A2形式公布的国际申请随后应当有A3形式的公布。但有一种情况例外，即如果国际检索单位宣布不制定国际检索报告，此时只有A2形式的公布，在A2后会附有PCT/ISA/203表格，该表格为宣布不制定国际检索报告的表格。

PCT公报：公布的形式除了小册子，还有公报的形式。公报也是由国际局每周出版一次，公报的第一部分是从该周公布的每件国际申请小册子的扉页中摘出的有关内容，这些内容除摘要和附图外，还包括有关国际公布的信息、有关国际申请的信息，如发明名称、分类号、有关优先权的信息、有关生物材料保藏的说明的信息等。公报是以纸件和电子两种形式出版。纸件形式的公报以英语和法语形式出版，不包含摘要和摘要附图。电子形式的公报同时提供英语和法语版本，除规定的信息外，还有摘要和摘要附图。

（4）不进行国际公布和提前公布

不予公布的情况：如果国际申请已经被视为撤回或申请人主动撤回该国际申请，并且撤回通知在公布的技术准备工作完成之前到达国际局，该国际申请将不予公布。另外，如果国际申请的唯一指定国是美国，或者到公布的技术准备工作完成时，只包含对美国的指定，根据美国对PCT第64(3)条的保留声明，该国际申请将不予公布。

提前公布：国际公布应当在优先权日起满18个月才会公布，但如果申请人请求提前公布，要向国际局提出特别的请求，同时要缴纳特别公布费，满足这个条件下，国际局会迅速完成该申请的国际公布。

（5）公布文件的传送

公布文件的传送包括向指定局的送达和向公众提供。PCT规定，国际局要负责将国际申请、国际检索报告、按照第19条修改的权利要求书等送达每一个指定局，具体的方式是将国际公布的小册子及时传送给指定局，就指定局来说，国际局传送的小册子就是国际申请的副本。目前，公布文件主要以光盘等电子形式传送，纸件形式的传送越来越少。中国国家知识产权局目前接受光盘形式的传送，每周将国际局传送的光盘装入专门的数据库中。除了向指定局传送外，国际局还可以向公众提供，及时地向公众公开申请中的发明内容，有利于推动更高水平的发明创造。国际局以纸件和光盘两种形式向公众提供小册子，任何人可以向国际局订购，另外，任何人还可以通过国际局的网站进行查阅，现在国际局为了更好地为申请人服务，将近几年国际公布的申请数据都传到了网站上，申请人可以很方便地进行查阅。

（6）国际公布的法律效力

PCT第29条规定了国际公布在指定国的效力。该效力主要是指在国际公布之后申请人在指定国可以享受到临时保护。关于临时保护，各个国家根据其本国法有不同的规定，例如英国、美国、日本、韩国、俄罗斯、瑞典、美国、中国都规定了必须使用本国的官方语言公布后才能享受临时保护。中国《专利法实施细则》第114条规定，由国际局以中文以外文字进行国际公布的，自中国国家知识产权局公布（公布其译文）之日起适用中国《专利法》第13条的规定（即申请人享有临时保护的规定）。除了语言要求外，还有一个时间限制，即如果申请人请求了提前公布，可以规定只有在优先权日起18个月届满后，国际公布在该指定国的效力才能产生。第三个限制是公布文本送达的限制。规定只有在该国的国家局收到小册子后，国际公布在该指定国的效力才能产生，如澳大利亚、美国（英文公布）等国作了这样的规定。还有一些国家，如巴西、新西兰、印度等没有在国际公布之后给予临时保护的规定。

6. 国际初步审查

国际初步审查是PCT第Ⅱ章的程序，是在申请人请求下进行的，不是强制性的程序。如果申请人不请求国际初步审查，国际申请在完成国际公布，并将公布文件送达申请人、指定局之后，该国际申请的国际阶段程序就结束了，如果申请人提出了国际初步审查请求，国际阶段还要包括国际初步审查程序。一旦申请人提出了国际初步审查要求，就相应的进入了第Ⅱ章的程序，其中的一些概念也相应地发生了变化，比如指定局变成了选定局，指定国变成了选定国。

（1）提交国际初步审查要求书及缴费

申请人在提出国际初步审查请求时，应当向主管国际初步审查单位提出，提交要求书及缴纳相应的费用。提出初步审查要求的申请人必须是PCT缔约国的国民或居民，如果国际申请提出之后，申请人发生了变更，变更后的申请人为非PCT缔约国的国民或居民，则该申请人无权提出国际初步审查请求。国际初步审查的目的是得到国际初步审查单位对修改文本的有关专利性的初步意见。提交要求书的合适时间是自优先权日起19个月，这是由于国际初步审查单位完成国际初步审查报告需要8个月的时间，为了保证在进入国家阶段之前，申请人可以获得国际初步审查报告，从而可以参考报告所提供的意见来确定是否继续进行国家阶段的程序。如果申请人在优先权日起19个月内提出了初审要求，那么申请人在优先权日起28个月届满前就可以得到国际初步审查报告，这对申请人而言是比较合适的。提交要求书还有一个最迟时间，就是自优先权日起22个月或收到检索报告和书面意见之日起3个月，以后到期为准。如果申请人在期限之后提出国际初步审查请求，将不予考虑。

要求书的形式和内容要求由《PCT行政规程》规定，比如要求书的表格为 PCT/IPEA/401 表，一般情况下，要求书使用的语言为国际申请提出时的语言，如果国际申请提出时的语言与国际公布的语言不一致，要求书应使用国际公布的语言。要求书的内容包括请求按照 PCT 规定对下述国际申请进行国际初步审查的意愿的词句，这个词句在 401 表中已经包括了。要求书应当填写国际申请号、国际申请日、发明名称，有关申请人信息和有关代理人的信息，国家的选定是只要申请人不排除某个选定国的话就是自动全部选定。除此以外，申请人如果提出了修改，还要填写国际初步审查基础和修改声明，是按照 PCT 第 19 条修改进行审查，还是按照第 34 条修改进行审查，使国际初步审查单位明确是在哪些文件的基础上进行审查，提出修改声明的同时还应当提交修改文件或其副本。要求书必须有申请人签字，如果委托了代理机构，要有代理人的签字。

提出国际初步审查要缴纳两笔费用，初步审查费和手续费，初步审查费是为国际初步审查单位的利益收取的，为 1500 元；手续费是为国际局的利益收取的，为 200 瑞士法郎。手续费根据费用减缓的规定，可以享受减缓。

国际初步审查单位在收到要求书后会注明收到日期，检查是否符合要求，如果要求书存在缺陷，根据缺陷的性质，有不同的处理方法。

① 根据要求书中填写的申请人的国籍和居所来看，申请人不具备提出国际初步审查的权利，则该要求书将视为未提出。但如果申请人提供了足够的证据证明要求书是由填写失误造成的缺陷，可以允许更正要求书上的错误，改正要求书视为未提出的结论。

② 要求书没有写明任何国际申请的信息，如国际申请号，国际初步审查单位会通知申请人改正缺陷，如果申请人在指定期限内改正了缺陷，将以收到改正的日期作为要求书的收到日。

③ 属于其他缺陷，如缺少签字或没有缴纳费用，国际初步审查单位会通知申请人改正缺陷，这种改正不会影响到要求书的提交日。

（2）不作国际初步审查的情况

① 国际申请涉及不要求进行国际初步审查的主题（《PCT 实施细则》第 67 条）；

② 说明书、权利要求书或附图不符合要求，以至于不能形成有意义的审查意见；

③ 没有提供计算机可读形式的序列表，以至于不能形成有意义的审查意见；

④ 权利要求书的撰写不符合要求（《PCT 实施细则》第 6.4 条）；

⑤ 对于没有作出国际检索报告的发明的权利要求不要求进行国际初步审查，例如，国际申请由于不符合单一性的要求，申请人又没有缴纳附加检索费导致某些权利要求没有进行国际检索。

（3）国际初步审查的目的和标准

目的：在《PCT 实施细则》修改以前，即 2004 年 1 月 1 日以前，申请人提出国际初步审查要求可以有两个目的，一个是如果申请人在优先权日起 19 个月前提出了国际初步审查要求，进入国家阶段的时间可以由 20 个月延长至 30 个月，即利用国际初步审查程序延长进入国家阶段的时间；另一个是通过国际初步审查单位作出的国际初步审查报告，对新颖性、创造性和工业实用性得到初步的判断，申请人可以对发明将来在国家阶段的程序中能否授权作出评估。在《PCT 实施细则》修改后，由于无论申请人是否提出初步审查要求，进入国家阶段的时间都延长至优先权日起 30 个月，而且国际检索单位在作出国际检索报告的同时还会作出一份书面意见，该意见也是对新颖性、创造性和工业实用性初步的判断，所以现在申请人提出国际初步审查要求的主要目的是利用根据 PCT 第 34 条的修改机会对申请文件进行修改，让国际初步审查单位在修改文件的基础上，再作出有关专利性的初步意见。例如：如果一件国际申请经过国际检索后，国际检索报告和书面意见的结论对该发明专利性的评价不是很有利，这个时候申请人可以考虑利用初步审查程序对申请文件进行修改。根据 PCT 第 34 条的修改与 PCT 第 19 条的修改是不同的，PCT 第 19 条的修改只限于权利要求书，而第 34 条修改可以对权利要求书、说明书、附图等进行修改，修改的范围更加宽泛。而且申请人不仅可以在提交要求书的同时提出修改，还可以在国际初步审查启动之后、报告作出之前的其他任何时候主动进行修改。所以对于申请人而言，可以利用这种修改机会克服申请文件中存在的缺陷，当然，修改也是不能超出国际申请提出时对发明公开的范围。

审查标准：国际初步审查的标准就是对"三性"判断的标准，这个标准是对选定国没有约束力的标准，国际申请在进入国家阶段以后，选定国在确定该发明是否可以获得专利保护时，可以根据其国家法使用一些附加的或不同的标准。关于新颖性的标准，如果请求保护的发明不属于现有技术的一部分，应当认为是具备新颖性的。《PCT 实施细则》第 64 条规定了国际初步审查使用的现有技术的定义，是指在有关日期之前，在世界上任何地方公众通过书面公开（包括附图和其他图解）可以得到的一切事物。

有关日期是指国际申请日，如果要求了优先权的则是指优先权日。当审查员发现与新颖性和创造性有关的内容属于现有技术的范围内，而该内容又在优先权日之后，但在国际申请日之前公开的，则优先权日显得十分重要，国际初步审查单位必须考虑在先申请文件的主题与在后申请的主题的一致性。如果国际初步审查单位需要优先权文件副本，可以要求国际局提供。在国际局尚未收到优先权文件的情况下，可以要求申请人提供优先权副本。在判断是否为现有技术过程中，非书面公开例如口头公开、展览等方式的公开，即使它的日期及内容记载在与有关日期同日或之后公众可以得到的书面文件中，该非书面公开也不作为现有技术，对于抵触申请也不认为是现有技术，但是这些都应当记载在国际初步审查报告的规定栏目中引起选定局的注意。在评价创造性时的现有技术的定义和有关日期的概念与评价新颖性时的定义和概念是相同的。工业实用性是指该发明根据其性质而言可以在任何一种工业中制造或使用。对工业一词应当按照《巴黎公约》的规定做最广义的理解，工业包括具有技术特征的任何有形活动，包括手工业、农业、渔业和服务业、交通运输等行业，即属于明显区别于美学艺术的工艺或实践技艺的一种活动。

  关于在国际初步审查程序中和我国专利申请的实质审查程序中判断"三性"标准的不同，主要区别在于对现有技术的定义上。由于各缔约国在专利申请审查中规定的现有技术的定义并不相同，PCT将各缔约国普遍接受的关于现有技术的定义中具有共性的内容用于国际初步审查程序中。同时PCT第27条也明确规定，本条约和细则关于现有技术的定义是专门为国际程序使用的，因而各缔约国在确定国际申请中请求保护的发明是否具有专利条件时，可以适用其本国法关于现有技术的标准。

  （4）国际初步审查程序

  申请人可以根据PCT第34条对申请文件提出修改：PCT第34条规定，在国际初步审查报告作出之前，申请人有权依照规定的方式，并在规定的期限内修改权利要求书、说明书和附图。申请人依据PCT第34条规定作出的修改最早可以随要求书一起提交，申请人也可以在答复国际初步审查单位的书面审查意见时进行修改，还可以在国际初步审查启动之后、报告作出之前的其他任何时候主动进行修改。在任何情况下，申请人修改申请文件都不是强制性的，申请人可以自行决定是否需要进行修改。但是如果作出了修改，PCT规定，这种修改不应超出国际申请提出时对发明公开的范围。一般情况下，国际初步审查单位应当充分考虑申请人提出的修改意见，但是《PCT 实施细则》也规定，如果国际初步审查单位在已经起草国际初步审查报告后收到修改文件，该单位在报告中不必对修改加以考虑。鉴于这一规定，如果申请人准备修改申请文件，应当及早提出。申请人按照 PCT 第 34 条提出修改时应当提交说明书、权利要求书或附图的替换页，并且附以说明替换页与被替换页间不同之处的信函，必要时还可以在信函中说明修改的理由。

启动审查：要启动国际初步审查程序，需要满足以下条件，国际初步审查单位收到申请人提交的要求书及应缴纳的费用，还要收到国际检索报告和书面意见或国际检索单位宣布不作出国际检索报告的决定。但是也有几种例外的情况，国际初步审查单位可以提前启动审查或者推迟审查。

① 如果主管国际初步审查单位与主管国际检索单位是同一国家局，并且在要求书中没有关于推迟审查的声明，国际初步审查可以同国际检索同时启动。

② 如果要求书关于修改声明一栏中指明，根据 PCT 第 19 条提出的修改应予以考虑，则国际初步审查单位必须在收到该修改的副本后才可启动国际初步审查。

③ 如果要求书关于修改声明一栏中指明，根据 PCT 第 34 条提出的修改应当作为国际初步审查的基础，但是实际上该修改并没有同要求书一起提交，则国际初步审查单位应当通知申请人补交，在收到修改后，或者在通知申请人补交修改文件的期限届满后才可启动国际初步审查。

④ 如果要求书关于修改声明一栏中指明，申请人希望将启动国际初步审查的时间推迟，那么，除非在自优先权日起 20 个月届满前收到申请人根据 PCT 第 19 条提出的修改的副本或者表示无意提出修改的通知，否则启动国际初步审查的时间应当是自优先权日起 20 个月届满时。申请人要求推迟审查的声明往往是在较早提出要求书，又要保留根据 PCT 第 19 条进行修改的权利的情况下作出的。

书面意见：一般情况下，国际检索单位作出的书面意见作为国际初步审查单位的首次书面意见。书面意见在指出问题的同时要列举理由，并且规定出答复的期限，书面意见使用的是 PCT/IPEA/408 表格，答复期限一般是 2 个月。申请人在收到书面意见后，可以通过书面的方式也可以通过电话的方式与审查员进行联系，可以对申请进行再次修改。

缺乏发明单一性的处理：

单一性问题，一般情况下应该在检索过程发生。若是在检索阶段，审查员发出 PCT/ISA/206 表，通知申请人缴纳检索附加费，由于申请人没有缴纳任何费用导致审查员只针对申请的权利要求中首先提到的发明（主要发明）进行了检索，则在初审过程中，审查员不必针对未检索的发明再一次发出单一性的通知（PCT/IPEA/405 表）。

只有针对已经检索的发明才审查是否有单一性的问题。

审查员决定发出单一性通知的同时，还应该在通知中为申请人至少列举一种符合要求的限制权利要求的可能性。

若申请人在规定期限内，既未缴纳附加费也未限制权利要求，审查员要针对看来是主要发明的部分作出国际初步审查报告。在这里，主要发明的概念与检索过程不同，并不是把权利要求首次提到的发明就认为是主要发明。而只有当对主要发明存在疑问的时候，才认为权利要求首次提到的发明是主要发明（《PCT 实施细则》第 68.5 条）。

（5）专利性国际初步报告

完成期限：国际初步审查单位在完成审查后，会作出一份专利性国际初步报告。完成专利性国际初步报告的时间应当是在优先权日起 28 个月或启动审查之日起 6 个月。

报告的内容：PCT/IPEA/416 是传送专利性国际初步报告的通知，PCT/IPEA/409 是专利性国际初步报告。专利性国际初步报告包括以下内容：

① 专利性国际初步报告的基础，在这一栏要指明进行国际初步审查所依据的文本。如果在国际初步审查的过程中考虑了某些修改的内容，在此栏要标明。对于那些被认为超出了原始公开的范围，因而在专利性国际初步报告制定时未被考虑的修改内容在本栏要特别指明。

② 关于新颖性、创造性或工业实用性的推断，以及支持推断的引证和解释。这一栏是专利性国际初步报告的核心部分。专利性国际初步报告应就每一个经过审查的权利要求看来是否符合新颖性、创造性和工业实用性的标准用"是"或"否"作出推断性的声明。在声明之后必须附有支持该结论的引用文件、解释和意见。所引用的文件可以是在国际检索报告中被引用的，也可以是在该报告中未被引用的，但必须是与声明的结论相关的。

③ 在专利性国际初步报告中还可能包括其他内容，例如，如果国际申请中的优先权是在视为未要求的情况下作出的，在专利性国际初步报告的相应栏目中要加以标明。如果对国际申请涉及不需进行国际初步审查的主

题，对部分或全部权利要求不作出审查意见的声明。如果国际申请缺乏发明单一性，要在相应的栏目中标明，还有如果国际初步审查单位注意到某些相关文件是在国际申请的有关日期之后公布的，或者在该有关日期之前有过非书面公开，记载在有关日期之后的书面公开中，应当在专利性国际初步报告中对这些相关文件作出说明，以便引起指定局的注意。关于专利性国际初步报告的附件，如果在专利性国际初步报告的审查基础一栏标明审查中考虑了某些修改，那么修改的替换页应当附在专利性国际初步报告之后作为专利性国际初步报告的附件。

（6）专利性国际初步报告的传送和利用

国际初步审查单位在作出专利性国际初步报告以后，应迅速将其传送给国际局和申请人，由国际局将报告的副本向选定局传送。

国际初步审查单位需要作出的文件及数量：

申请语言为中文时，需要作出如下文件：

PCT/IPEA/416（中文）：2 份；

PCT/IPEA/409（中文）：3 份；

PCT/IPEA/409（英文）：2 份。

申请语言为英文时，需要作出如下文件：

PCT/IPEA/416（英文）：2 份；

PCT/IPEA/409（英文）：3 份。

7. 撤回

（1）允许撤回的内容

国际阶段的撤回包括 4 种，即国际申请的撤回、指定的撤回、优先权要求的撤回和国际初步审查要求或选定的撤回。

（2）有关撤回手续中的几个问题

以上 4 种撤回提出的时间都是自优先权日起 30 个月之前。

关于国际申请的撤回，申请人应当向受理局或国际局提出，撤回的效力是在受理局或国际局收到时生效。如果申请人是为了避免国际申请进行国际公布而提出的撤回，应当保证撤回通知要在国际公布的技术准备完成之前到达国际局，这样才能避免国际公布。对于国际申请的撤回可以是有条件的，即申请人给国际局的通知中可以写明是为了避免国际公布而提出的撤回，如果无法避免国际公布，将不撤回该国际申请。

关于指定的撤回，如果指定一个国家是为了既获得国家专利又获得地区专利，除另有说明外，撤回对该国的指定应认为仅撤回为获得国家专利的指定。如果申请人撤回对所有指定国的指定，将按照撤回国际申请来处理。对于国际申请的撤回和指定的撤回所涉及的每一个指定国的效力终止，等同于撤回该国国家申请的结果，但是对于已经启动国家阶段程序的指定局，撤回对该局无效。

关于优先权的撤回，如果撤回引起了优先权日的变更，那么任何自原优先权日起计算并且尚未届满的期限，应自变更后的优先权日起计算，但是如果撤回通知是在国际公布的技术准备完成之后到达国际局的，国际局仍在原期限的基础上进行公布。申请人如果是为了延长进入国家阶段的时间而撤回了优先权要求，可能会对依据包括在国际申请日和其他优先权日之前公布的相关现有技术中关于新颖性和创造性的不利后果，所以申请人尽量不要为了延长进入国家阶段的时间而撤回优先权要求。

关于国际初步审查要求或选定的撤回，应当是在国际局收到时生效，如果申请人将撤回通知提交到了国际初步审查单位，该单位会在通知上标明收到日并迅速送交到国际局。

对于上述所有撤回，必须由所有申请人签字，此时作为申请人的共同代表是无权代替其他申请人签字的。

8. 变更

在国际阶段，申请人可以请求对国际申请中的事项进行变更，如申请人、发明人、代理人的名称或者地址等，应当在优先权日起30个月之前向国际局提出，也可以向受理局提出由受理局转交给国际局。提出变更的时候只需要提交一份要求变更事项的信件就可以了，一般申请人不需要提交证明文件。这同国家阶段的变更要求是不一样的，在国家阶段如果涉及申请人或发明人的变更，申请人除提出变更请求外，还要提交申请权转让证明或发明人声明等证明文件，而在国际阶段是不要求申请人提交证明文件的，除非变更申请人的请求是由新申请人提出，需要附有支持变更的书面证据，如转让证明，如果增加了申请人，需要提交新申请人的委托书。

（二）国家阶段

1. 进入国家阶段的期限

国际阶段的程序完成之后，就要进入国家阶段的程序。如果申请人没有利用PCT第Ⅱ章，国际申请在完成国际检索和国际公布之后，就要进入指定国的国家阶段，如果申请人利用第Ⅱ章提出了国际初步审查要求，则在完成了国际初步审查之后进入国家阶段的程序。国家阶段不是由指定局或选定局自动开始的，申请人必须按照国家的要求在规定的期限内履行一定的手续，国际申请在该国的国家阶段才开始启动。通常在规定的期限内和应办理的手续成为进入国家阶段的条件。如果在期限届满时，申请人没有满足进入国家阶段的条件，在该国的效力将终止，等同于撤回该国的国家申请的效力。

国际申请进入国家阶段以后还要满足各指定国的某些特别要求，这些要求是根据各国的本国法所规定的。以下主要介绍国际申请进入中国国家阶段的条件和要求。

（1）PCT 的规定

PCT 第 22 条和第 39 条规定，申请人应在不迟于自优先权日起 30 个月届满之日，向指定局或选定局履行进入国家阶段的手续，同时 PCT 又规定，任何缔约国的本国法可以另行规定更迟的期限。也就是说各国规定的期限不得早于自优先权日起 30 个月，对期限的限定是完全必要的，因为对于利用 PCT 第 II 章的申请，通常申请人在优先权日起 28 个月才会得到国际初步审查报告，通过报告提供的意见来决定是否继续国家阶段的程序，所以对期限的限定也是对申请人利益的保障。那么各缔约国可以自己决定将进入国家阶段的期限延长，目前有许多国家将这一期限推迟到自优先权日起 31 个月。进入国家阶段的期限是由申请人自行监控的，指定局不会向申请人发出任何期限即将届满的通知，所以对于申请人而言，必须了解和严格遵守各指定国规定的期限。

（2）中国《专利法实施细则》的规定（第 103 条）

中国《专利法实施细则》第 103 条规定，申请人应当在优先权日起 30 个月内，向国家知识产权局办理进入中国国家阶段的手续，也就是采用了 PCT 规定的进入国家阶段的期限，没有另行规定一个更迟的期限。同时又规定对于在上述期限内没有办理进入国家阶段手续的国际申请，可以给予 2 个月的宽限期，条件是缴纳一笔宽限费。如果申请人在宽限期内仍然没有履行进入国家阶段的手续，将导致国际申请在中国的效力终止，这个时候申请人是不能根据中国《专利法实施细则》第 6 条第 2 款的规定，请求恢复权利的，也就是说同一个救济条款不能连续使用两次。如果宽限期的耽误是不可抗拒的事由造成的，这个时候根据《专利法实施细则》第 6 条第 1 款的规定，恢复程序还是可以适用的。

2. 进入国家阶段的手续

（1）PCT 的规定（PCT 第 22 条、第 39 条）

国际申请进入国家阶段时，申请人应当缴纳国家费用、提交国际申请译文，在特定的情况下，提交国际申请副本。关于国家费用，各个国家根据本国法有不同的规定，可以参考 PCT 申请人指南了解各国所需缴纳的费用。PCT 对减费没有强制性的要求，各国也有不同的规定，有的国家没有任何减费的规定，有的国家根据国际检索单位作出的检索报告，可以不同程度的减免一些检索费，中国国家知识产权局也有减费的规定，如国际检索报告是由欧洲专利局、日本特许厅、瑞典专利局作出的，实质审查费可以减免 20%。关于提交国际申请译文是指如果国际申请提出时使用的语言或者国际公布使用的语言不是指定局的官方语言，进入国家阶段时需要提交国际申请的译文，如果国际申请使用的语言已经是指定局的官方语言，则不存在提供译文的问题。对于译文的内容和形式要求不同的指定国也有不同的规定，不再详细介绍。关于国际申请副本，一般情况下由国际局向指定局传送国际申请副本，指定局不应要求由申请人提供，除非是申请人请求提前进入国家阶段的时候，由于此时还没有完成国际公布，申请人为了提前处理和审查该申请，可以提交国际申请副本。

（2）中国《专利法实施细则》的有关规定（《专利法实施细则》第 101 条、第 104 条）

进入中国国家阶段申请人应办理的手续：提交进入声明，统一使用 PCT/CN/501 表，声明中应当写明国际申请号，并以中文写明要求获得的专利权类型、发明创造的名称、申请人姓名或者名称、申请人的地址和发明人的姓名。缴纳国家费用，申请费、公布印刷费，如果是在宽限期进入的还要缴纳宽限费，适用的情况下可能还有申请附加费、优先权费。国际申请以中文以外的文字提出的，应当提交原始国际申请的说明书、权利要求书、附图中的文字和摘要的中文译文；国际申请以中文提出的，应当提交国际公布文件中的摘要副本。国际申请有附图的，应当提交附图副本。如果在国际阶段，申请人对申请文件进行过修改并且希望按照该修改进行审查，还要提交修改文件的译文。

必须满足的最低要求：在以上申请人办理进入中国国家阶段的手续中，有一些是必须满足的最低要求，即只有满足了这些要求才符合进入国家阶段的条件，给出国家申请号和进入国家阶段的日期。如果不符合要求，该国际申请在中国的效力将终止。最低要求包括：

① 期限为自优先权日起 30 个月，如果申请人缴纳了宽限费可以延长至 32 个月；

② 费用，包括申请费和公布印刷费，如果是在宽限期进入的还包括宽限

费,这 3 项费用是在进入国家阶段的同时必须缴纳的,其他的费用比如申请附加费、优先权费等是可以随后补交的,不影响进入国家阶段的日期;

③ 文件,包括请求书以及说明书、权利要求书的译文,在请求书中,要标出国际申请号并指明需要获得的保护类型,关于附图和摘要是可以随后补交的。符合进入国家阶段条件的,国家知识产权局专利局将给申请人发出国家申请号通知书,PCT/CN/503 表。

除了最低要求外,还有一些手续是可以随后提交的补正,如《专利法实施细则》第 104 条规定的未提交摘要的中文译文或者摘要副本的,未提交附图副本或者摘要附图副本的,未在进入声明中以中文写明发明创造的名称、申请人姓名或者名称、申请人的地址和发明人的姓名的,进入中国国家阶段声明的内容或者格式不符合规定的。像这些缺陷是可以通过补正程序来克服的。

请求提前处理的特殊手续:如果申请人请求提前进入国家阶段,尤其是在国际申请尚未进行国际公布的情况下提前进入,这个时候由于国家知识产权局专利局还没有从国际局得到国际申请的副本,申请人可以自己提交国际申请的副本即受理本的副本或登记本的副本,也可以请求国家知识产权局专利局向国际局提出请求传送该副本,国家知识产权局专利局在得到国际申请副本后会立即启动审查。

文件的提交地点和提交方式:进入国家阶段时申请人提交的译文和其他文件应当直接提交到国家知识产权局专利局 PCT 处,可以通过面交、邮寄或传真的方式,无论哪种方式都以文件到达 PCT 处日为到达日。如果是通过传真方式提交的,应当在传真日起 14 日内提交原件。在进入国家阶段以后提交的文件,即所谓的中间文件,不能使用传真的方式,如果是通过邮寄的方式,以寄出的邮戳日为递交日。

3. 特殊的国家要求

(1) PCT 允许的国家要求

缴纳国家费用、提交译文,以及在某些情况下提供国际申请副本,这些都是国际申请进入国家阶段普遍适用的基本要求,除此以外,各国的法律还对专利申请规定了其他需要满足的要求,由于各国的法律不同,这些要求也有很大差异,因此这些要求称为特殊的国家要求。但是这些特殊的国家要求必须在 PCT 允许的范围之内。PCT 第 27 条,《PCT 实施细则》第 51 条之二规定了条约允许的国家要求,指定国一旦开始处理国际申请,按照本国法的规定可以要求申请人提供申请中的证明文件,例如,美国要求提供关于发明人身份的文件，或者关于发明人资格的宣誓；德国、瑞士要求申请人提供享有申请权的声明；中国、日本等国家要求申请人提供关于权利转移或转让的文件。另外，还有要求申请人委托代理人、要求优先权文件的副本、对译文的确认等，所有的这些要求都应当是在条约允许的范围内根据本国法来确定的。PCT 对于满足特殊国家要求的期限也作了规定，任何缔约国不得要求申请人在履行进入国家阶段手续的同时满足上述特殊的国家要求，为了满足这些国家要求，应当给予申请人合适的机会。一般的情况下，指定局会通过给申请人发通知的方式让申请人在规定的期限内补正。PCT 也规定了不允许的国家要求，任何缔约国的本国法不得就国际申请的形式和内容提出与本条约和细则的规定的不同的或其他额外的国家要求。具体地说，进入国家阶段时，关于国际申请及其译文的形式及内容的撰写是否符合要求，各指定局只能以《PCT 实施细则》第 5～11 条的规定来衡量，不得制定另外的标准。

（2）进入中国国家阶段应当满足的特殊要求

中国《专利法实施细则》第 104 条规定了中国国家知识产权局作为指定局的特殊要求，这些要求是在 PCT 允许的范围内，参照中国《专利法》及其实施细则的其他条款的有关规定制定的，特殊要求主要有以下几项。

① 国际申请请求书中没有指明发明人的，在进入中国国家阶段的书面声明中应指明发明人姓名。如果没有指明，国家知识产权局专利局将通知申请人在指定期限内补正，期满未补正，该申请视为撤回，这项规定是参照中国《专利法》第 26 条第 2 款关于请求书中应当写明发明人的姓名的规定而定的。

② 国际申请在国际阶段向国际局办理过申请人变更手续的，进入国家阶段应提交申请人享有申请权的证明材料。如果没有提供，国家知识产权局专利局将通知申请人在指定期限内补正，期满未补正，该申请视为撤回。

③ 国际申请的申请人与作为优先权基础的在先申请的申请人不是同一人，或者在提出在先申请后更改姓名的，应当提供申请人享有优先权的证明材料。

④ 国际申请请求书中作出过关于不丧失新颖性公开的声明，应当在进入国家阶段之日起 2 个月内提供有关的证明文件。

4. 国际申请在中国国家阶段的审查程序

（1）国际申请效力的审查（《专利法实施细则》第 102 条及第 105 条）

根据 PCT 已确定国际申请日并指定中国的国际申请，视为向国家知识产权局专利局提出的专利申请,该国际申请日视为中国《专利法》第28条所称的申请日,在国际阶段,国际申请或国际申请中对中国的指定撤回或视为撤回的,该国际申请在中国的效力终止。申请人在规定的期限内未办理进入国家阶段的手续或在该期限届满时有下列情形的,其国际申请在中国的效力终止:

① 在进入中国国家阶段声明中未写明国际申请号的;

② 未缴纳申请费、公布印刷费和宽限费的;

③ 国际申请以中文以外的文字提出而未提交原始申请的说明书和权利要求书的中文译文的。

对于效力终止的申请,国家知识产权局专利局将发出 PCT/CN/502 通知书,通知申请人该国际申请不能进入中国国家阶段。

(2) 进入声明及译文的形式审查

对于符合进入国家阶段条件的国际申请,将对其进行形式和内容方面的审查。根据申请人提交的 PCT/CN/501 表,审查申请人填写的国际申请日、保护类型、发明名称、申请人信息、申请人的译名、发明人的信息、审查基础、优先权等内容是否存在缺陷。关于国际申请日,如果 501 表中填写的与国际公布的小册子中不一致,审查员将依职权改正,并将改正通知申请人。关于保护类型,申请人在 501 表中必须明确指明要求获得的是发明专利还是实用新型专利,不允许使用发明和实用新型的方式。发明名称应当是原始国际申请请求书的发明名称的译文,如果小册子上记载的发明名称是由国际检索单位审查员确定的,501 表中应当填写审查员确定的发明名称的译文。进入国家阶段请求修改发明名称的,应当以修改文件的形式提出,不应当将修改后的发明名称直接填写在进入声明中。

申请人的信息:国际申请对于不同的指定国可能会有不同的申请人,在进入声明中要求填写的是对中国的申请人,如果在国际阶段申请人作过变更(包括姓名或名称、地址变更),应直接填写变更后的信息。经国际局登记已经死亡的申请人,进入国家阶段时,不再写入进入声明中。

申请人的资格:申请人是外国人、外国企业的,应当根据《专利法》第 18 条的规定审查申请人是否有资格提出申请。国际申请如果是由一个申请人提出的,该申请人通常是 PCT 缔约国的国民或居民,至少是《巴黎公约》缔约国的国民或居民,所以不必审查是否符合《专利法》第 18 条的规定。国际申请中有 2 个或 2 个以上申请人的,PCT 规定只要有一个申请人是缔约国的国民或居民就可以了,所以,国际申请提出时对中国的申请人就有可能是非 PCT 缔约国的国民或居民。另外，如果在国际阶段申请人发生过变更，变更后的申请人也有可能是非 PCT 缔约国的国民或居民。所以，审查员将对申请人的资格进行审查，对于所有申请人都不符合《专利法》第 18 条规定的，应当驳回申请，如果是部分申请人不符合规定，将通知申请人办理著录项目变更手续，删除没有资格的申请人。

申请人的译名： 在国际阶段，申请人为个人时姓名的写法应当姓在前、名在后，在进入国家阶段时，姓和名的先后顺序应当按照其所属国的习惯写法。申请人如果认为在进入声明中提供的译名不准确的，在国家公布准备工作完成之前可以用主动补正的方式提出。在国家公布之后要求改正译名的，应当以改正译文错误的方式提出，并缴纳相应的手续费。

申请人的地址： 外国的申请人不要求写明详细的地址，只要注明国别、市（县、州）就可以了，中国的申请人应当写明详细的地址，包括邮政编码和门牌号码。

发明人的信息： 同申请人一样，在进入声明中应当填写针对中国的发明人。如果在国际阶段发明人作过变更，直接填写变更后的发明人译名。与申请人不同的是，针对中国的发明人经国际局登记已经死亡的，在进入国家阶段时仍应作为发明人填写在进入声明中。对于在国际公布的小册子中没有记载发明人姓名的国际申请，在进入声明中应当补充写明发明人。

发明人的译名： 同申请人的译名要求一样，姓和名的先后顺序按照所属国的习惯写法。如果申请人认为译名不准确的，在国家公布准备工作完成之前可以用主动补正的方式提出，之后应当以改正译文错误的方式提出。

审查基础的指明： 在国际阶段，申请人有多次机会对申请文件进行修改，如按照 PCT 第 19 条进行修改和按照 PCT 第 34 条进行修改，在进入国家阶段时，申请人还可根据 PCT 第 28 条对申请文件进行修改，由此进入国家阶段的国际申请，除原始申请文件外可能还要提出一份或几份修改文本，所以申请人在进入声明中应明确指明在实质审查中应当依据的文本，即对审查基础作出声明，是按照原始申请进行审查，还是按照 PCT 第 19 条、第 34 条或第 28 条的修改进行审查。如果国际阶段作出过修改但在审查基础中没有指明的，应认为该修改已经放弃，审查中将不再考虑。审查基础声明包括在进入声明中的指明，即 PCT/CN/501 表第 8 栏中的指明，和进入国家阶段后单独提交的 PCT/CN/521 表中的指明。审查基础声明中提及国际申请文件修改的，应当同时提交该修改文件或修改文件的译文。

该修改文件要能够替换原始申请相应部分。

其他内容：其他内容的审查包括对要求优先权声明的审查、关于生物材料样品保藏说明的审查、关于不丧失新颖性宽限期的审查。

译文的形式审查：如果国际申请是以中文以外的文字提出的，在进入国家阶段时，申请人应当提交原始申请的说明书、权利要求书以及附图中文字和摘要的译文。该译文应当与国际公布的小册子中的内容相符，申请人不能将任何修改的内容加入原始申请的译文中。如果原始申请中说明书或权利要求书的一部分的内容，经过受理局审查后宣布"不予考虑"，并且在国际公布文本中加以标注的，在译文中应当用中文作出同样的标注，例如在没有提供附图的情况下说明书中提交附图的内容。如果说明书中含有核苷酸或氨基酸序列表部分，并且是作为说明书单独部分提交的，在提交译文时，也应作为单独部分提交，并且要单独编页。序列表部分的自由文字内容已写入说明书的主要部分的，则序列表部分的任何文字不需要翻译。在国际阶段，国际申请说明书中包含的以计算机可读形式的大核苷酸或氨基酸序列表部分（即在400页以上的序列表），进入国家阶段时可以只提交符合规定的计算机可读形式的序列表。说明书中引用的计算机程序语言不需要翻译。对于摘要的译文和摘要附图应当与国际公布的小册子扉页记载的一致，如果首次公布的是不包括检索报告的A2形式，并且再次公布的小册子A3中的摘要与摘要附图与A2中的不一致，摘要的译文和摘要附图应当以A3中的为准，因为A3中的摘要和摘要附图是国际检索单位的审查员确定的。

(3) 关于优先权要求的形式审查（《专利法实施细则》第110条）

不予审查的内容：对于优先权要求是否符合《巴黎公约》原则，优先权声明是否符合《PCT实施细则》的规定，接受受理局的审查结论，即在国际阶段对于优先权要求的有效性，国家知识产权局不再提出疑问。但应当注意，我国不承认中国台湾地区的优先权，如果国际申请中要求了中国台湾地区的优先权，该优先权将视为未提出。

进入国家阶段不得提出新的优先权要求：针对进入声明中申请人填写的优先权事项，如在先申请日、申请号及受理国的名称，审查员将以国际公布的小册子为依据进行审查，如果与小册子的记载不符，审查员将依职权进行改正，并将改正通知申请人。申请人在国际阶段没有提供在先申请号的，应当在进入声明中写明，如果进入时仍未写明，该项优先权将视为未提出。进入国家阶段不允许提出新的优先权要求。

对优先权文件的要求：根据《PCT 实施细则》第 17 条的规定，如果申请人已向受理局提交了优先权文件或向受理局提出制作优先权文件的要求，作为指定局的国家知识产权局不得要求申请人提供优先权文件副本。该优先权文件副本应当由国家知识产权局请求国际局提供。国家知识产权局的审查员应当检查国际公布文本中的国际检索报告，在相关文件一栏标有"PX、PY"类文献的，审查员才请求国际局传送该申请的优先权文件副本。如果国际检索单位的审查员没有检索到，而国家知识产权局的实审员在补充检索中检索到"PX、PY"类文献的，也应当通过国家知识产权局 PCT 处向国际局提出上述请求。如果国际局通知国家知识产权局，申请人在国际阶段没有按规定提交优先权文件，在这种情况下，才要求申请人补交优先权文件副本。

要求提供享有优先权证明的情况：在收到优先权文件副本后，审查员将核实进入声明中填写的优先权事项与优先权文本记载的是否一致，如果发现在先申请的申请人与国际申请的申请人不一致，并且在国际公布的小册子中没有申请人作出的关于享有优先权的声明，审查员将通知申请人提交享有优先权的证明文件，如果在通知书规定的期限内没有提交证明文件，该项优先权将视为未提出。

进入国家阶段改正优先权声明中错误的程序：如果在国际阶段提出的优先权声明中某一项有书写错误，可以在办理进入手续时提出改正优先权请求，并且缴纳优先权改正费。在改正请求的同时应当提交在先申请的副本作为改正的依据。在进入国家阶段后提出的改正请求将不予考虑。

国际阶段丧失的优先权要求的恢复：如果在国际阶段优先权要求被国际局或受理局宣布过视为未提出，申请人在办理进入国家阶段手续的同时可以提出恢复优先权要求的请求，并且缴纳恢复费，同时应当提交在先申请的副本作为恢复的依据。但是有一个条件，就是被视为未提出的优先权要求的有关信息连同国际申请一起被公布过。进入国家阶段之后提出的恢复请求不予考虑。

（4）涉及生物材料样品保藏的申请的形式审查（《专利法实施细则》第 108 条）

对保藏的要求：按照中国《专利法实施细则》第 24 条第（1）项的规定，如果申请专利的发明涉及新的生物材料，该生物材料公众不能得到，申请人应当在申请日（有优先权的，指优先权日）前，将生物材料的样品提交国务院专利行政部门认可的保藏单位保藏，并在申请日起 4 个月内提交保藏证明和存活证明。

国际阶段作出的保藏说明及进入声明中的指明：对保藏的生物材料的说明包括的事项有保藏单位的名称和地址、保藏日期、保藏单位给予的保藏编号。只要该说明在国际局完成国际公布的技术准备工作之前到达国际局，作为指定局的国家知识产权局应认为该说明已及时提交。保藏说明可以包含在说明书中，也可以填写在专门的表格（PCT/RO/134 表）中。如果保藏事项是以非表格形式记载在说明书中的，申请人在进入声明的规定栏目中，应当指明保藏事项在说明书译文中的具体位置。如果保藏事项记载在表格 PCT/RO/134 中的，该表格应当包含在国际公布的小册子中。如果审查员经核对发现在进入声明中指明的译文的相应位置没有关于保藏事项的记载，或者在进入声明中指明的 PCT/RO/134 表并不包含在小册子中，应当认为该生物材料样品的保藏说明没有作出。

提交保藏证明和存活证明：由于国际申请的特殊程序，提交生物材料样品保藏证明和存活证明的期限是自办理进入手续之日起 4 个月。

（5）国家公布（《专利法实施细则》第 114 条）

尽管国际申请在进入国家阶段之前多数已由国际局在优先权日起 18 个月届满前完成国际公布，但是 PCT 规定，如果国际公布使用的语言和在指定国按本国法公布所使用的语言不同，指定国可以规定，就权利的保护而言（指临时保护），公布的效力仅从使用后一种语言的译文按照本国法的规定予以公布后才产生。多数实行延迟审查制的缔约国都对进入国家阶段的国际申请规定了国家公布的程序，例如奥地利、德国、英国、西班牙、日本、俄罗斯等国均如此规定。中国《专利法》规定对发明专利申请实行审查制，对实用新型专利申请实行登记制，所以中国《专利法实施细则》第 114 条规定的国家公布程序只适用于要求在中国获得发明专利权的国际申请，对于指定中国要求实用新型保护的国际申请并不适用。国家公布主要是指国际申请译文的公布，一般在申请人履行进入国家阶段的行为并由指定局对译文进行初步审查后及时完成。还有一些国家局对使用本国文字的国际申请进入该国国家阶段后也要作简单的公布。国家公布的目的有两个，其一使公众得知该国际申请进入指定国国家阶段的信息，表明国际申请有可能获得该国的专利保护，如果指定该国的国际申请在规定的进入国家阶段的期限届满后的一段时间内没有完成国家公布的程序，则表明申请人已经放弃国际申请在该国的效力，其后果与撤回该国的国家申请是相同的；其二使国际公布的语言不是指定国官方语言的那些国际申请在国家公布后获得该国的临时保护的权利，同时，该国的公众也可以从公布的译文得到用本国文字表述的技术情报。国家公布可以看作是国际公布的延续。

中国国家知识产权局制定的《专利审查指南2010》中对国际申请进入中国国家阶段后的公布程序作了如下具体的规定。

公布时间：指定中国要求获得发明专利保护的国际申请履行进入中国国家阶段的手续后，经初步审查认为合格的，国家知识产权局专利局将及时对其进行国家公布的准备工作。

公布形式：

① 在《发明专利公报》中登载。这种公布形式对于国际公布使用中文和外文的国际申请都适用。

② 全文公布国际申请的中文译文。这种公布形式只适用于国际公布使用外文的国际申请，全文公布的单行本称为发明专利申请的公布说明书。

公布内容：

① 在《发明专利公报》中公布的内容

国际申请在《发明专利公报》上的公布主要由申请的著录项目、摘要和摘要附图几部分组成。著录项目包括：国际专利分类号、申请号、公布号、申请日、国际申请号、国际公布号、国际公布日、优先权事项、专利代理事项、申请人事项、发明人事项和发明名称等。

② 公布说明书的内容

国际申请的公布说明书的内容包括扉页、原始提出的说明书和权利要求书的译文，摘要的译文，还可以包括附图及附图中文字的译文。必要时，包括核苷酸或氨基酸的序列表部分，记载有生物材料保藏事项的PCT/RO/134表的译文，按照PCT第19条进行修改的权利要求书的译文以及有关修改的声明的译文。扉页的内容与同时出版的《发明专利公报》中对该申请公布的内容完全一致。

(6) 实质审查（《专利审查指南2010》第3部分第2章）

国际申请在国家阶段是否启动实质审查，如何启动以及实质审查中判断国际申请是否符合专利性的标准，完全取决于指定国的本国法。PCT对此没有统一的规定。一般来说，对其本国的国家申请实行审查制的缔约国对进入该国国家阶段的国际申请也要进行实质审查，反之，对本国的国家申请实行登记制的国家对国际申请也不会进行有关专利性的审查。按照中国《专利法》的规定，指定中国要求获得发明专利的国际申请进入中国国家阶段后要经过实质审查才能确定其能否被授予专利权，而对于指定中国要求获得实用新型专利的国际申请则不需要启动实质审查程序。实行延迟审查制的缔约国均规定实质审查程序只有经请求后才能启动，该请求应以书面形式提出，并且要缴纳费用。各缔约国对于提出审查请求的期限的规定不完全一样，例如，俄罗斯规定，审查请求必须在自申请日起3年内提出；加拿大、澳大利亚、韩国规定的期限是5年；德国、日本规定的期限是7年；欧洲专利局则规定，审查请求必须在国际局公布该国际申请的国际检索报告之后的6个月内，或者在PCT规定的履行进入国家阶段行为的期限内提出，以后到期者为准。按照中国《专利法》的规定，要求获得中国发明专利的国际申请进入国家阶段后必须在自申请日起（如果有优先权要求的，自优先权日起）3年之内提出审查请求。如果在该期限内没有提出审查请求，认为申请人已放弃该申请，国家知识产权局专利局将作出申请被视为撤回的决定。

5. 国家阶段修改及译文中错误的改正

(1) 在国家阶段对国际申请的修改（《专利法实施细则》第106条）

尽管申请人在国际阶段有多次机会可以修改申请文件，按照PCT第28条和第41条规定，在国家阶段还可以向指定局或选定局提出对权利要求书、说明书或附图的修改。PCT要求各指定局或选定局给予申请人这一修改的机会，其目的有两个：其一，为了使申请人在得到国际检索报告和国际初步审查报告后，根据报告中提出的意见，将申请文件修改得尽可能符合授予专利权的条件；其二，为了使申请人有机会将申请文件修改得符合即将进入其国家阶段的指定国国家法的要求。《PCT实施细则》第52条和第78条规定了申请人向指定局或选定局提出修改应当遵守的期限。规定的基本原则是：

① 在不需要特别请求即可开始处理或审查程序的指定国中，申请人提出修改的期限是自履行进入国家阶段手续之日起1个月；

② 在其本国法规定审查只能根据一项特别请求才能开始的指定国中，允许申请人提出上述修改的期限或时间应当和本国法为其本国申请规定的提出修改的期限或时间相同。

另外，PCT还限定，在依据本国法规定的情况下，给予申请人的期限不得少于1个月。各缔约国都明确规定在国家阶段允许对申请文件进行修改。但是由于各国的审查制度不同，本国法的规定不同，所以允许提出修改的期限的规定则存在差异。多数国家规定在作出授权或驳回的决定之前可以提出修改，例如奥地利、加拿大、日本、瑞典、美国等。欧洲专利局规定在发出第一次审查通知书之前以及在答复该通知书的同时可以修改，俄罗斯则规定在履行进入国家阶段手续之日起2个月内提出修改是免费的，在2个月之后提出修改则要缴纳一定的费用。中国《专利法实施细则》第112条规定了国际申请进入中国国家阶段后申请人提出修改的适用期限。由于中国《专利法》对发明专利申请和实用新型专利申请规定了不同的审查制度，所以按照PCT规定的原则，要求在中国获得实用新型保护的国际申请和要求在中国获得发明专利保护的国际申请在国家阶段提出修改所适用的期限有所不同，前者适用于自履行进入国家阶段手续之日起1个月的期限规定，后者应当适用于本国法——中国《专利法实施细则》第51条第1款的规定，即要求发明专利的申请的申请人在提出实质审查请求时以及在收到国家知识产权局专利局发出的该申请进入实质审查阶段通知书之日起3个月内可以提出修改。

（2）国际申请译文中错误的改正（《专利法实施细则》第113条）

允许更正国际申请译文中的错误，是国际申请在国家阶段特有的程序。在具体处理方式上可以分为授权前和授权后两个阶段。一般来说，在申请被授予专利权之前更正译文中的错误不会影响公众的利益。由于译文中的错误，如果导致使用译文的国际申请超出使用原文的国际申请的范围，指定局可以要求申请人将该范围相应缩小，如果导致用译文书写的国际申请的公开范围小于使用原文的国际申请的范围，允许申请人通过更正译文扩大范围，但是不得超出原文所表达的范围，这是在多数缔约国普遍适用的原则。在申请被授予专利权之后，如果发现作为专利权基础的国际申请译文中存在错误，译文的更正有可能影响第三者的利益，所以在PCT第46条中仅仅规定，如果由于国际申请的不正确译文，致使根据该申请授予的专利的范围超出了使用原语言的国际申请的范围，有关缔约国的主管当局可以相应地限制该专利的范围，并且对该专利超出使用原来语言的国际申请范围的部分宣告无效，这种限制和无效宣告有追溯既往的效力。而对于因译文错误致使专利的保护范围小于原文所表达的范围的情况，PCT没有作出统一的规定。

中国《专利法实施细则》第113条和第117条分别对在授权前和授权后更正国际申请译文的错误作出具体规定。

《专利法实施细则》第113条包含以下内容：

① 允许申请人主动更正译文错误的期限

申请人可以有两个机会提出更正。一个是在国家知识产权局专利局做好国家公布的准备工作之前，如果利用这个机会对译文中的错误作出更正，可以使公布的文件尽可能准确。另一个机会是在收到国家知识产权局专利局发出的申请进入实质审查阶段通知书之日起 3 个月内。利用这个机会及时更正译文中的错误，可以保证实质审查使用的文本的准确性。

② 应审查员的通知更正译文的错误

如果国家知识产权局专利局的审查员发现译文存在缺陷或者错误，通知申请人改正，申请人应当及时与原文核对，并在通知规定的期限内更正错误。

③ 更正译文错误应办理的手续

不管是主动提出更正还是应审查员通知更正译文，都需要缴纳一定的费用，并且提交更正后的国际申请译文的替换页。

《专利法实施细则》第 117 条重申了 PCT 第 46 条关于对因译文错误致使专利权的保护范围超出使用原文表达的国际申请的范围的部分加以限制的原则。另外还规定，如果因译文错误致使专利权的保护范围小于使用原文的国际申请所表达的范围，仍旧以授权时的保护范围为准。不允许依据原文扩大范围。这一规定与授权前的处理原则不同。

（3）复查程序（《专利法实施细则》第 116 条）

国际申请在国际阶段被有关国际单位拒绝给予国际申请日或者宣布视为撤回的，申请人在收到通知之日起 2 个月内，可以请求国际局将国际申请档案中任何文件的副本转交国务院专利行政部门，并在该期限内向国务院专利行政部门办理《专利法实施细则》第 103 条规定的手续，国务院专利行政部门应当在接到国际局传送的文件后，对国际单位作出的决定是否正确进行复查。

参考文献

［1］世界知识产权组织网站（http：//www. wipo. int）.

［2］国家知识产权局网站（http：//www. cnipa. gov. cn）.

［3］ World Intellectual Proerty Organization. Patent Cooperation Treaty（PCT）：Regulations under the PCT［M］. Geneva：World Intellectual Property Organization，2018.

［4］中华人民共和国国家知识产权局. 专利审查指南 2010［M］. 北京：知识产权出版社，2010.

第三章 专利审查高速路（PPH）

伴随着经济活动的全球化扩张，世界各国/地区的专利申请量在飞速增长，而专利申请人就同一份申请在不同国家申请的情形也越来越多。据统计，1/3 的专利申请向两个以上的专利局提出过申请。一方面，申请人希望能缩短审查周期，尽快获得专利权；另一方面，飙升的专利申请数量对于各国/地区的专利局日渐造成了工作压力，大部分的专利审查积压正源于专利申请全球化。

而建立在多边合作框架之上的 PCT，其现有的工作机制不足以解决上述交互申请产生的问题。为了克服申请国家数目增加所带来的负担，并保证以较低的成本在大多数国家获得稳定的权利，以工作结果互享为手段、以加快审查程序为目的的 PPH 项目产生了。

一、PPH 项目的产生

2004 年美日欧三局召开第二十二次三边会议时，日本特许厅首次提出 PPH 项目。该项目可以使在日本特许厅提交申请的申请人利用日本特许厅与协议局之间的加快审查程序，尽快获得日本特许厅的专利检索和审查结果，更快、更有效地获得专利授权。2005 年，美国专利商标局和日本特许厅两局同意试行 PPH 项目，并于 2006 年宣布正式启动该项目的试行。2008 年 1 月，美国专利商标局和日本特许厅之间正式全面实施 PPH 项目。

PPH 是以双边协议或多边协议形式存在的一种加快协议国或地区之间专利审查的程序性机制。具体来说，申请人在首次申请受理局提交的专利申请中所包含的至少一项或多项权利要求被确定为可授权时，可以向后续申请受理局对后续申请提出加快审查请求。

在这种机制下，当首次申请的一国/地区专利局决定授予某项专利时，根据申请人的请求，另一加入 PPH 的专利局的相应申请在满足一定条件的情况下，就会进入这种加快审查的机制内。

二、PPH 项目的运行模式

在实际应用中，各国/地区运行 PPH 项目的模式多种多样，总体而言，可以分为常规 PPH 和 PCT－PPH 两种模式。

（一）常规 PPH

其中，常规 PPH 又分为《巴黎公约》路径的 PPH 和 PCT 路径的 PPH。

1. 《巴黎公约》路径

通常情况下，PPH 项目仅适用于签有协议的两局之间按照《巴黎公约》提交的享有优先权的专利申请。也就是说，申请人向首次申请受理局提交专利申请后，又在优先权期限内通过《巴黎公约》路径向后续申请受理局提交了专利申请，申请人得到首次申请受理局关于在先申请的可授权意见后，可依照 PPH 要求向后续申请受理局提出在后申请的加快审查请求。

2. PCT 路径

但是上述《巴黎公约》路径的模式，由于将 PCT 申请排除在外，缩小了 PPH 项目的适用范围，因而不能为 PCT 申请人带来相应的便利和实惠。因此，部分国家和地区将 PPH 项目的适用范围又扩展到 PCT 申请。根据是否要求优先权，又可具体分为两种情形。第一，对于通过 PCT 路径且没有要求优先权的专利申请，当 PCT 国际申请进入多个国家（包括 A 国和 B 国）时，基于同一个 PCT 国际申请，申请人从其中一个国家，如 A 国，收到该 PCT 申请在 A 国国家阶段的可授权意见时，可以向另一个国家，如 B 国，对该 PCT 申请在 B 国国家阶段的申请请求加快审查。第二，被要求优先权的在先申请是 PCT 申请，在后申请可以是 PCT 申请也可以是普通的国家申请，申请人收到首次申请受理局对在先申请在其国家阶段可授权意见时，可以向后续申请受理局提出对相应的在后申请加快审查的请求。这样，就将 PPH 项目的适用扩展到 PCT 申请，增强了专利申请的便捷。

（二）PCT－PPH

对于常规 PPH 中的 PCT 路径，其必须要求申请人收到首次申请在首次申请受理局国家阶段的确定性意见后，才能向后续申请受理局提出加快审查请求。可见，即使申请人收到国际检索单位或国际初步审查单位对首次申请的肯定性书面意见或国际初步审查报告，但仍还需要耗费一定时间，等待该首次申请进入指定国的国家阶段并收到确定性意见后才能提出 PPH 请求。

因此，为了提升 PCT 制度和 PPH 项目的作用和效果，增强两种机制的融合度，美日欧三局又提出将 PPH 项目的范围扩大到对 PCT 国际阶段工作成果的共享，诞生了 PCT－PPH。

PCT－PPH，是指后续申请受理局使用来自 PCT 国际阶段的工作结果。具体来说就是，当申请人从特定的国际检索单位或国际初步审查单位收到肯定的书面意见或国际初步审查报告，指出其 PCT 申请中至少有一项权利要求具有可专利性时，申请人可请求有关专利局对相应的国家阶段申请进行加快审查。

这样的好处是，即使申请人所在国的专利局并未与其他专利局开展 PCT－PPH 试行项目，只要申请人所在国未对国际检索单位或国际初审单位的选择作出限定，申请人同样有机会享有 PPH 项目所带来的便利。

三、PPH 的好处

PPH 机制能带来什么好处？美日两局认为在 PPH 机制下，对于专利局来说，各国可以再次利用其他局对相关申请或交叉申请的检索和审查结果，无需对后续申请进行重复检索和审查，不仅缩短了一通周期和审查周期，通过减少答复审查员通知书次数来节约行政成本，提高了审查效率，同时也提高了审查质量，最终为广大申请人提供了便利和实惠。

而对于申请人来说，应用 PPH 项目至少有以下 3 项好处。第一，大幅度降低审批费用。由于参加 PPH 项目的专利申请，授权率提高、通知书次数减少、复审和无效率降低，这显然为申请人带来了经济上的实惠。根据美国专利商标局的测算，一个复杂申请在美国通过 PPH 请求加快审查，成本最高可节省 3889 美元/次。具体而言，《巴黎公约》路径的 PPH 可总计节省 7907 美元/每件申请，PCT 路径的 PPH 可总计节省 10630 美元/每件申请。需要指出的是，PPH 请求本身不需要或仅需要较少的费用。在目前已经启动的各国 PPH 试点项目中，除在韩国知识产权局提出 PPH 请求需要缴纳请求费外，在其他各局提出 PPH 请求均无须缴纳 PPH 请求费。第二，加快审查提高了专利授权的及时性。加快审查、缩短周期是 PPH 项目设立的初衷。根据日本特许厅官网关于 PPH 项目的最新数据，以美国为例，2013 年 7~12 月，常规 PPH 从请求到一通的平均周期为 4.4 个月，PCT－PPH 从请求到一通的平均周期为 5.2 个月，所有申请（包括 PPH 和非 PPH 申请，下同）的这一周期平均为 18 个月；常规 PPH 从请求到结案的平均周期为 14 个月，PCT－PPH 从请求到结案的平均周期为 14.1 个月，所有申请的这一周期平均为 29 个月。第三,授权率以及审查质量高。由于加入 PPH 的各国专利局会充分考虑首次申请受理局的检索结果和肯定性结论,虽然 PPH 项目不是各国互认审查结果的机制,但从实际而言,相应的 PPH 申请在后续申请受理局的授权率非常高,以美国为例,2013 年 7～12 月,常规 PPH 的平均授权率为 87.9%,PCT－PPH 的平均授权率为 90.3%,而所有申请的平均授权率为 53%。此外,相比单一局的独立审查,经过 2 个以上专利局审查的 PPH 申请,其审查质量也得到潜在提高,授权后专利权更加稳定。

"在世界各国的范围内取得专利授权的成本较高,企业在考虑必要性的同时只能从成本性能的观点来考虑如何最小化。因此,以 PPH 为代表,以低成本且在各国、各地区取得质量较高的授权为目的建立组织受到了欢迎,请大力推进(使对象国进一步扩大)",出自日本知识产权协会(JIPA)对于《知识产权推进计划 2013》的意见。

四、PPH 项目的推行效果

截至 2016 年 4 月,在全球范围内已经建立 PPH 的国家达到了 33 个,其中包括双边的 PPH,几个国家之间形成的小多边 PPH,多个国家之间形成的大多边 PPH(PPH MOTTAINAI)还有通过 PCT 形成的 PCT－PPH。中国与 20 个国家局和国家间组织建立了双边的 PPH 关系,与美、日、韩等 15 国及国家间组织建立了 PCT－PPH 关系。

五、PPH 项目对国家和地区局审查带来的影响

统计数据显示,通过 PPH 提出的申请的授权率和一通授权率都要明显高于普通申请的授权率。而相应的平均一通的发出时间、平均结案时间以及通知书的次数都是明显缩短和减少的。由此可见,PPH 显著地减少了其他国审查员在一通上所消耗的时间,缩短了结案周期,在目前全球化的趋势下,极大地节约了审查资源。

由图 3.1 可知,在统计的各个国家和地区中,通过 PPH 的申请授权率都要高于一般申请的授权率,这是因为提出 PPH 要求的申请都是在首次申请受理局的审查中获得可授权意见的申请,这样的申请在进入后续申请受理局后获得授权的可能性也是相当大的。但是由于 PPH 不强制地限定后续申请受理局的审查意见,所以仍然可能有小部分的申请根据后续申请受理局的国家法不能够被授予专利权。

第三章 专利审查高速路（PPH）

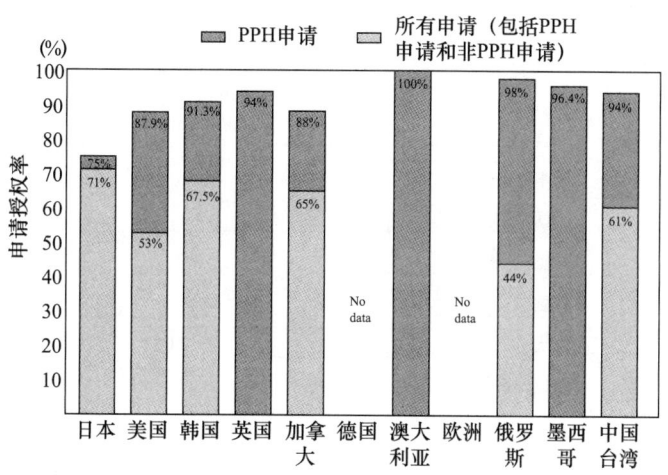

图3.1 部分国家和地区通过PPH的申请与普通申请授权率比较

在首次申请受理局给出的可授权意见的基础上，后续申请受理局可以灵活地对待首次申请受理局的审查结果，但是无论如何首次申请受理局已经给出了相当充分的一份检索报告和书面意见，后续申请受理局在此基础上可以只有针对性地进行补充检索并依据后续申请受理局的国家法对于实质性问题进行审查，因此由图3.2中各单位的数据可以看出，一通发出的时间被明显地缩短了。

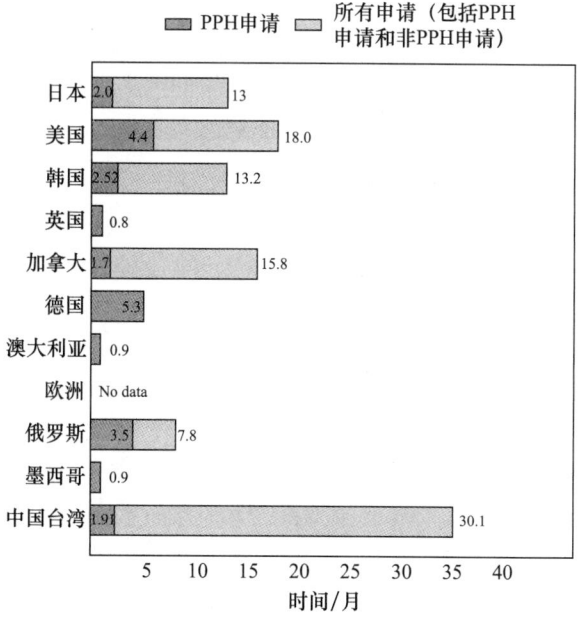

图3.2 一通意见时间对比

在一通发出的时间被显著缩短的基础上,结案周期也相应地缩短了（见图3.3）。

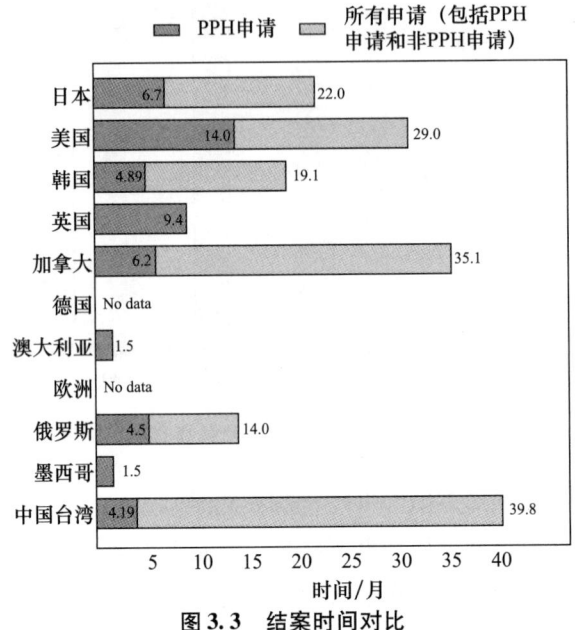

图3.3 结案时间对比

在首次申请受理局已经获得可授权意见的PPH申请,在后续申请受理局大部分会朝向授权的方向来前进,因此通知书的次数与驳回率相对较高的普通申请来比也能够显著地减少（见图3.4）。

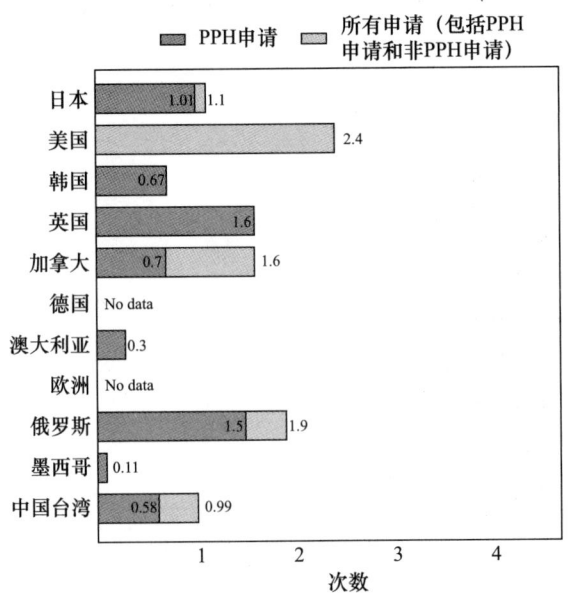

图3.4 通知书次数对比

六、我国 PPH 项目现状以及基本处理原则

（一）我国 PPH 项目合作范围

截至 2016 年，中国国家知识产权局已经与日本、美国、德国、韩国及五局合作项目（IP5）等 20 个机构签订了 PPH 的双边协议，其中我国与美、日、韩等 15 个国家之间除了建立了常规 PPH 路径，还建立了 PCT - PPH 路径。此外，五局之间还存在 PPH MOTTAINAI 的协议。

PPH MOTTAINAI 模式突破"首次申请原则"，符合要求的申请范围扩大。这种模式下，申请人可以基于任一有专利同族申请并签有协议的专利局的在先审查意见，与申请提交的顺序无关，向其他局提出加快审查，以利于申请人灵活使用且扩大了潜在符合要求的申请范围。

中国国家知识产权局还与欧洲专利局、日本特许厅、韩国知识产权局、美国专利商标局在 2014 年 1 月启动了一项五局联合 PPH 试点，该试点项目将以往的双边或小多边合作扩展到更大范围的五局之间，同时不再局限于是首次申请，只要是五局之一局认定有授权前景的申请，申请人都可以以其为基础向其他 4 局提出对相应申请进行加快审查的请求。

在常规 PPH 路径方面，日本是最大受惠国，我国申请人（以中国国家知识产权局为首次申请受理局的申请人理论上认为均是我国申请人，下文关于某国申请人的定义同）在日本特许厅提出 PPH 请求与日本申请人在中国国家知识产权局提出请求之比为 1∶118。事实上，中国作为后续申请受理局在日本申请人对外提出 PPH 请求数量中排第三，第一和第二分别是美国（8614 件）和韩国（2736 件），可见我国在日本申请人技术输出和专利布局中占有重要地位。而我国申请人对外提出的不管是常规 PPH 还是 PCT - PPH 请求，排在第一位的国家都是美国，中国申请人在美国专利商标局提出常规 PPH 请求与美国申请人在中国国家知识产权局提出请求之比缩小到为 1∶10。在 PCT - PPH 方面，美国申请人对以美国为国际检索单位或国际初步审查单位且为后续申请申请局提出请求数量最多，为 420 件，其他国家/地区为后续申请申请局的，除了欧洲专利局请求数量是 72 件，中、日、韩三国数量相当，分别是 38 件、33 件、43 件。这说明了美国在世界科技和商业领域的领导地位，以及在亚洲市场中对我国的态度。我国申请人的数据也显示了我国科技产业对美国商业市场的重视，体现了我国可以技术输出和进行全球专利布局的优势领域和企业。

向中国国家知识产权局提出 PPH 请求的专利申请分布在各个技术领

域，如图 3.5 所示。

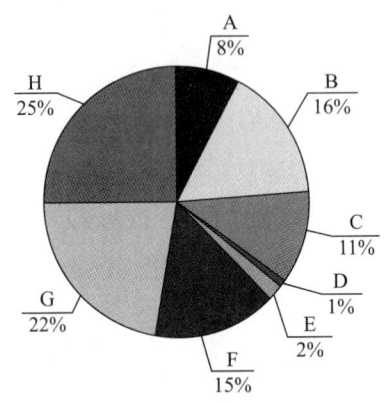

领域标识	含义	领域标识	含义
A	人类生活必需	E	固定建筑物
B	作业，运输	F	机械工程，照明，加热，武器，爆破
C	化学，冶金	G	物理
D	纺织，造纸	H	电学

图 3.5 中国国家知识产权局受理 PPH 请求的专利申请领域分布

上述数据显示，提出 PPH 请求的技术领域主要集中在电学和物理领域，这与其他来源的统计数据也基本吻合。美国专利商标局曾经统计过，其受理的 PPH 请求按技术领域划分，排在前三位的分别是通信、化学和材料工程，以及半导体、电子和光学系统及组件领域，三者数量占总量的 62.4%，而通信领域的申请就独占 34%。而从已有对双边 PPH 主要用户的分析来看，无论是来自日本、韩国，还是来自美国、欧洲，排在前列的用户都是来自上述技术领域，如日本松下、韩国 LG 电子、LG 化学、美国微软、IBM、苹果、谷歌等在本行业技术领先、举足轻重的公司。欧洲专利局也统计得出，提出 PPH 请求的电学领域的申请超过所有在欧洲专利局提出 PPH 请求申请量的 1/3。事实上，从用户的活跃度正可以看出未来科技技术的发展趋势和突破点，这为我国科技产业的规划和布局提供了有力参考。

（二）中国国家知识产权局处理 PPH 请求的基本原则

总体而言，不管是哪种模式的 PPH，申请人除了需要提交相关文件，还需要满足一些基本要求。这些基本要求在各国的具体规定不尽相同，但大体包括请求时机、权利要求的内容、权利要求可授权/具有专利性、请求次数和费用等方面。中国国家知识产权局对此具体规定如下。

第一，PPH 请求时机。我国对请求时机方面规定：后续申请必须已经公开，必须在申请已经进入实质审查阶段或者在提出实质审查请求的同时提出 PPH 请求，且必须在提出 PPH 请求之时中国国家知识产权局尚未对该申请进行审查。由以上规定可知，在我国能提出 PPH 请求的对象只能是发明专利申请。

日本和美国类似，要求在提出 PPH 请求之时对该申请的审查尚未开始。但是两国对于"审查尚未开始"的定义有所不同。此外，美国还规定临时申请、植物专利申请、外观设计申请、复审程序中均不能适用 PPH。韩国知识产权局规定同中国类似，要求提交 PPH 请求时必须已向韩国知识产权局提交审查请求或向韩国知识产权局提交 PPH 请求同时提交审查请求。但特殊之处在于 PPH 加快请求也可以在审查已经启动之后提出。

第二，权利要求需要充分对应。要满足加快审查的要求，在中国国家知识产权局提出申请的权利要求的范围必须小于或者等于其对应的首次申请受理局确认的首次申请中有授权前景的权利要求的范围。这种对权利要求"对应"的限定是比较严格的，基本上在文字上要完全相同，如果是相似，则仅限于考虑翻译和权利要求格式造成的差异性。与首次申请受理局对应申请中可授权的权利要求相比，在中国国家知识产权局的申请的权利要求不得引入新的或者不同类型的权利要求。

例如，在美国"疾病的治疗方法"或商业方法这样的专利是可能获得保护的，而根据我国的专利法规，这种权利要求被认为违反《专利法》第25条的规定而不能被授权。因此，这类权利要求在进入我国的时候，往往会被修订为相应的产品权利要求或产品应用的权利要求，以适应我国的法律实践。但是这种修改，应被认为不符合 PPH 申请权利要求"对应"的规定，而不能进行加快审查。

第三，首次申请的权利要求可授权或具有可专利性。对于常规 PPH，中国国家知识产权局要求首次申请的至少一项权利要求被首次申请受理局认为具有可专利性或可授权。而对于 PCT-PPH，中国国家知识产权局要求其对应的 PCT 申请的国际阶段工作结果，即国际检索单位的书面意见、国际初步审查单位的书面意见或国际初步审查报告，从新颖性、创造性和工业实用性方面指出至少一项权利要求具有可专利性/可授权。若构成 PCT-PPH请求基础的国际检索单位的书面意见、国际初步审查单位的书面意见或国际初步审查报告的第Ⅷ栏记录有任何不利意见，中国国家知识产权局都认为首次申请不具有可专利性。与中国不同的是，日本特许厅与美国专利商标局会给申请人解释权利要求如何克服该意见的机会，在申请人不解释的情况下，才会认定其不具有可专利性。

第四，请求次数和费用。在我国，提交的 PPH 请求只要存在任何缺陷，都会作出此次 PPH 提交不合格结论，同时告知申请人此次 PPH 提交存在的缺陷。并规定了同一件专利申请只能提交两次 PPH 请求。而对于请求中不属于权利要求未充分对应的缺陷，日本特许厅允许申请人进行修改和补正，并对同一件专利申请可无限次提交 PPH 请求。美国和中国类似。

现阶段，在大多数国家/地区（包括中国）提出要求加快审查的 PPH 请求都是免费的，但在韩国提出请求时，需要缴纳一定的费用。

七、PPH 项目与其他国际合作项目之间的关系

（一）PCT

1978 年开始实施的 PCT，使申请人可以将专利技术的保护范围扩大到多个国家或地区。申请人通过 PCT 途径，只需在一个国家/地区的专利局提交申请，就可取得一个国际申请日，提出申请的同时还须指定在哪些 PCT 成员国有效（指定国）。该 PCT 申请在指定国具有相当于正规的国内申请的法律效力，其国际申请日也成为在指定国的实际申请日。PCT 申请在被受理后，首先要经过国际检索单位的检索、公开，甚至国际初步审查单位的初审，然后在国际申请日（有优先权日的指优先权日）起 30 个月左右，申请人选择其希望获得授权的 PCT 成员国并办理进入这些国家的手续，然后开始在指定国或选定国（申请人请求国际初步审查时，只能从受 PCT 第 II 章约束的指定国中选定一些使用国际初步审查结果的国家，这些国家被称为选定国）。对于申请人来说，PCT 程序灵活又节约成本，一份 PCT 申请以一种语言向一个受理局提出，可以进入多个指定国/选定国的国家阶段，从而代替了多份外国申请。既能以最小的花费，将向外国提出申请的决定推迟到自优先权日起 30 个月，又能在进入国家阶段之前，对发明的经济价值及获得专利的可能性进行评估。不想更多花费时，只需不再进行申请程序或不进入国家阶段。对于指定国/选定国的专利局来说，由于该 PCT 申请在国际阶段已经获得国际检索报告甚至国际初步审查报告，专利局可以依赖上述报告从而减少国家阶段的自身工作量。不过，由于国际检索和国际初步审查程序对各国没有约束力，事实上，针对同一份 PCT 申请的检索、审查仍需在指定国/选定国的国家阶段重复进行，延长了审查周期，浪费了审查资源。

对此，PPH完全可以和PCT兼容，以促使上述问题的解决。如常规PCT途径的PPH，可以加速指定国/选定国的国家阶段审查程序，而PCT-PPH则不仅可以加速审查程序，还可以利用国际阶段工作成果，减少国家阶段的工作负担。

因此，在2012年召开的PCT工作组第五次会议上，英国和美国提交了一份名为"PCT 20/20"的联合提案，包含进一步改进PCT体系的12项建议（文件PCT/WG/5/18），其中包括一项具体建议，即"专利审查高速路与PCT的正式整合，国家阶段申请的快速途径，促进在国家阶段对PCT工作成果的利用。"两国希望通过修改《PCT实施细则》，使其明文规定：允许在某些条件下进入国家阶段的PCT申请可以得到PPH处理以及国家专利局对国际阶段工作成果的利用，即试图将目前两国或几个国家之间实施的PCT-PPH项目法律化，实现将PCT体系与PPH的正式整合，为基于单一程序的PCT申请提供更快、更高质量的专利保护。

（二）IP5

IP5是由欧洲专利局、日本特许厅、美国专利商标局、韩国知识产权局、中国国家知识产权局5个国家/地区的专利局于2008年共同创建，其合作主要目标就是追求更大程度的操作契合度，创建一个健全可行、可持续发展的全球专利体系。体系的目的就是要实现在保证高质量的前提下，使其他局能够再次利用首次申请受理局的工作结果，体系的重点就是工作共享。对于包括PPH在内的工作共享项目，五局达成了各国在各自环境范围内持续推进的肯定意见，同时进一步指出，要提高PCT作为工作共享平台的利用程度。

2014年1月，五局正式启动了联合专利审查高速路试点，该试点项目不仅仅是工作成果共享范围从两局之间扩大到五局之间，同时突破到五局间任一局认定为有授权前景的同族专利申请，申请人都可以以其为基础向其他四局提出对相应申请进行加快审查的请求。并对PCT-PPH的适用条件也做了扩充，规定：申请人向五局之任一局提出的PPH请求，可以以五局作出的PCT国际阶段工作结果为基础。即五局之任一局作出的PCT国际阶段工作结果都可被其他四局共享。

八、PPH的发展趋势

PPH从起初在美、日两国之间商讨到目前越来越多的国家加入，这一新兴的制度目前仍在快速发展之中。随着PPH机制的不断发展，PPH的运行模式也在不断丰富和发展。

(一) PPH MOTTAINAI

现行的 PPH 框架是基于单向的工作流程，要求只有当首次申请受理局提供了有授权前景的审查意见后，申请人才能向后续申请受理局提出 PPH 申请，但由于首次申请受理局并不能总是先于后续申请受理局作出审查结果，导致这个要求不仅限制了 PPH 申请的提出和使用，也限制了对其他局的审查结果的充分利用。因此，PPH 成员组织提出了一个改进的 PPH 项目——PPH MOTTAINAI。

MOTTAINAI 是一个日文词汇，意思是"因事物的内在价值没有得到充分利用而感到遗憾"。为了让专利申请者能够更加便利地使用 PPH，由日本、美国、加拿大、澳大利亚、芬兰、俄罗斯、西班牙和英国等 8 国专利机构于 2011 年 7 月 15 日起启动一个旨在不考虑优先权，扩大适格性的 PPH 项目新模式——PPH MOTTAINAI 试点。这种模式突破了"首次申请"原则，符合要求的申请范围扩大了。提出 PPH 请求的申请与申请提交的顺序无关，只要两局间有协议，申请人都可以利用在先审查局——不管该局是否是在先申请受理局——的审查结果，请求在后审查局加速审查。例如，若一件专利申请获得上述 8 个国家专利局中任一局出具的具有授权前景的工作结果，无论该专利局是否为首次申请受理局，申请人即可在其他国家局申请利用这一项目来加快审查，便于申请人灵活使用也扩大了潜在符合要求的申请范围。目前，一些局之间的试点已转为永久项目。

当前，我国与 IP5 之间存在 PPH MOTTAINAI 的协议。

(二) PPH 2.0

对于 PPH 的运行模式，美国又提出了 PPH 2.0 版本。PPH 2.0 版本进一步简化了要求，对用户也更加友好，同时此版本保留了 MOTTAINAI 不考虑优先权从而扩大适格性的做法。申请人可以基于任何参与局的既有工作成果，使用在先审查局—在后审查局概念，只要求申请是同一专利族的成员，且说明书支持要求保护的客体。

PPH 2.0 的改进之处在于：

① 由申请人自行认定权利要求的对应性；

② 接受机器翻译的审查意见通知书；

③ 只要求提交其他局最后发出的审查意见通知书的副本和（在无法获得的情况下）通知书中引用的现有技术文献的副本；

④ 审查员使用电子案卷系统，在可访问的情况下，查看在先审查局的审查结果；

⑤ 参与局必须给予申请人至少一次更正 PPH 请求缺陷的机会。

美国专利商标局与欧洲专利局的 PPH 2.0 试点已于 2012 年 1 月开始生效。MOTTAINAI 合作局也允许在其局内灵活实施 PPH 2.0。

（三）IP5 PPH

2014 年 1 月，欧洲专利局、日本特许厅、韩国知识产权局、中国国家知识产权局和美国专利商标局达成五局多边协议，启动了 IP5 PPH 试点项目，为期 3 年。若申请人的专利申请的权利要求已在五局中任一局被确认为具有可专利性/可授权的，在满足其他条件的情况下，申请人可以向其他四局要求加速处理在该局提起的相应的专利申请，提出的 PPH 请求可以采纳现有的工作成果，包括五局作出的 PCT 国际阶段工作结果或国家/地区的工作成果。

由于此前中国国家知识产权局和欧洲专利局之间没有建立 PPH 合作机制，实际上 IP5 PPH 试点项目的实施为中国申请人向欧洲专利局提起 PPH 请求打开了大门。因此，对于申请人来说，当双边 PPH 和 IP5 PPH 并存时，应优先选择 IP5 PPH，因为其适用范围更大，手续更方便。

（四）Global PPH

Global PPH，称为全球 PPH 或复边 PPH，是为消除双边协议中的不同实践，支持要求更标准化的复边框架而设计，以便更利于用户的使用。从 2014 年 1 月 6 日起开始运行试点工作，试点成员国包括美、日、英、韩等 17 个国家。该框架以《全球 PPH 原则》和《共同的指南》为基础，替代了原有 PPH 框架和程序，任何局若有意参与试点必须明确表示愿意采用《共同的指南》和试点规定的程序，其为未来全球 PPH 系统奠定基础。

其改进之处在于：

① 任何参与签订协议的专利局作出的审查意见都是可接受的，无论是首次申请受理局或后续申请受理局，只要申请拥有相同的有效日期（优先权日或申请日），且说明书支持所要保护的客体；

② 对于任一专利局对任何情景下提交的申请作出的明确指明至少一项权利要求具有可专利性的实质检索和审查结果（《巴黎公约》意义下的国家局或 PCT 国际检索/初步审查单位），协议局都予以接受；

③ 协议局可以要求从在先审查局获得在先审查意见和/或决定书的副

本，以及在其无法获得的情况下，任何引用的现有技术文献的副本。当然，协议局应最大限度地利用案卷访问系统和内部检索数据库；

④ 特殊情况下或根据在后审查局的需要，在后审查局仍然可以在实质审查开始后接受 Global PPH 的请求；

⑤ PPH 请求存在缺陷时，在后审查局应当通知申请人并至少给申请人一次补正机会；

⑥ 各国参与局可以根据国内法律对优先程序的规定，要求申请人为 Global PPH 的请求缴纳相关费用。

对于提交 Global PPH 的申请所要满足的条件包括：

① 在先审查局和在后审查局具有相同的最早日；

② 在先审查局发现至少一项权利要求可以允许（allowable），这表明可允许的权利要求在来自在先审查局的实质工作产物中都有清楚的陈述，在 PCT 工作产物中，一个权利要求具有新颖性、创造性和工业实用性就视为可允许；

③ 在 Global PPH 试点下提出审查的所有权利要求必须充分对应在先审查局认为可允许的一个或多个权利要求；

④ 在后审查局还没有开始申请的实质审查，但是在后审查局还是可以选择允许在后审查局开始审查之后的 Global PPH 的要求，基于特定的情况以及在后审查局的需求；

⑤ 实质审查的要求必须在在后审查局被提出，在其提出 Global PPH 要求的同时或更早。

事实上，Global PPH 和 IP5 PPH 试点项目是同时进行的，它们实质上相同，只是参与的专利机构不同。有的国家专利局参加了两者，例如美国专利商标局既参加了 Global PPH 也参加了 IP5 PPH，因此在美国，申请人可以基于这 2 个试点项目的任一参与局的工作成果（国家阶段或 PCT 国际阶段工作成果）而提出加快审查请求。并且，Global PPH 和 IP5 PPH 试点项目的要求也基本相同，因此在美国专利商标局提出请求的申请人也无须说明其是应用的哪个试点项目。

附件：

本教材仅以中日 PPH 项目为例，通过日中 PPH 流程要求介绍 PPH 在我国的操作实务。自 2012 年 11 月 1 日起，在中国国家知识产权局提出 PPH 请求的，请按照《在中日专利审查高速路（PPH）试点项目下向中国国家知识产权局（CNIPA）提出 PPH 请求的流程》，提交请求及必要文件。

在中日专利审查高速路（PPH）试点项目下向中国国家知识产权局（CNIPA）提出 PPH 请求的流程

本 PPH 试点项目自 2012 年 11 月 1 日起始，为期一年，至 2013 年 10 月 31 日止。必要时，试点时间将延长，直至 CNIPA 和日本特许厅（JPO）受理足够数量的 PPH 请求，以恰当地评估 PPH 项目的可行性。

两局在请求数量超出可管理的水平时或出于其他任何原因，可终止本 PPH 试点。PPH 试点终止之前，将先行发布通知。

第一部分
PPH：使用来自 JPO 的工作结果

申请人可以就基于 JPO 申请在 CNIPA 提出的、且满足以下中日 PPH 试点项目要求的申请，按照规定流程，包括提交与申请相关的文件，请求加快审查。

申请人提出 PPH 请求，必须向 CNIPA 提交"参与专利审查高速路项目请求表"。

1. 要求

（a）该 CNIPA 申请（包括 PCT 国家阶段申请）是

（i）依巴黎公约有效要求 JPO 申请优先权的申请（情形例如附录 I 图 A、B、C、F、G 和 H），或

（ii）未要求优先权的 PCT 国家阶段申请（情形例如附录 I 图 I 和 K），或

（iii）依巴黎公约有效要求 PCT 申请优先权的申请，该 PCT 申请未要求优先权（情形例如附录 I 图 J 和 L）。

有效要求多个 JPO 申请或直接 PCT 申请优先权的申请，或符合以上（i）至（iii）要求之原始申请的分案申请，亦符合要求。

（b）在 JPO 至少有一个对应申请，其具有一项或多项被 JPO 认定为可授权/具有可专利性的权利要求。

对应申请可以是构成优先权要求基础的申请、由构成优先权要求基础的 JPO 申请派生出的申请［例如 JPO 申请的分案申请或要求 JPO 申请国内优先权的申请（情形如附录 I 图 C）］、或是 PCT 申请的日本国家阶段申请（情形如附录 I 图 H、I、J、K 和 L）。

权利要求"被认定为可授权/具有可专利性"是指，JPO 审查员在最新的审查意见通知书中明确指出权利要求"具有可专利性/可授权的"，即使该申请尚未得到专利授权。

所述审查意见通知书包括：

（1）授权决定（Decision to Grant a Patent）；

（2）驳回理由通知书（Notification of Reason for Refusal）；

（3）驳回决定（Decision of Refusal）；

（4）申诉决定（Appeal Decision）。

例如，若"驳回理由通知书"有如下标准语段，权利要求被明确认定为可授权/具有可专利性：

"＜未发现驳回理由的权利要求＞

目前就本发明的权利要求_____，未发现驳回的理由。"

（c）CNIPA 申请的所有权利要求（在 PPH 试点项目下请求加快审查），无论是原始提交的或者是修改后的，必须与 JPO 认定为具有可专利性/可授权的一个或多个权利要求充分对应。

考虑到由于翻译和权利要求格式造成的差异，如果 CNIPA 申请的权利要求与 JPO 申请的权利要求有着同样或相似的范围，或者 CNIPA 申请的权利要求范围比 JPO 申请的权利要求范围小，那么，权利要求被认为是"充分对应"。

在此方面，当 JPO 申请的权利要求修改为被说明书（说明书正文和/或权利要求）支持的附加技术特征所进一步限定时，权利要求的范围变小。

与 JPO 认定为可授权的权利要求相比，CNIPA 申请的权利要求引入新的/不同类型权利要求时，不被认为是充分对应。例如，JPO 申请的权利要求仅包含制备产品的方法权利要求，如果 CNIPA 申请的权利要求引入依赖对应方法权利要求的产品权利要求，那么，CNIPA 申请的权利要求不被认为是充分对应。

CNIPA 申请不总要包含所有 JPO 认定为具有可专利性/可授权的权利要求，删去某些权利要求是允许的。例如，JPO 申请包含 5 项被认定为具有可专利性/可授权的权利要求，CNIPA 申请可以仅包含其中的 3 项权利要求。

申请人参与 PPH 试点项目的请求获得批准后，收到有关实质审查的审查意见通知书之前，任何修改或新增的权利要求总要与 JPO 申请中被认定为具有可专利性/可授权的权利要求充分对应；申请人参与 PPH 试点项目的请求获得批准后，为克服审查员提出的驳回理由对权利要求进行修改，任何修改或新增的权利要求不总要与 JPO 申请中被认定为具有可专利性/

可授权的权利要求充分对应。任何超出权利要求对应性的修改或变更由审查员裁量决定是否允许。

注意，申请人在 CNIPA 提出实质审查请求时以及在收到 CNIPA 作出的发明专利申请进入实质审查阶段通知书之日起的 3 个月内，可以对包括权利要求在内的申请文件主动提出修改。因此，申请人总要注意修改的时机，以使 CNIPA 申请的权利要求和 JPO 申请中被认定为具有可专利性/可授权的权利要求充分对应。

（d）CNIPA 申请必须已经公开。

申请人在提出 PPH 请求之前或之时必须已经收到 CNIPA 作出的发明专利申请公布通知书。

（e）CNIPA 申请必须已经进入实质审查阶段。

申请人在提出 PPH 请求之前或之时必须已经收到 CNIPA 作出的发明专利申请进入实质审查阶段通知书。

注意，一个允许的例外情形是，申请人可以在提出实质审查请求的同时提出 PPH 请求。

（f）CNIPA 在申请人提出 PPH 请求之时尚未对该申请进行审查。

申请人在提出 PPH 请求之前及之时尚未收到 CNIPA 实质审查部门作出的任何审查意见通知书。

（g）CNIPA 申请必须是电子申请。

2. 提交的文件

以下文件（a）至（d）必须随附"参与专利审查高速路项目请求表"一并提交。

注意，即使某些文件不必提交，其文件名称亦必须列入"参与专利审查高速路项目请求表"中（具体细节参见以下样表）。

（a）JPO 就对应申请作出的所有审查意见通知书（与 JPO 关于可专利性的实质审查相关）的副本及其译文

中文和英文可作为译文语言。

当审查意见通知书的副本及其英文译文可通过 AIPN❶（JPO 的文件访

---

❶ AIPN 是在专利局之间提供 JPO 的文件档案信息的网络。申请人不能访问 AIPN，但若申请人想要知道其申请的信息是否在 AIPN 中可获得，可向 JPO 询问（PA2260@ jpo. go. jp）。

问系统）获得时，申请人不总要提交上述文件。❶ 如果上述文件不能由 CNIPA 审查员通过 AIPN 获得，将通知申请人，要求其提交必要文件。

若审查员无法理解审查意见通知书译文，可要求申请人重新提交译文。

（b）JPO 认定为具有可专利性/可授权的所有权利要求的副本及其译文

中文和英文可作为译文语言。若审查员无法理解权利要求译文，可要求申请人重新提交译文。

（c）JPO 审查员引用文件的副本

总提交的文件指前述审查意见通知书引用的文件。仅系参考文件而未构成驳回理由的引用文件可不必提交。

若引用文件是专利文献，申请人不必提交该文件。❷

若 CNIPA 没有这些专利文献，应审查员要求，申请人必须提交专利文献。非专利文献必须提交。申请人不总要提交引用文件的译文。

（d）权利要求对应表

申请人提出 PPH 请求，必须提交权利要求对应表，说明 CNIPA 申请的所有权利要求如何与 JPO 申请中具有可专利性/可授权的权利要求充分对应。

若权利要求在文字上是完全相同的，申请人可仅在表中注明"它们是相同的"。若权利要求有差异，总要根据前述 1.（c）之标准解释每个权利要求的充分对应性（参见以下样表）。

当申请人已通过同步或在前程序向 CNIPA 提交了以上文件（a）至（d），可通过引用加入这些文件而不必将其附上。

3. 根据 PPH 试点项目提交加快审查请求的"参与专利审查高速路项目请求表"

（a）情况说明

申请人根据 PPH 试点项目向 CNIPA 提出加快审查请求，必须提交"参与专利审查高速路项目请求表"。

申请人必须说明申请在 1.（a）之（i）至（iii）情形之列，由此请求在 PPH 试点项目下请求加快审查，还必须注明对应 JPO 申请的申请号、公

---

❶ 注意，即使申请人可以不必提交审查意见通知书的副本及其英文译文，审查意见通知书的名称亦必须列入"参与专利审查高速路项目请求表"中。

❷ 注意，即使申请人可以不必提交引用文件副本，引用文件的名称亦必须列入"参与专利审查高速路项目请求表"中。

开号或授权专利号。

若有一个或多个具有可专利性/可授权权利要求的申请与1.（a）之（i）至（iii）情形涉及的JPO申请不同（例如基础申请的分案申请），必须指明该具有可专利性/可授权权利要求的申请的申请号、公开号或授权专利号，以及相关申请间的关系。

（b）提交的文件

申请人必须以清楚、可辨的方式列出以上2.中提到的所有要求的文件，即使申请人可省略提交某些文件。

（c）说明

申请人只能以电子形式向CNIPA提交"参与专利审查高速路项目请求表"。

4. PPH试点项目下加快审查的流程

CNIPA在收到PPH请求及其附加文件后作出申请是否能被给予PPH下加快审查状态的决定。若CNIPA决定批准PPH请求，申请将被给予PPH下加快审查的特殊状态。

若请求未能完全符合上述要求，申请人将被告知结果以及请求存在的缺陷。CNIPA将视情况给予申请人一次补正的机会，以克服请求存在的某些缺陷。若请求未被批准，申请人可以再次提交请求，但至多一次。若再次提交的请求仍不符合要求，申请人将被告知结果，申请将按照正常程序等待审查。

第二部分
PPH：使用来自JPO的PCT国际阶段工作结果

申请人可以根据PCT国际阶段工作结果就在CNIPA提出的、且满足以下中日PPH试点项目要求的申请，按照规定流程，包括提交与申请相关的文件，请求加快审查（PCT–PPH试点项目）。

申请人提出PCT–PPH请求，必须向CNIPA提交"参与专利审查高速路项目请求表"。

1. 要求

申请人在CNIPA提出PCT–PPH请求的申请应当满足以下要求：

（a）对应该申请的PCT申请的国际阶段的最新工作结果（"国际工作结果"），即国际检索单位的书面意见（WO/ISA）、国际初步审查单位的书面意见（WO/IPEA）或国际初步审查报告（IPER），指出至少一项权利要求具有可专利性/可授权（从新颖性、创造性和工业实用性方面）。

注意，作出WO/ISA、WO/IPEA和IPER的ISA和IPEA仅限于JPO，

但在要求优先权的情况下，可对任何专利局的申请提出优先权要求，参见附录Ⅱ例A'（申请ZZ可以是任何国家申请）。

申请人不能仅基于国际检索报告（ISR）提出PCT-PPH请求。若构成PCT-PPH请求基础的WO/ISA、WO/IPEA或IPER的第Ⅷ栏记录有任何意见，申请将不能够要求参与PCT-PPH试点项目。

（b）申请和对应国际申请之间的关系满足以下要求之一：

（i）申请是对应国际申请的国家阶段申请（参见附录Ⅱ图A，A'和A"）；

（ii）申请是作为对应国际申请的优先权要求基础的国家申请（参见附录Ⅱ图B）；

（iii）申请是要求了对应国际申请的优先权的国际申请的国家阶段申请（参见附录Ⅱ图C）；

（iv）申请是要求了对应国际申请的国外/国内优先权的国家申请（参见附录Ⅱ图D）；

（v）申请是满足以上（i）~（iv）要求之一的申请的派生申请（分案申请和要求国内优先权的申请等）（参见附录Ⅱ图E1和E2）。

（c）提交进行PCT-PPH审查的申请的所有权利要求，无论是原始提交的或者是修改后的，必须与对应国际申请中被最新国际工作结果认为具有可专利性/可授权的一个或多个权利要求充分对应。

考虑到由于翻译和权利要求格式造成的差异，如果申请的权利要求与被最新国际工作结果认为具有可专利性/可授权的权利要求有着同样或相似的范围，或者申请的权利要求范围比被最新国际工作结果认为具有可专利性/可授权的权利要求范围小，那么，权利要求被认为是"充分对应"。

在此方面，当被最新国际工作结果认为具有可专利性/可授权的权利要求修改为被申请的说明书（说明书正文和/或权利要求）支持的附加技术特征进一步限定时，权利要求的范围变小。

与被最新国际工作结果认为具有可专利性/可授权的权利要求相比，申请的权利要求引入新的/不同类型权利要求时，不被认为是充分对应。例如，被最新国际工作结果认为具有可专利性/可授权的权利要求仅包含制备产品的方法权利要求，如果申请的权利要求引入依赖对应方法权利要求的产品权利要求，那么，申请的权利要求不被认为是充分对应。

CNIPA申请不总要包含所有最新国际工作结果认为具有可专利性/可授权的权利要求，删去某些权利要求是允许的。例如，对应国际申请包含5项被认为具有可专利性/可授权的权利要求，CNIPA申请可以仅包含其中的 3 项权利要求。

申请人参与 PCT – PPH 试点项目的请求获得批准后、收到有关实质审查的审查意见通知书之前，任何修改或新增的权利要求总要与最新国际工作结果认为具有可专利性/可授权的权利要求充分对应；申请人参与 PCT – PPH 试点项目的请求获得批准后，为克服审查员提出的驳回理由对权利要求进行修改，任何修改或新增的权利要求不总要与最新国际工作结果认为具有可专利性/可授权的权利要求充分对应。任何超出权利要求对应性的修改或变更由审查员裁量决定是否允许。

注意，申请人在 CNIPA 提出实质审查请求时以及在收到 CNIPA 作出的发明专利申请进入实质审查阶段通知书之日起的 3 个月内，可以对包括权利要求在内的申请文件主动提出修改。因此，申请人总要注意修改的时机，以使 CNIPA 申请的权利要求和对应国际申请中被认为具有可专利性/可授权的权利要求充分对应。

(d) 申请必须已经公开。

申请人在提出 PCT – PPH 请求之前或之时必须已经收到 CNIPA 作出的发明专利申请公布通知书。

(e) 申请必须已经进入实质审查阶段。

申请人在提出 PCT – PPH 请求之前或之时必须已经收到 CNIPA 作出的发明专利申请进入实质审查阶段通知书。

注意，一个允许的例外情形是，申请人可以在提出实质审查请求的同时提出 PCT – PPH 请求。

(f) CNIPA 在申请人提出 PCT – PPH 请求之时尚未对该申请进行审查。

申请人在提出 PCT – PPH 请求之前及之时尚未收到 CNIPA 实质审查部门作出的审查意见通知书。

(g) 申请必须是电子申请。

2. 提交的文件

申请人在提出 PCT – PPH 请求时必须随附请求表提交以下文件。在某些情形下，一些文件可以不必提交。

注意，即使某些文件不必提交，其文件名称亦必须列入"参与专利审查高速路项目请求表"中（具体细节参见以下样表）。

(a) 认为权利要求具有可专利性/可授权的最新国际工作结果的副本及其中文或英文译文

若申请满足上述 1. (b) (i) 之关系，申请人不总要提交关于可专利性的国际初审报告（IPRP）的副本及其英文译文，因为这些文件的副本已包含于申请案卷中。❶ 此外，若最新国际阶段工作结果的副本及其译文副本可通过"PATENTSCOPE®"❷ 获得，除非 CNIPA 要求，申请人不总要提交这些文件。

（WO/ISA 和 IPER 通常自优先权日起 30 个月内按"IPRP 第Ⅰ章"和"IPRP 第Ⅱ章"可获得。）

若审查员无法理解国际工作结果译文，可要求申请人重新提交译文。

（b）对应国际申请中被最新国际工作结果认为具有可专利性/可授权的权利要求的副本及其中文或英文译文

如果被认为具有可专利性/可授权的权利要求的副本可以通过"PATENTSCOPE®"❸ 获得（例如，国际专利公报已公开），除非 CNIPA 要求，申请人不总要提交这些文件。若权利要求系日文，申请人必须提交译文。

若审查员无法理解权利要求译文，可要求申请人重新提交译文。

（c）在该申请对应的国际申请的最新国际工作结果中引用文件的副本

仅系参考文件而未构成驳回理由的引用文件可不必提交。若引用文件是专利文献，申请人不必提交该文件。❹ 若 CNIPA 取得这些专利文献存在困难，申请人应要求须提交专利文献。非专利文献必须提交。申请人不总要提交引用文件的译文。

（d）说明申请的所有权利要求是如何与被认为具有可专利性/可授权的权利要求充分对应的权利要求对应表

若权利要求在文字上是完全相同的，申请人可仅在表中注明"它们是相同的"。若权利要求有差异，总要根据前述 1.（c）之标准解释每个权利要求的充分对应性（参见以下样表）。

当申请人已通过同步或在前程序向 CNIPA 提交了以上文件（a）至（d），可通过引用加入这些文件而不必将其附上。

---

❶ 注意，即使申请人不需要提交最新国际阶段工作成果的副本及其译文，其文件名称亦必须列入"参与专利审查高速路项目请求表中"中。

❷ http://www.wipo.int/pctdb/en/index.jsp.

❸ http://www.wipo.int/pctdb/en/index.jsp.

❹ 注意，即使申请人不需要提交引证文件的副本，其文件名称亦必须列入"参与专利审查高速路项目请求表"中。

3. 根据 PCT – PPH 试点项目提交加快审查请求的"参与专利审查高速路项目请求表"

（1）情况说明

申请人必须说明申请在 1.（b）之（i）至（v）情形之列，由此请求在 PCT – PPH 试点项目下请求加快审查，还必须注明对应国际申请的申请号。

（2）提交的文件

申请人必须以清楚、可辨的方式列出以上 2. 中提到的所有要求的文件，即使申请人可省略提交某些文件。

（3）说明

申请人只能以电子形式向 CNIPA 提交"参与专利审查高速路项目请求表"。

4. PCT – PPH 试点项目下加快审查的流程

CNIPA 在收到 PCT – PPH 请求及其附加文件后作出申请是否能被给予 PCT – PPH 下加快审查状态的决定。若 CNIPA 决定批准 PCT – PPH 请求，申请将被给予 PCT – PPH 下加快审查的特殊状态。

若请求未能完全符合上述要求，申请人将被告知结果以及请求存在的缺陷。CNIPA 将视情况给予申请人一次补正的机会，以克服请求存在的某些缺陷。若请求未被批准，申请人可以再次提交请求，但至多一次。若再次提交的请求仍不符合要求，申请人将被告知结果，申请将按照正常程序等待审查。

参考文献

［1］国家知识产权局网站（http：//www.cnipa.com）.

［2］《涉外专利代理 – PPH 情况说明》

［3］2014 年 6 月 IP5 会议韩国代表发言

［4］《浅析各国申请 PPH 的异同》赵欣

［5］《专利审查高速公路（PPH）项目总体概况》史冉

［6］《从专利审查高速公路（PPH）项目发展现状剖析其本质意义》夏蕾

［7］世界知识产权组织网站（http：//www.wipo.int）.

［8］PPH 全球门户网站（http：//www.jpo.go.jp/ppph-portal/index.htm）.

第四章　国际商标体系

一、马德里商标国际注册体系

（一）马德里商标国际注册的由来

1. 马德里商标国际注册及"马德里联盟"

马德里商标国际注册，即根据1891年4月14日于西班牙首都马德里签订的《马德里协定》或根据1989年6月27日在马德里通过的《马德里议定书》的规定，在马德里联盟成员国间所进行的商标注册。我们通常所说的商标国际注册，指的就是马德里商标国际注册。

"马德里联盟"是指由《马德里协定》和《马德里议定书》所适用的国家或政府间组织所组成的商标国际注册特别联盟。截至2018年7月，马德里联盟共有102个成员，如表4.1所示。

2. 马德里联盟缔约方列表

表4.1　马德里联盟缔约方列表

国家/政府间组织	加入马德里协定时间	加入马德里议定书时间	国家/政府间组织	加入马德里协定时间	加入马德里议定书时间
阿富汗		2018.6.26	利比里亚	1995.12.25	2009.12.11
阿尔巴尼亚	1995.10.4	2003.7.30	列支敦士登	1933.7.14	1998.3.17
阿尔及利亚	1972.7.5	2015.10.31	立陶宛		1997.11.15
安提瓜和巴布达		2000.3.17	卢森堡	1924.9.1	1998.4.1
亚美尼亚	1991.12.25	2000.10.19	摩纳哥	1956.4.29	1996.9.27
澳大利亚		2001.7.11	蒙古	1985.4.21	2001.6.16
奥地利	1909.1.1	1999.4.13	摩洛哥	1917.7.30	1999.10.8
阿塞拜疆	1995.12.25	2007.4.15	马达加斯加		2008.4.28
巴林		2005.12.5	莫桑比克	1998.10.7	1998.10.7
白俄罗斯	1991.12.25	2002.1.18	荷兰	1893.3.1	1998.4.1
比利时	1892.7.15	1998.4.1	挪威		1996.3.29

续表

国家/政府间组织	加入马德里协定时间	加入马德里议定书时间	国家/政府间组织	加入马德里协定时间	加入马德里议定书时间
不丹	2000.8.4	2000.8.4	波兰	1991.3.18	1997.3.4
波斯尼亚-黑塞哥维那	1992.3.1	2009.1.27	黑山	2006.6.3	2006.6.3
博茨瓦纳		2006.12.5	葡萄牙	1893.10.31	1997.3.20
保加利亚	1985.8.1	2001.10.2	韩国		2003.4.10
中国	1989.10.4	1995.12.1	摩尔多瓦	1991.12.25	1997.12.1
克罗地亚	1991.10.8	2004.1.23	罗马尼亚	1920.10.6	1998.7.28
古巴	1989.12.6	1995.12.26	俄罗斯	1976.7.1	1997.6.10
塞浦路斯	2003.11.4	2003.11.4	圣马力诺	1960.9.25	2007.9.12
捷克	1993.1.1	1996.9.25	塞尔维亚	1992.4.27	1998.2.17
朝鲜	1980.6.10	1996.10.3	塞拉利昂	1997.6.17	1999.12.28
丹麦		1996.2.13	新加坡		2000.10.31
埃及	1952.7.1	2009.9.3	斯洛伐克	1993.1.1	1997.9.13
爱沙尼亚		1998.11.18	斯洛文尼亚	1991.6.25	1998.3.12
芬兰		1996.4.1	西班牙	1892.7.15	1995.12.1
法国	1892.7.15	1997.11.7	苏丹	1984.5.16	2010.2.16
格鲁吉亚		1998.8.20	斯威士兰	1998.12.14	1998.12.14
德国	1922.12.1	1996.3.20	瑞典		1995.12.1
希腊		2000.8.10	叙利亚	2004.8.5	2004.8.5
加纳		2008.9.16	瑞士	1892.7.15	1997.5.1
匈牙利	1909.1.1	1997.10.3	塔吉克斯坦	1991.12.25	2011.6.30
冰岛		1997.4.15	马其顿	1991.9.8	2002.8.30
伊朗	2003.12.25	2003.12.25	土耳其		1999.1.1
爱尔兰		2001.10.19	土库曼斯坦		1999.9.28
意大利	1894.10.15	2000.4.17	乌克兰	1991.12.25	2000.12.29
日本		2000.3.14	英国		1995.12.1
哈萨克斯坦	1991.12.25	2010.12.8	美国		2003.11.2
肯尼亚	1998.6.26	1998.6.26	乌兹别克斯坦		2006.12.27
吉尔吉斯斯坦	1991.12.25	2004.6.17	越南	1949.3.8	2006.7.11
拉脱维亚	1995.1.1	2000.1.5	赞比亚		2001.11.15
莱索托	1999.2.12	1999.2.12	阿曼		2007.10.16
纳米比亚	2004.6.30	2004.6.30	圣多美和普林西比		2008.12.8
欧盟		2004.10.1	菲律宾		2012.7.25

续表

国家/政府间组织	加入马德里协定时间	加入马德里议定书时间	国家/政府间组织	加入马德里协定时间	加入马德里议定书时间
以色列		2010.9.1	哥伦比亚		2012.8.29
新西兰		2012.12.10	印度		2013.7.8
墨西哥		2013.2.19	突尼斯		2013.10.16
卢旺达		2013.8.17	津巴布韦		2015.3.11
非洲知识产权组织		2015.3.5	冈比亚		2015.12.18
柬埔寨		2015.6.5	文莱		2017.1.6
老挝		2016.3.7	印度尼西亚		2018.1.2
泰国		2017.11.7	阿富汗		2018.6.26

需要说明的是：

（1）"比荷卢"为比利时、荷兰、卢森堡三国联盟的简称，实际是3个马德里联盟成员国，但申请人指定这3个国家保护时，仍按一个国家对待，并按一个国家缴纳有关规费。

（2）目前，纯"议定书"缔约方（仅加入《马德里议定书》缔约方）为45个，分别是：安瓜提和巴布达、澳大利亚、巴林、博茨瓦纳、丹麦、爱沙尼亚、芬兰、格鲁吉亚、希腊、加纳、冰岛、爱尔兰、日本、立陶宛、马达加斯加、挪威、韩国、新加坡、瑞典、土耳其、土库曼斯坦、英国、美国、乌兹别克斯坦、欧盟、以色列、新西兰、墨西哥、卢旺达、非洲知识产权组织、柬埔寨、老挝、泰国、阿富汗、赞比亚、阿曼、圣多美和普林西比、菲律宾、哥伦比亚、印度、突尼斯、津巴布韦、冈比亚、文莱、印度尼西亚。

3.《马德里协定》与《马德里议定书》的区别

《马德里协定》与《马德里议定书》的区别详见表4.2。

表4.2 《马德里协定》与《马德里议定书》对比

	马德里协定	马德里议定书
申请基础不同	以原属国注册为依据提出国际注册申请	不仅可以以商标在原属国的注册为依据，还可以以在原属国的申请为依据提出国际注册申请
申请语言不同	用英语或法语向国际局提出注册申请和缴纳费用	用英语、法语、西班牙语向国际局提出注册申请和缴纳费用

续表

	马德里协定	马德里议定书
审查期限不同	领土延伸后,被指定国家商标主管机关有权驳回的期限为12个月,若无驳回,在该国家获得注册保护	领土延伸后,有权驳回的期限延长至18个月
"中心打击"原则的不同	某一商标自国际注册之日起5年期满前,若该商标在国内因某种原因被撤销,其国际注册也将被撤销	在该商标被撤销之日起3个月内,可以将商标转换为有关国家的注册申请,并保留原国际注册日为该商标转换为该国家申请的申请日

（二）马德里商标国际注册体系的特征

1. 马德里注册的优势

（1）体系成员国众多,并不断扩大

自2004年4月1日起,商标国际注册体系的工作语言在原英语和法语的基础上,新增了西班牙语,从而为更多的西班牙语国家加入马德里体系扫清了语言障碍。2018年6月26日,随着阿富汗宣布加入《马德里议定书》,《马德里议定书》的成员国加至107个。

（2）费用较低

商标申请人在马德里所有成员国就一个类别申请商标注册所需的费用是逐一国家申请注册所需费用的1/10。

商标马德里国际注册的费用包括三部分,一是基础注册费（黑白商标653瑞郎；彩色商标903瑞郎）,二是指定国家的费用,三是本国商标主管机关的费用。国际注册申请人可以在一份申请中指定一个或者多个成员国要求对其申请商标进行保护,无论指定一个成员国还是指定全部成员国,商标国际注册申请人均只需缴纳一份基础注册费,因此,指定的国家越多,越划算。

（3）节省时间

从国际注册日起,如果被指定国在规定的期限内（依照《马德里协定》为12个月,依照《马德里议定书》为18个月）没有向国际局发出驳回通知,该商标将在该指定国自动得到保护。

中国的商标国际注册申请人从向中国国家知识产权局商标局（以下简

称"商标局")提交商标国际注册申请书之日起,一般 6 个月左右即可取得 WIPO 国际局颁发的商标国际注册证明,其上记载有商标的国际注册号和国际注册日。当然,该国际商标注册证明,并不是商标被核准注册的证明,只是表明国际局收到了提交的国际注册申请,经审查符合国际局的要求,并已经或者即将把该申请提交给各指定国进行审核。而该商标能否在各指定国获准注册,要以各指定国的审查为准。因此,国际局颁发的国际商标注册证明的意义在于,该国际注册号和国际注册日是申请人其后进行商标的后期指定、变更、转让、续展等一系列活动的基础。

(4) 手续简便

首先,商标国际注册申请人自行或者通过本国代理组织向本国商标局递交一份申请,即可指定众多国家进行申请保护,手续非常简便。马德里国际注册商标的变更,如后期指定、转让、变更名称和/或地址、续展等手续,均可以通过简单的单一程序得以实现。故商标国际注册申请人仅凭一个国际注册证提交一份申请即可办理前述各种变更事项。

2. 马德里注册的弊端

(1) 注册国家的局限性

马德里联盟成员国偏重于欧洲国家,一些同我国贸易联系密切的国家,如加拿大目前还不是成员国。我国企业无法通过马德里国际注册途径在这些国家取得商标注册。

(2) 必须以国内申请/注册为前提,有可能造成时间上的延误

马德里注册必须以国内商标注册或者国内商标注册申请为基础。在《马德里协定》下,申请必须基于相同商标的国家注册申请;在《马德里议定书》下,申请必须基于相同商标的国内注册或初步申请公告。因此,在申请的时间上有一定的限制。

早一天申请商标注册,对任何公司都是至关重要的。但对于通过《马德里协定》进行商标国际注册来说,基础注册是前提条件,要先在其本国获得商标注册,少则需要 1 年,多则需要 2 年,如发生异议等情况,更是不清楚需要多长时间。想避免这种情况的发生,唯一的办法,只能是在本国提出商标注册申请的同时,到各个国家去逐一申请注册。如果本国和目标国都是《巴黎公约》的成员国,则可以自本国提出商标注册申请之日起 6 个月内,到目标国提出注册申请并主张优先权。

(3) 无法享受到《巴黎公约》规定的优先权

所有《巴黎公约》成员国的国民、企业、事业单位、组织或者在这些

成员国有居所或办公场所的自然人、企事业单位或组织，在商标注册上有权享有《巴黎公约》规定的 6 个月的优先权。但是，要通过《马德里协定》进行商标的国外注册，就无法享受到《巴黎公约》规定的优先权。因为《马德里协定》要求以基础注册为前提，而要完成基础注册，一般都需要 1 年以上的时间，更不用说在 6 个月完成了。所以，等基础注册完成，早已超出 6 个月的优先权期限了。

（4）"中心打击"原则

所谓"中心打击"原则，即通过商标马德里国际注册程序注册的商标，如果在注册之日起 5 年之内，基础注册或申请全部或部分被驳回、撤回、注销、撤销、放弃或宣布无效，那么，其效力及于所有指定国，即该商标不得再要求国际注册给予的保护，而不管该商标的国际注册是否已经被转让。

很显然，"中心打击"原则，是对通过《马德里协定》进行商标国际注册的申请人的商标利益的重大"打击"。本来，商标注册人想通过《马德里协定》节省时间和费用，但如果发生"中心打击"的问题，商标注册人的损失将是不可估量的。即使是通过《马德里议定书》进行的国际注册，尽管在已经注册的国家的国际商标注册可以自该商标被撤销之日起 3 个月内，向所指定的《马德里议定书》成员国商标主管机关提交一份申请，并按照各成员国的规定缴纳一定的费用，将该商标的国际注册转换为在该国家的国家注册，但是，所花费的费用与时间显然与当初的期望背道而驰。

由此可见，《马德里协定》有利有弊。作为这样一个被广泛认同和参加的国际商标注册的协定，其优势是相当明显的，但同时，我们又要认识到其存在的问题。无论作为商标申请人，还是作为提供商标注册建议的商标律师或者商标代理人，一定要有清醒的认识，要根据企业商标的具体情况决定是否使用商标国际注册马德里体系。

（三）马德里商标国际注册的意义与商业价值

1. 防止他人抢先注册

世界各国商标法内容虽不尽相同，但都规定对注册商标所有权进行法律保护。中国许多企业的管理人员过去对商标专用权意义认识不足，缺乏商标专用权保护意识。有的认为办理商标注册很麻烦，因而不愿到商品进口国去办理注册，有的认为等自己的商品出了名再注册不迟，还有的认为自己的商品还不够畅销，注册不注册一个样。忽视商标注册的结果，是使中国一些经过几十年甚至上百年努力树立起来的名牌商标和传统商标被外商抢先注册或者假冒，轻易占有。

例如：

① 中国生产的在英国已打开销路的"火炬牌"打火机，其商标被瑞士商人抢先在英国进行注册，中国"火炬牌"打火机因此被迫退出英国市场。

② 上海"芭蕾牌"珍珠霜在国际上有良好的声誉，但未及时在销售国和地区注册，结果在中国香港、印度尼西亚、新加坡等地被外商抢先注册；我方为保护该商标的专用权，反而不得不花 20 多万美元从外商手中将此商标专用权买回。

③ 上海"英雄牌"金笔深受日本消费者的欢迎，但其商标被日本商人抢先在日本注册，从而要求我方按"英雄牌"金笔在日本的销售量向他支付 5% 的佣金，致使我方在日本的代销商因无利可图而停止代销，我方为此付出了巨大的代价。

④ 四川长虹电子集团既没有自己出口"长虹"品牌的产品到南非，也没有授权任何国内贸易公司向这个市场出口，但该市场上就发现了"长虹红太阳"彩电。而在印度尼西亚、泰国等地，"长虹"商标被国内的另一家电器生产企业抢注。

⑤ 用于电视机的"牡丹""PEONY"商标被荷兰销售代理商在荷兰、瑞典、挪威、比利时、卢森堡 5 国抢注；"红塔山""阿诗玛""云烟""红梅"等香烟商标被菲律宾商人抢注；"丰收"桂花陈酒在法国被抢注；"三角牌""金鸡牌"商标在智利被抢注。

因此，商标在国外注册不是可有可无的问题。凡是想把自己的产品打入国际市场的厂家，都应及早到国外注册商标，以便使自己的商品在销售国不被排挤，其销售市场不被他人抢占。

2. 实现企业的自我保护

商标国际注册是为了取得在商品销售国的商标专用权。商标进行了国际注册，其他人就不能在相同或近似的商品上注册或使用与自己商标相同或近似的商标，从而可以防止侵犯中国企业在销售国合法权益的行为，也就争得了市场。同时，出口商品商标在销售国经过注册后，产生商标争议时便可提起诉讼，得到该国法律保护，取得胜诉。如，中国"蝴蝶牌"缝纫机是出口东南亚和中国香港地区的重要商品，由于中国进出口公司已在销售地及时申请注册，对仿冒者向该地法院提出控告，法院责成该仿冒者登报道歉。这样就维护了中国商品在销售地的权益，占领了市场。

3. 可以为创名牌打下基础

中国商标在国外获得有效注册后，就能长期稳定占领国际市场，扩大销售量，保持良好信誉，成为名牌商标，进而成为驰名商标。如不及时注册，被他人抢先注册，结果虽用了大量资金做广告，也毫无经济效益，反而是帮别人忙，给别人做宣传，为别人创牌子。中国企业要在国际市场上占有一席之地，并且得到发展，进而挤进世界大企业的行列，必须制定自己的商标战略，重视商标的国际注册，争创名牌，争创驰名商标，从而提高企业的竞争力和知名度，稳定国外市场，扩大国外市场。

二、我国加入马德里商标国际注册体系的概况与现状

（一）我国加入马德里商标国际注册体系的历史沿革

《马德里协定》1891年4月14日签订于西班牙首都马德里，于1892年生效，至今已有一百多年的历史。《马德里协定》最初要求使用的语言为法语，后来扩展至英语。我国于1989年10月4日成为《马德里协定》成员国。

《马德里议定书》1989年6月27日签订于西班牙首都马德里。《马德里议定书》规定，申请人指定的国家包含至少一个纯《马德里议定书》成员国时可以选择使用英语或法语。自2004年1月1日起，又增加了西班牙语。我国于1995年12月1日成为《马德里议定书》成员国。

由于《马德里议定书》与《马德里协定》共存，1995年1月18日，WIPO在日内瓦召开了第二十七次马德里联盟大会，通过了《商标国际注册马德里协定及该协定有关议定书的共同实施细则》（以下简称《共同实施细则》），并定于1996年4月1日开始实施。该《共同实施细则》既适用于《马德里协定》成员国，又适用于《马德里议定书》缔约方，也适用于同属《马德里协定》和《马德里议定书》的缔约方。目前，施行的为2017年11月1日生效的《共同实施细则》。

我国在加入《马德里议定书》之后，即根据《马德里协定》《马德里议定书》《共同实施细则》和《中华人民共和国商标法》《中华人民共和国商标法实施细则》制定了《马德里商标国际注册实施办法》，并于1996年6月1日起施行。目前施行的为2003年6月1日生效的《马德里商标国际注册实施办法》。

(二) 近年我国企业利用马德里商标国际注册的情况

加入马德里联盟20多年来,我国在马德里商标国际注册工作方面成绩斐然,马德里商标国际注册知识得到了一定程度的普及,为我国的对外开放和企业实施"走出去"战略提供了有力支撑。

表4.3、表4.4和表4.5为从国家知识产权局网站获得的2012～2014年国内各省(区、市)进行马德里商标国际注册的情况。

1. 2012年

表4.3 马德里商标国际注册申请量各省/自治区/直辖市统计表(2012年)

(单位:件)

省/自治区/直辖市	第一季度	第二季度	第三季度	第四季度	年度申请量
广 东	98	158	154	121	531
浙 江	87	102	134	99	422
江 苏	43	55	60	82	240
福 建	35	54	69	44	202
山 东	23	39	47	87	196
北 京	34	45	42	31	152
上 海	30	31	43	32	136
安 徽	9	14	19	14	56
天 津	13	18	10	9	50
辽 宁	0	4	22	15	41
重 庆	2	16	7	9	34
四 川	10	7	7	8	32
陕 西	4	2	7	11	24
湖 北	6	5	10	2	23
台 湾	1	4	10	7	22
河 北	4	3	7	7	21
河 南	4	4	6	2	16
江 西	6	7	1	1	15
湖 南	3	1	2	7	13
新 疆	1	3	4	4	12

续表

省/自治区/直辖市	第一季度	第二季度	第三季度	第四季度	年度申请量
广　西	5	0	1	4	10
吉　林	3	3	1	3	10
黑龙江	1	2	3	2	8
云　南	3	1	2	0	6
内蒙古	0	1	3	0	4
海　南	0	2	1	1	4
贵　州	0	0	1	2	3
山　西	2	0	0	0	2
宁　夏	0	0	2	0	2
西　藏	0	0	0	1	1
甘　肃	0	0	0	0	0
青　海	0	0	0	0	0
总　计	427	581	675	605	2288

2. 2013 年

表 4.4　马德里商标国际注册申请量各省/自治区/直辖市统计表（2013 年）

（单位：件）

省/自治区/直辖市	第一季度	第二季度	第三季度	第四季度	总计
广　东	100	127	137	139	503
浙　江	96	82	110	121	409
山　东	30	42	49	112	233
江　苏	43	45	54	57	199
福　建	33	36	41	49	159
北　京	32	35	26	48	141
上　海	27	50	22	21	120
湖　南	7	17	8	19	51
安　徽	11	11	18	7	47
四　川	7	9	5	13	34
天　津	9	8	3	10	30

续表

省/自治区/直辖市	第一季度	第二季度	第三季度	第四季度	总计
重 庆	9	7	6	4	26
台 湾	7	0	6	9	22
河 北	3	6	7	5	21
陕 西	6	6	3	6	21
湖 北	5	6	6	3	20
辽 宁	3	5	4	4	16
河 南	4	6	3	2	15
江 西	5	3	3	2	13
内蒙古	4	5	1	1	11
吉 林	2	1	5	3	11
黑龙江	2	1	4	3	10
广 西	4	2	0	2	8
新 疆	2	1	3	0	6
山 西	0	3	2	1	6
云 南	1	1	2	1	5
贵 州	2	1	0	0	3
海 南	1	0	1	0	2
宁 夏	1	0	0	0	1
甘 肃	0	0	0	0	0
青 海	0	0	0	0	0
西 藏	0	0	0	0	0
总 计	456	516	529	642	2143

3. 2014 年

表 4.5 马德里商标注册申请量各省/自治区/直辖市统计表（2014 年）

（单位：件）

省/自治区/直辖市	第一季度	第二季度	第三季度	第四季度	合计
山 东	43	41	137	599	820
广 东	137	166	127	168	598
浙 江	76	79	84	83	322

续表

省/自治区/直辖市	第一季度	第二季度	第三季度	第四季度	合计
江　苏	50	59	45	90	244
福　建	41	37	26	43	147
上　海	30	34	29	48	141
北　京	27	23	48	36	134
湖　南	21	51	15	7	94
四　川	6	9	4	11	30
天　津	7	3	13	6	29
安　徽	8	5	6	5	24
河　北	6	6	6	4	22
重　庆	6	7	4	4	21
辽　宁	5	7	3	6	21
河　南	11	3	2	1	17
湖　北	4	1	4	5	14
台　湾	6	5	0	2	13
陕　西	9	1	1	1	12
江　西	6	2	1	3	12
黑龙江	3	5	1	2	11
新　疆	2	2	1	3	8
内蒙古	1	5	0	1	7
山　西	0	1	0	6	7
吉　林	1	3	0	2	6
云　南	0	4	0	0	4
广　西	2	1	0	1	4
海　南	0	0	1	2	3
贵　州	1	0	1	0	2
青　海	0	0	1	0	1
宁　夏	0	0	0	0	0
甘　肃	0	0	0	0	0
西　藏	0	0	0	0	0
总　计	509	560	560	1139	2768

此外，商标局的统计数据还显示，2013年，我国马德里商标国际注册申请量再创历史新高，达2273件，比2012年增长8.2%，居马德里联盟第六位，比2012年提升了一位。国外申请人指定我国的马德里商标申请量为20275件，比2012年增长0.8%，连续9年居马德里联盟第一位。❶

2014年5月，WIPO发布2013年《马德里商标报告》也指出，2013年，商标国际申请和注册量达到历史最高水平，德国的商标国际注册量位居第一，中国和土耳其的商标国际注册量迅速上升，在商标国际申请量排名前50的企业榜单中，德国、瑞士、法国、美国和英国企业数量居于前列，中国企业无一上榜，中国和俄罗斯成为马德里商标最大指定国。

（三）未来企业策略

在企业全球化过程中，知识产权的保护问题往往被中国企业所忽视。近年来，不断有中国知名商标在国外被抢注的案例发生，涉及食品、药品、电器、化工等众多行业，这不仅给中国企业造成了经济上的损失，而且其深层次的影响更是不言而喻。

1. 商标注册的时机把握

商业竞争无异于战争，而对于战争，古人有云"兵马未动，粮草先行"。事实上，在当今激烈的国际竞争中，商标作为一项重要的知识产权，往往起着举足轻重的作用。中国企业对于知识产权、对于商标未予以足够的重视，为此付出沉重代价的例子举不胜举。

因此，如果在市场策划上已经选定或者预备选定进入某些国家和区域，则最好在进入市场之前就开始进行商标注册工作。其原因在于，商标注册往往需要一段较长的时间，从几个月到几年不等，如果等进入市场之后再进行商标注册，很有可能错失良机，从而不能使商标得到很好的保护。不得不说，"产品未动，商标先行"的指引策略无疑是值得提倡的。

2. 商标注册途径选择

由于各个国家的商标法律制度不同，加之在商标注册和保护上存在国际性、区域性的注册和保护体系，如WIPO，可进行范围最为广泛的马德里国际注册，涉及94个国家；欧盟，随着成员国的不断增加，目前欧盟商标注册可涵盖28个成员国。这些机制给中国企业在国外注册商标时，提供

---

❶ 国家工商行政管理总局商标局商标评审委员会. 中国商标战略年度发展报告 (2013) [R]. 北京：中国工商出版社，2014.

了不同的可选择途径。

当然，各种途径均各有利弊，选择怎样的途径能达到最优化的效果，需要结合中国企业各自的知识产权发展战略和具体安排而定。例如：企业的商标注册计划涉及多个目标国家，而这些国家中一部分属于马德里联盟缔约国。在充分考虑各国审查制度的基础上，可以选择一部分国家进行马德里国际注册。这样不仅可以通过一个国际注册使商标在多个领土延伸国家获得保护，减少国外代理环节，而且在费用上也非常经济。

又如，在欧洲国家注册商标，如果涉及的国家较多，就不妨考虑进行欧盟商标注册，这样一个注册就可涵盖28个国家，费用也相对于逐一国家注册低廉；但是欧盟商标的"中心打击"原则，即商标在一个国家被驳回，将导致在28个国家整体无效的原则，也是应当考虑的因素。

3. 商标注册的成本控制

对于中国企业来说，在国外注册商标，成本也是一个必须考虑的问题。特别是对于大型企业而言，商标数量、涉及类别、进入国家这几个指标都可能较高。相应地，所产生的费用也很可观。如何合理安排知识产权确权和维权的预算，控制成本是十分重要的。在这种情况下，可以通过分析，合理规划，将整个商标注册和保护工作按照轻重缓急，分阶段分步骤阶梯式地开展。同时，根据自身的知识产权策略，选择合理的商标注册途径，也是控制成本的有效方法。

4. 商标注册后的使用和保护

通过注册商标，商标在指定国家获得商标权，这仅仅是第一步。在注册成功获得商标权后，对商标进行合理使用和有效保护，更是重中之重。大多数国家都对商标的使用作出了限定，通常商标在注册后3年或5年连续不使用，都将会面临被撤销的风险。因此，中国企业在国外注册商标后，应当积极地对商标进行合理的使用。

同时，在商标注册后，不仅要从程序上对商标进行维护，比如即使进行商标续展、变更等工作；还应当通过商标监测关注他人的侵权行为，适时采用适当的法律手段主张自己的商标权利，防止在国外的商标权益受到损害，从而保护并不断提升商标价值。有史为证，保护不力往往导致一个具有高商业价值的商标被淡化为一个低端商标，价值贬损严重。

5. 强化知识产权保护意识

2008年6月5日国务院印发了《国家知识产权战略纲要》，对未来5～10年的知识产权发展和保护提出了明确的战略目标。在这样的契机下，中国企业应当在企业内部普及知识产权知识，强化知识产权意识；对外在提高企业竞争力的同时，注重商标和其他知识产权在国外的注册和保护工作，采取有效的手段避免商标被抢注、被淡化的现象重复出现，让商标在企业全球化发展和竞争中能真正发挥作用，成为企业不可缺少的无形资产和财富。

三、办理马德里商标国际注册实务

（一）马德里商标国际注册申请的办理

1. 申请人资格

申请人必须具有一定的主体资格。申请人应在我国设有真实有效的工商营业场所；或在我国境内有住所；或拥有我国国籍。另外，台湾省的法人或自然人均可通过商标局提出国际注册申请。而香港和澳门特别行政区的法人或自然人目前还不能通过商标局提出国际注册申请。

2. 申请条件

申请国际注册的商标必须已经在我国启动一定的商标注册申请程序。申请人指定保护的国家是纯《马德里协定》缔约方，申请国际注册的商标必须是在我国已经获得注册的商标；申请人指定保护的国家是纯《马德里议定书》缔约方，或是同属《马德里协定》和《马德里议定书》缔约方，申请国际注册的商标可以是已在我国提出注册申请并被受理的商标，也可以是已经注册的商标。此外，申请国际注册的商标内容必须与申请人在国内注册的商标内容完全一致，所指定使用的商品应与国内注册的商品相同或不超过原注册的商品范围。

3. 办理途径

（1）申请人自行提交网上申请

申请人可自行通过网上服务系统在线提交申请。申请人应先注册登录"商标网上申请系统"，在"国际注册申请"栏目中，按照网站指示填写信息、上传材料。

商标网上服务系统网址：http://sbj.saic.gov.cn/wssq/

（2）申请人可到以下地点办理

①到商标局委托地方工商和市场监管部门设立的商标受理窗口办理

自 2018 年 11 月 1 日起，部分地方商标受理窗口受理马德里商标国际注册申请等业务，申请人可就近办理，窗口地址请查阅中国商标网"商标申请指南"栏目或"常见问题解答"栏目《京外商标审查协作中心和地方商标受理窗口汇总表》。

网址：http://sbj.saic.gov.cn/gzdt/201811/t20181107_276856.html

②到商标局在京外设立的商标审查协作中心办理

商标审查协作广州中心受理大厅地址：广东省广州市越秀区流花路117号内12、14号楼一楼（邮编：510014　电话：020-83772305）。

上海商标审查协作中心受理大厅地址：上海市徐汇区漕宝路650号一号楼一楼（邮编200235　电话021-23521800-0）。

重庆商标审查协作中心受理大厅地址：重庆市江北区对山立交科技金融大厦5号楼（邮编400023　电话023-65854191，65854187）。

济南商标审查协作中心受理大厅地址：济南市高新区天辰路2177号联合财富广场2号楼南侧大厅（邮编250000　电话0531-89700542）。

郑州商标审查协作中心受理大厅地址：河南省郑州市郑东新区永和龙子湖广场B座32层（邮编450046　电话0371-88905323）。

③到商标局驻中关村国家自主创新示范区办事处办理

商标局驻中关村国家自主创新示范区办事处地址：北京市海淀区苏州街36号北京市工商行政管理局二层205办公室。

④到商标局商标注册大厅或商标局国际注册处办理

商标局办公地址：北京市西城区茶马南街1号，邮编：100055。

办公时间：8:30~11:30　13:30~16:30

咨询电话：86-10-63218500

（3）申请人委托在商标局备案的商标代理机构办理

4. 马德里商标国际注册申请手续

申请手续由商标局向国际局统一办理。商标国际注册的申请手续，须经申请人向商标局提出，由商标局向设在瑞士日内瓦的WIPO国际局统一办理注册。国际局不受理单个企业的自行申请。

5. 马德里商标国际注册程序

商标国际注册的日期，以商标局收到申请书件的日期为准。商标局在申请手续齐备的情况下，编写申请号，将申请书件寄达国际局。如果商标国际注册申请手续完备，一般需要3~4个月的时间，国际局可发商标注册文件。

申请中指定的各保护国家根据各自的国家法律受理审查申请。若申请保护的商标（即延伸保护的商标）在提出申请之日起1年/1年半内（《马德里协定》国家1年内/《马德里议定书》国家1年半内）被指定保护的国家驳回，申请人可根据该驳回的国家法律，委托代理组织进行申诉。若在上述1年/1年半期限内申请未被驳回（未收到驳回通知），则商标视为自动获得保护。

6. 注册有效期及续展

国际注册商标的有效期限为10年，可续展，每次续展保护期为10年。

7. 马德里注册流程、时间

商标国际申请必须使用马德里体系的正式工作语言，以正式的申请书向申请人的原属局提出。注册流程如图4.1所示。

图4.1 马德里商标注册流程图

（1）基础注册申请

要通过马德里体系进行商标的国际注册，申请人的商标必须是已经在其原属国（即本国）获得注册的商标或则已获得受理通知的商标。

（2）提交申请

商标国际注册的申请日期，以商标局收到申请书的日期为准。申请手续齐备并按照规定填写申请书的，由商标局编定申请号，在30天内将申请书（英语或法语）寄往国际局。

（3）国际局审查

WIPO国际局收到了国际注册申请后，认为手续齐备，商品和服务类别及名称填写正确的，即予以注册；认为手续不齐备的，将暂缓注册，并通知商标局。

商标局在收到国际局通知之日起15天内通知申请人或代理人齐备手续；经审查符合国际局的要求，并在已经或者即将把该申请提交给各指定国进行审查之后会颁发商标国际注册证明，时间一般6个月左右。

该国际商标注册证明，不是商标被核准注册的证明；其意义在于，该国际注册号和国际注册日是其后申请人进行商标的后期指定、变更、转让、续展等一系列活动的基础。

（4）指定国审查

商标能否在各指定国获准注册，要以各指定国的审查为准。

（5）《马德里协定》成员国和《马德里议定书》成员国审查

商标国际注册申请时指定的各保护国家，将根据各自的国家法律决定是否予以保护，并需向国际局声明该驳回。

《马德里协定》规定，声明驳回的时限最多为 1 年，也就是说，如果指定保护申请在 1 年时限内未遭到驳回，则该申请自动得到保护（按《马德里议定书》的规定，成员国可根据需要，有权将驳回时限延长至 18 个月）。

从国际注册日起算，如果 12 个月内没有收到《马德里协定》成员国或者 18 个月内没有收到《马德里议定书》成员国发来的拒绝给予商标保护的驳回通知书，即表示该商标已在该《马德里协定》成员国或《马德里议定书》成员国自动得到了保护。

凭借其程序机制的优势，马德里体系可使商标权利人直接向其本国或地区商标局递交一份国际注册申请书便能够使其商标在马德里联盟的多个国家获得保护。由此注册的国际商标相当于该申请人在每个指定国或组织直接进行的商标注册申请或注册。

8. 申请材料

① 马德里商标国际注册申请书；

② 外文申请书（MM2 表格）；

③ 申请人资格证明一份，如营业执照复印件、身份证复印件等；

④ 委托商标代理机构办理的，还应提交商标代理委托书；

⑤ 指定美国的，一并提交 MM18 表格。

9. 申请书式填写

中文申请书的填写要求：

（1）申请人信息

① 申请人名称：要求和基础商标的注册人/申请人名称一致。申请人是法人的，应填写全称；如果申请人是自然人，应填写姓名。另外，法人如有正式英文或法文名称的，应连同中文一起填写。

② 申请人地址：要求与基础商标的注册人/申请人地址一致。可按照省份、城市、街道、门牌号码、邮政编码的顺序填写，如：中国北京市金台路 2 号，邮政编码：100260。

③ 申请人通信地址：如申请人实际通信地址与申请人地址不同，可增加填写此项。

④ 收文语言选择：此处在所选语言左侧方框内打上"×"标记。

（2）申请人资格

如果申请人指定保护的国家为《马德里协定》成员国，这一项中可供申请人选择的 3 种情况应依次选择，即申请人首先衡量自己是否符合第一种情况，若符合，应首选第一种，若不符合，再选第二种，第二种也不符合的，再选第三种。若3种都符合或符合2种，则应选在前的一种。如果申请人指定保护的国家为《马德里议定书》成员国，这3种情况中，申请人只要任选符合的1种即可。

（3）代理人信息

如申请人直接办理的，这一栏无须填写。

（4）基础申请或基础注册

这里指在我国的商标申请和注册，而不是国际注册商标的申请和注册。如申请人就同一商标的多个基础申请或基础注册提出国际注册申请，应将各个基础申请号、申请日期和/或基础注册号、注册日期逐一填写。

（5）优先权

若申请人要求优先权，应注明第一次申请的日期和申请号。

（6）商标

此处要求申请人粘贴商标图样，商标尺寸大小应按申请书的要求办理。

（7）其他事项

① 要求颜色保护：如果申请人要求保护颜色，可作具体说明；

② 立体商标：如基础商标是立体商标，此项必选；

③ 声音商标：如基础商标是声音商标，此项必选；

④ 集体或证明商标：如基础商标是集体或证明商标，此项必选；

⑤ 商标音译：此处仅将商标的标准汉语拼音填上即可。

（8）商品和/或服务及其类别

① 商品和/或服务及其类别

这里指商品和服务的填写，应按《商标注册用商品和服务国际分类》（《尼斯分类》）中所列的商品和服务类别顺序填写。如：第1类，乙醇，工业用酒精；第5类，阿司匹林，婴儿食品；第9类，音响，显像管；在填写时不得把第9类排在第5类前，或把第5类排在第1类前。注意填写的商品或服务不得超过基础申请或注册商品/服务的范围。

② 如有对具体国家作商品/服务及类别的限定，请注明具体被指定缔约方及在该被指定缔约方申请保护的所有类别及商品/服务。限定的商品/服务不得超出①项中指定商品/服务的范围。

（9）指定保护的缔约方

申请人在想要获得保护的缔约方左侧的方框内打上"×"标记，如申请人指定保护的国家为德国、法国、意大利 3 国，申请人只需在这 3 个国家左侧的方框打"×"即可。如申请人已获得国内受理通知书，可指定同属《马德里协定》或《马德里议定书》缔约方，及纯《马德里议定书》缔约方；如已获得国内注册证，可指定所有缔约方。

（10）本申请交费方式

在所选择交费方式左侧方框内打"×"标记。

10. 缴纳规费

商标局收到手续齐备的申请书件之后，登记收文日期，编定申请号，计算申请人所需缴纳的费用，向申请人或代理人发出《收费通知单》。

申请人或代理人应在收到《收费通知书》之日起 15 日内向商标局缴纳有关费用。商标局只有在收到如数的款项后，才会向国际局递交申请。如申请人或代理人逾期未缴纳规费，商标局不受理其申请，并书面通知申请人。

11.《国际注册证》的领取

WIPO 国际局收到符合《共同实施细则》的国际注册申请后，即在国际注册簿上进行登记注册，并给商标注册申请人颁发《国际注册证》并通知各被指定缔约方商标主管机关。

《国际注册证》由国际局直接寄送给商标局国际注册处，再由商标局国际注册处转寄给申请人或商标代理机构。应该注意的是，申请人填写地址一定要清楚（可增加通信地址），如果申请人的地址有变动，应及时办理变更。

12. 注意事项

指定美国、日本、韩国、新加坡等国家的国际注册申请，时常收到这些国家的审查意见书或临时驳回通知书，给我国申请人的国际注册在时间和费用上造成了一定的损失。出现以上问题的原因在于，这些国家在加入马德里联盟时，对《马德里协定》或《马德里议定书》的某些条款作了保留或声明，对马德里国际注册申请的某些要件进行审查时，主要依据本国法律和规定。

因此，我们特意提醒申请人在填写外文申请表格时注意以下内容：

①企业性质一栏：美国要求必须填写，可接受 CORPORATION，UNINCORPORATED ASSOCIATION，JOINT VENTURE 或 PATERNERSHIP 等。

②商标意译一栏：新加坡要求中文商标必须对汉字进行逐一翻译，商标整体也要说明有无含义；美国要求说明商标有无含义，是否表示地理名

称，在相关的产品或服务行业中是否有特殊含义。

③ 商品一栏：美国要求商品的申报必须符合其国内《可接受的商品和服务分类手册》（Acceptable Identification of Goods and Services Manual, http://tess2.uspto.gov/netahtml/tidm.html）的要求，马德里国际注册通用的《尼斯分类》只是作为参考。日本、韩国也有类似的要求。我们建议，指定美国、日本、韩国的国家的申请人在填写外文表格（MM2）时，10（a）和10（b）最好一起填写。10（b）一栏是在指定国家对商品作限制，即在不超出商品范围的情况下，对商品作出删除或细化。比如：美国不接受"服装"，但是接受"服装，即衬衫、毛衣、风衣、裤子和运动外套"。

④ 指定美国时，必须填写MM18表格。MM18表格中Signature一栏必须为个人签名，Signatory's Name（Printed）一栏必须打印签字人姓名的拼音，Signatory's Title一栏必须打印签字人的职务。Date of execution（dd/mm/yyyy）一栏日期的填写方式是日/月/年，比如2012年4月18日，应该填写为18/04/2012。INFORMATION REQUIRED BY THE INTERNATIONAL BUREAU也要一并填写。

此外，国际注册有效期为10年，自国际注册日起计算，有效期满后，如想继续使用的，应当续展注册。

（二）马德里商标国际注册后续业务

1. 马德里商标国际注册的后期指定

（1）含义

后期指定是指商标获得国际注册后，商标注册人就该国际注册所有或部分商品和服务申请领土延伸至一个或多个国家。

（2）申请材料

① 马德里商标国际注册后期指定申请书；

② 外文申请书（MM4）；

③ 如委托代理人的，应附送代理委托书；

④ 指定美国的，一并提交MM18表格。

（3）注意事项

后期指定申请，可直接向WIPO国际局递交，或通过商标局转递国际局或在WIPO网站（www.wipo.int）使用e-Subsequent Designation工具进行在线后期指定。

后期指定的缔约方，在国际注册商标到期续展时，需一并进行续展。

2. 马德里商标国际注册转让

（1）含义

转让，是指国际注册所有人将其国际注册商标专用权让与他人的法律行为。受让人应当在缔约方境内设有真实有效的工商营业场所，或者在缔约方境内有住所，或者是缔约方国民。

（2）申请材料

① 填写并加盖转让人、受让人公章的马德里商标国际注册转让申请书；

② 外文申请书（MM5）；

③ 转让人、受让人资格证明文件，如营业执照复印件，居住证明复印件，身份证件复印件等；

④ 委托代理人的，应附送代理委托书。

（3）注意事项

转让申请可直接向 WIPO 国际局递交，或通过商标局转递国际局。

3. 马德里商标国际注册删减

（1）含义

删减是指申请人在全部或部分被指定缔约方删减商品/服务。

（2）申请材料

① 马德里商标国际注册删减申请书；

② 外文申请书（MM6）；

③ 委托代理人的，应附送代理委托书。

（3）注意事项

删减申请可直接向 WIPO 国际局申请办理或通过商标局转递国际局。

4. 马德里商标国际注册放弃

（1）含义

放弃是指申请人在部分缔约方放弃对全部商品或服务的保护。

（2）申请材料

① 马德里商标国际注册放弃申请书；

② 外文申请书（MM7）；

③ 委托代理人的，应附送代理委托书。

（3）注意事项

放弃申请可直接向 WIPO 国际递交，或通过商标局转递国际局。

5. 马德里商标国际注册注销

（1）含义

注销是指申请人在全部缔约方对全部或部分商品或服务进行注销。

（2）申请材料

① 马德里商标国际注册注销申请书；

② 外文申请书（MM8）；

③ 委托代理人的，应附送代理委托书。

（3）注意事项

注销申请可直接向 WIPO 国际局递交，或通过商标局转递国际局。

6. 马德里商标国际注册注册人名称/地址变更

（1）含义

马德里商标国际注册如注册人名称或地址发生变更的，需办理注册人名称或地址变更申请。

（2）申请材料

① 马德里商标国际注册变更申请书；

② 外文申请书（MM9）；

③ 相应的变更证明文件：如基础商标已经核准变更，无须提交核准变更证明复印件；如基础商标尚未核准变更，申请人可提交登记机关变更核准文件复印件或登记网站下载打印的相关档案作为变更证明文件；

④ 委托代理人的，应附送代理委托书。

（3）注意事项

注册人名义或地址变更可直接向 WIPO 国际局递交或通过商标局转递国际局。

7. 马德里商标国际注册代理人名称/地址变更

（1）含义

马德里商标国际注册所登记的代理人如名称或地址发生变更的，需办理代理人名称或地址变更申请。

（2）申请材料

① 马德里商标国际注册代理人名称地址变更申请书；

② 外文申请书（MM10）。

（3）注意事项

此业务可直接向 WIPO 国际局申请办理或通过商标局转递国际局。也可以直接致函给国际局，写明要变更的事项即可。

8. 马德里商标国际注册续展

（1）含义

马德里商标国际注册的有效期满后，如想继续使用的，应办理续展。《马德里协定》和《马德里议定书》规定，国际注册商标的有效期为 10 年。在有效期届满之前 6 个月，国际局将非正式地通知商标注册人有关续展事宜，包括有效期届满日期。如果注册人未能在有效期届满日前申请续展，国际局会给予 6 个月的宽展期。在宽展期内仍未申请续展的，国际局将注销该国际注册。在上述期限内申请的，商标国际注册有效期得以续展 10 年。

（2）申请材料

① 马德里商标国际注册续展申请书；

② 外文申请书（MM11）；

③ 委托代理人的，应附送代理委托书。

（3）注意事项

续展申请可通过商标局办理，或直接向 WIPO 国际局申请办理，或在 WIPO 网站上（www.wipo.int）使用 E-renewal 工具进行在线续展。

9. 马德里商标国际注册指定代理人

（1）含义

马德里商标国际注册注册人如需委托新的代理人，可办理指定代理人申请。

（2）申请材料

① 马德里商标国际注册指定代理人申请书；

② 外文申请书（MM12）；

③ 商标代理委托书。

（3）注意事项

此业务可直接向 WIPO 国际局申请办理或通过商标局转递国际局。

申请人须通过在商标局备案的商标代理机构办理。

备案代理机构总名单：wssq.saic.gov.cn：9080/tmsve/agentInfo－getAgentDliq.xhtml。

10. 国际注册转为国家注册

（1）国际注册转为国家注册的含义

根据《马德里议定书》第 9 条之五和《共同实施细则》第 22 条的规定，将一项国际注册转为国家注册申请，是指自国际注册之日起 5 年内，由于基础申请或基础注册被全部或部分驳回、过期、放弃、注销或无效，原属局向国际局申请撤销该项国际注册所列的全部或部分商品和服务，原国际注册的申请人向其国际注册曾有效的某缔约方主管局提交同一商标的注册申请时，该申请应以其国际注册日或后期指定日为申请日期，并且如果该项国际注册曾享有优先权，此申请亦应享有同样的优先权，条件是：

① 此申请于国际注册被撤销之日起3个月内提交；

② 申请中所列商品和服务实际包括在国际注册的商品和服务中；

③ 申请符合所适用法律的一切规定，包括费用的规定。

（2）国际注册转为国家注册申请的手续

① 申请人应通过代理组织向商标局提出申请。

② 申请书交至商标局受理大厅。

③ 国际注册转为国家注册申请的，按照国内商标注册标准收取规费。

④ 申请材料：

（ⅰ）国际注册转为国家注册申请申请书；

（ⅱ）代理委托书；

（ⅲ）商标注册申请书（同国内申请）；

（ⅳ）国际注销通知书复印件。

（三）国际异议

根据我国《商标法》及《商标法实施条例》的有关规定，对指定中国的领土延伸申请，自WIPO《国际商标公告》出版的次月1日起3个月内，符合《商标法》第33条规定条件的异议人可以向商标局提出异议申请。

如果异议申请人是国内企业法人或者自然人，可以直接或通过商标代理机构向商标局提交异议申请。如果异议申请人是国外的企业或者自然人，则必须委托依法设立的商标代理机构办理。

1. 国际异议申请所需材料

①马德里商标国际注册异议申请书；

②国际注册公告复印件；

③异议理由和证据材料；

④委托代理人的，应附送代理委托书。

2. 国际异议收费标准

商标异议按类别收费，每个类别500元。

3. 国际异议受理机构

国家知识产权局商标局

联系地址：北京市西城区茶马南街1号审协中心收文科

邮编：100055

4. 异议答辩

商标局在驳回期限内将异议申请的有关情况以驳回决定的形式通知国际局。

被异议人可以自收到国际局转发的驳回通知书之日起30日内进行答辩，答辩书及相关证据材料应当通过依法设立的商标代理机构向商标局提交。

5. 注意事项

① 若异议人为外国自然人或法人，则异议人名称及地址需用外文填写。

② 若被异议商标为共同申请的商标，被异议人名称/地址必须填写代表人的名称/地址。

（四）其他国际注册

国际注册除马德里注册外，最常见的为逐一国家注册。除此以外，还有中国港澳台地区注册以及欧盟商标注册、非知商标注册。以下将一一进行介绍。

1. 逐一国家注册

众所周知，在商标的国际注册方面，最常见的方式即马德里国际注册与逐一国家注册。

（1）逐一国家注册的含义

逐一国家注册，即某国企业或个人到国外一个国家一个国家逐一办理商标注册。一般体现为到非《马德里协定》缔约国进行商标注册，如到日本、美国等国进行注册。

（2）逐一国家注册的特点

逐一国家注册的商标不以在中国已经申请或注册为条件。但是，有以下情形之一的，必须采取单一国家注册：

① 在非马德里成员国的国家注册；

② 缺乏国内商标基础；

③ 申请主体的资格符合马德里要求。

（3）逐一国家注册申请人需要提供的基本资料

① 申请人的名称、地址（在合同中写明其名称及地址的中英文表述）；

② 商品/服务的国际分类及指定使用的商品/服务清单等信息（适用国内商标的类似商品与服务确认单，但填写内容上略有不同）；

③ 申请人的身份证明复印件（个人：身份证；企业：营业执照副本）；

④ 清晰的商标图样电子版（JPG 格式；如果是彩色商标，请提供 10 张书面的彩色商标图样，规格为 8cm×8cm）；

⑤ 代理委托书（视具体国家情况而定，委托书格式与国内商标注册所用的委托书不同）。

（4）逐一国家注册与马德里注册的比较

以下将从手续的办理、费用、时间、保护范围等方面对马德里注册与逐一国家注册这两种方式进行一些介绍与比较（见表4.6）。

表 4.6　马德里注册与逐一国家注册的比较

	马德里注册	逐一国家注册	备注
手续	手续相对简单（没有代理人的情况） 商标申请人可仅通过向主管局提交一份申请而在多个被指定国同时获得商标保护，申请手续比较简单	相对烦琐一些 逐一国家注册一般都是委托一些具有涉外经验的事务所，因此对申请人来讲也并不复杂了	马德里注册更优
费用	费用相对较低 费用包括基础注册费、指定国家的费用、本国商标主管机关的费用；代理费（委托时）。 国际注册申请人可以在一份申请中指定一个或者多个成员国要求对其申请商标进行保护，无论指定一个成员国还是指定全部成员国，商标国际注册申请人均只须缴纳一份基础注册费，因此，指定的国家越多越合算	费用较高 在批量注册的情况下，通过马德里体系注册其费用要比逐一国家注册低一半以上。少数国家进行注册，其公证、认证费用偏高，如阿联酋公证、认证程序需要 8500 元人民币，但是大多数需要公证、认证的国家其费用都不超过 1000 元人民币	

续表

	马德里注册	逐一国家注册	备注
时间	**需时相对较短** 申请人从向商标局提交商标注册申请书之日起，一般在6个月左右即可取得WIPO国际局颁发的商标国际注册证明，其上载明商标的国际注册号和国际注册日。当然，该商标国际注册证明只是表明国际局收到了国际注册申请。 从国际注册日起，如果被指定国在规定的期限内（依照《马德里协定》为12个月，依照《马德里议定书》为18个月）没有向国际局发出驳回通知，该商标将在该指定国自动得到保护	**有些国家比较费时** 逐一国家注册要费时得多。如印度注册需要4年左右，巴西注册需要3年，菲律宾大致也需要3年的时间。不过，在有些国家申请注册在1年内就可以取得注册证，如瑞士、新加坡、德国、法国等	马德里注册更优
保护范围	**不利于扩大保护** 通过马德里体系申请商标必须保持商标、指定商品与原属国商标完全一致，商品的选择有很大的局限性，不利于品牌保护，对企业在海外的多元化发展也非常不利	**申请灵活** 不需要原属国的注册基础，因此指定何种商品或服务项目比较自由	
维权	**证书没有效力** 虽然很快就能公告并取得官方证书，但是这种公告和证书相当于国内的受理通知书，仅能够证明商标已经通过马德里体系申请过，是否受到各国保护则需要各国各指定国家颁发的商标注册证。 如果需要得到注册证明，则必须向该指定国家的主管机关提出申请，而此项业务也不可避免的需要由当国代理组织办理（企业往往会因为缺乏有效证明而不能及时处理海外的侵权行为）	**维权方便** 逐一国家注册一般都是通过当国知识产权事务所或者律师事务所进行，注册成功后不仅能够得到该国官方核发的注册证，遇到侵权问题能够及时出具专用权证明，避免损失扩大。 另外，该事务所也会对此商标进行一定关注，有侵权或他人恶意注册等问题出现时能够及时发现及时处理	逐一国家注册更优

续表

	马德里注册	逐一国家注册	备注
权利的稳定性	权利不稳定 　　马德里申请5年内，其在原属国的商标基础如被撤销或宣布无效，或其基础申请被驳回，则整个马德里申请失效。特别是通过《马德里议定书》申请国际注册，有更大的潜在风险	权利相对稳定 　　商标在哪国申请便受到哪国商标相关法律管辖，除权利人严重违反该国商标法律外，商标专用权会在有效期内保持稳定。 　　此外，注册商标有效期临近届满时，代理事务所一般会提醒申请人续展，这是通过马德里注册所不能实现的	逐一国家注册更优
风险性	后期跟踪困难 　　如果商标被指定国家驳回或者要求补正或者被异议，国际局则只会进行通知，具体事务还要委托事务所进行办理，且答复官方驳回、补正以及异议答辩都有时间限制。因此一旦遭遇上述情况，则不单纯涉及费用的问题，更有可能因一时找不到合适的事务所回复官方意见而导致申请无效。 　　此外，马德里国际注册进入续展期时，国际局没有提醒义务，申请人如没有及时进行续展则会导致整个马德里注册失效	风险相对较小 　　一般注册前会在该国进行事先查询，申请人可以清楚地知道自身商标是否在该国遭到抢注，商标会有何种申请结果，在该国使用该商标是否会涉及侵权等问题	
优先权	根据《巴黎公约》，任何一个《巴黎公约》成员国的企业在原属国申请商标6个月内又在其他国家申请商标注册的可以享有优先权，而商标局仅仅是下发《受理通知书》就需要6个月左右的时间，因此很多大企业因担心商标遭到抢注而不愿选择马德里注册		

续表

	马德里注册	逐一国家注册	备注
注册范围	**注册范围有限** 马德里体系目前有 102 个成员，但尚有包括加拿大在内的许多国家不在此列	**注册范围广泛** 全球 200 个左右的国家和地区都可以进行逐一国家注册	逐一国家注册更优
查询	**不能进行有效查询** 仅能够查到马德里体系中已经申请过的商标，而不能进行各指定国的查询，查询结果不能达到全面有效。 申请人对后期可能面临的风险全然不知。由于这种原因被诉侵权的事件也时有发生	**可进行全面有效的查询**	
总结	有其优势，顺利申请的情况下能够节省时间和费用，较适于批量的国家申请。 比较适合产品主要投放在欧洲的企业以及中小企业保护自有品牌之用	灵活、安全，同时能够进行更有效的后期关注。 比较适合大型企业或者对维权要求比较高的企业或者没有原属国的注册，申请却急需在海外使用商标的企业	

2. 中国香港商标注册简介

在一国两制下，中国香港有其独立的法律体系及制度，对于知识产权的保护也是如此。由于商标的地域性，在中国内地获得注册的商标并不当然地在中国香港得到保护。因此，在中国香港申请商标，只能选择逐一注册的方式。

申请注册中国香港商标所需文件：

① 申请人是企业，提供营业执照副本复印件；申请人是个人，提供身份证复印件；

② 申请信息（申请人的名称、地址、国籍、商品类别、商品名称）；

③ 申请商标的图样。

3. 中国台湾商标注册简介

申请所需资料：

① 申请人的名称、地址（中文即可）；

② 商品/服务的国际分类及指定使用的商品/服务清单等信息；

③ 申请人的身份证明复印件（个人：身份证；企业：营业执照副本）；

④ 清晰的商标图样电子版（JPG 格式；如果是彩色商标，请提供 10 张书面的商标图样，规格为 8cm×8cm）；

⑤ 代理委托书；

⑥ 宣誓书。

4. 中国澳门商标注册简介

与在中国香港申请商标类似，获得澳门特别行政区的商标保护也只能选择逐一注册的方式。

申请所需资料：

① 申请人的名称、地址（中文即可）；

② 商品/服务的国际分类及指定使用的商品/服务清单等信息（适用国内商标的类似商品与服务确认单，但填写内容上略有不同）；

③ 申请人的身份证明复印件（个人：身份证；企业：营业执照副本）；

④ 清晰的商标图样电子版（JPG 格式；如果是彩色商标，请提供 10 张书面的商标图样，规格为 8cm×8cm）；

⑤ 代理委托书（需要办理公证）。

5. 欧盟商标注册简介（英文简称 EUTM）

申请人可以向位于西班牙阿里根特市的欧盟知识产权局（EVIPO）申请注册商标，经核准注册后可在欧盟各成员国受到保护，不需再向每个国家分别申请。欧洲联盟 28 个国家：英国、德国、比利时、卢森堡、丹麦、瑞典、法国、意大利、芬兰、希腊、奥地利、荷兰、西班牙、葡萄牙、爱尔兰、塞浦路斯、捷克、匈牙利、拉脱维亚、立陶宛、罗马尼亚、爱莎尼亚、马耳他、波兰、斯洛伐克、斯洛文尼亚、克罗地亚、保加利亚。

欧盟注册属双重保护原则，欧盟商标不取代国家商标，国家商标与国际商标一样继续存在。这一原则我们可以通过以下的例子来理解：

如果一个申请人欧盟申请注册商标被驳回，申请人可以在 3 个月内将欧盟商标转换为在一个或几个国家的商标申请，其原申请日及优先权日同样享受。

欧盟商标申请在欧盟内部公告期间，欧盟国家的在先权利人可以提出异议，如果某国家在先权利人在知道的情况下容忍在后的欧盟商标连续使用 5 年，就丧失了提出无效或反对使用的权利，两个商标共存，在同一地域内将会有两个不同的商标权人。

欧盟注册对申请语言没有限制，可使用任一欧盟成员国的语言。但申请人在申请的同时须在英语、法语、德语、意大利语和西班牙语中指定一种语言，作为他人异议、撤销或无效的语言。

(1) 注册程序

① 任何希望在欧盟得到商标保护的自然人或法人均可以向欧盟知识产权局申请商标注册，然而，非欧洲国家的申请人必须委托欧洲国家的代理人提交欧盟商标申请；

② 欧盟知识产权局收到申请后，对认为符合条件的商标即予以受理，给予申请日和申请号；

③ 受理后，该局进行在先商标检索，同时将申请书递交各成员国进行在先商标检索，各成员国在3个月内将检索报告送交欧盟知识产权局；

④ 欧盟知识产权局收到这些检索报告后连同本局的检索报告提供给申请人参考；

⑤ 如果申请被初步接受注册，自公告之日3个月为异议期，没有异议或异议不成立的，商标予以注册。

(2) 补救措施

如果商标申请被欧盟知识产权局裁定驳回（包括因成员国有人提出异议而导致欧盟商标申请被驳回），申请人或者其代理人可以向欧盟商标复审委员会申请复审，在有理由认为欧盟商标复审委员会的复审裁定违反《罗马条约》或《欧盟商标条例》的情况下，还可以向位于卢森堡的欧洲法庭上诉。

6. 非洲知识产权组织成员国注册（以下简称"非知注册"）

(1) 含义

非洲知识产权组织在喀麦隆共和国的雅温得设有知识产权办公室，统管各成员国的商标事务，商标经核准后在所有成员国受法律保护。非洲知识产权组织成员国有17个：贝宁、布基纳法索、喀麦隆、中非共和国、乍得、刚果、加蓬、几内亚、几内亚比绍、科特迪瓦、马里、毛里塔尼亚、尼日尔、塞内加尔、多哥、赤道几内亚、科摩罗。

非洲知识产权组织成员国均系原法国殖民地，因此非知注册指定使用的语言为法语。

非洲知识产权组织成员国在商标领域内完全受非洲知识产权组织的约束，没有各自独立的商标制度。

(2) 注册程序

① 如果申请人不是非洲知识产权组织成员国的国民，其商标申请必须

向非洲知识产权组织提出，并可授权一名当地居民代理。

② 申请受理后，注册官根据有关部门规定对申请进行形式审查，实质审查。

③ 申请若通过形式审查和实质审查，即被核准注册。注册后的商标应在官方公报上予以公告。公告期为6个月。没有异议或者异议不成立，商标予以注册。

（3）补救措施

审查官在形式审查和实质审查期间，如果要驳回申请，必须在听取申请人或代理人的答辩之后方能决定，所以申请人可以利用此答辩机会。

如果有人在异议期内对公告商标提出异议，申请人也可以作出答辩，供审查官听取。

如果申请人对异议决定不服，还可以向法院起诉。

参考文献

[1] 世界知识产权组织网站（http：//www.wipo.int）.
[2] 国家知识产权局商标局网站（http：//sbj.saic.gov.cn/）.

第五章 国际工业品外观设计体系

一、工业品外观设计保护制度概述

(一) 外观设计含义及保护制度沿革

人类设计活动的历史大体可以分为三个阶段:设计的萌芽阶段、手工艺设计阶段和工业设计阶段。设计的历史应追溯到人类社会产生之初,在掌握了语言和劳动技能后人类便开始了改造自然的活动。在旧石器时代,为了生存,人们从石块、泥巴、竹木、兽骨等自然材料中取材,用以制造工具、搭建居所,手法虽简陋,但却是运用智慧进行创造性劳动的开端,设计的意识已经在原始劳动中萌芽。随着人类对火和磨制技术、钻孔技术的掌握,在进入新石器时代后出现了第一次社会大分工,畜牧业从农业中分离,石制农业工具和狩猎工具等基本生产工具被广泛制造,制陶技术和纺织技术开始发展。人类在用以蒸煮食物、盛装饮水的陶器皿上绘制装饰纹样,是将审美情趣与实用物品相结合的开端。

在进入手工业时代后,随着第二次社会大分工的进程,手工业成为独立的行业,建筑、手工艺、服饰等设计性行业独立发展并逐渐完善起来,创造了辉煌的手工业文明。古埃及、古希腊、古罗马等除了在建筑方面的璀璨文明,制陶技术、机械设计等方面的成绩也引人瞩目,古罗马著名建筑师维特鲁威的《建筑十书》总结了罗马人的建筑技术,是西方设计实务第一部有系统的完整著作,而在该书中还记载了牵引机、扬水机、弩炮和各种工程机械的设计内容。古代中国在青铜器制造、丝织和丝绸技术、建筑和家具设计以及机械设计等方面也创造了璀璨的文明,春秋战国时期的《考工记》是中国第一部汇总了手工业技术规范的书。

我们今天所称的工业品外观设计或工业设计,实际上指的是18世纪工业革命之后的现代设计,在以瓦特蒸汽机和珍妮纺纱机的发明为开端的工业革命中,机器替代手工,实现了设计过程和制造过程的分离,设计逐渐作为一个独立的行业出现,开始了真正意义上的现代设计的进程。早期的机器制造产品仅以实用和功能性为目的，外形粗糙简陋，而手工艺仍然以手工为上层人士提供精美甚至过分装饰的手工艺品。在19世纪下半叶，现代设计史的先驱人物威廉·莫里斯发动了一场工艺美术运动，提出了"美与技术结合"的原则，"不要在你家里放一件虽然你认为有用，但是你认为并不美的东西"，开启了功能与美结合的设计思潮，以挖掘商品与使用者之间除了单纯使用之外的另一种新的关系，以产品中蕴含的美学来提高产品品质，提高使用悦感，进而引导消费习惯。19世纪末一场名为"新艺术"的设计运动在欧洲兴起，设计师力图以从自然界中抽象出的形式代替程式化的古典装饰。1900年以来，以颂扬机器产品、强调几何构图为特征的未来主义、风格派和构成主义等现代艺术流派兴起，机器美学作为一种时代风格应运而生。1919年德国包豪斯设计学校确立了现代设计教育的体系，经过了20世纪50年代的功能主义和国际主义风格，再到20世纪60年代的波普设计及20世纪80年代的后现代设计，以及今天所提倡的绿色设计、生态设计等，现代设计已发展成为一门交叉性的学科。工业设计综合了文化艺术、工程技术、社会学、心理学、市场学、管理学、环保等内容，具有明显的综合性、跨学科的特征。

对于外观设计，WIPO官方网站上给出的定义是："工业品外观设计是指物品的装饰性或美学特征。外观设计可以是立体特征，如物品的形状或外表，也可以是平面特征，如图案、线条或颜色。"工业品外观设计广泛应用于工业和手工艺产品各方面，其保护的是工业品外观设计在美学上的特征，而不保护其所用于的物品的任何技术性特征。

中国《专利法》第2条第4款中对外观设计作出了定义："专利法所称的外观设计，是指对产品的形状、图案或者其结合以及色彩与形状、图案的结合所作出的富有美感并适于工业应用的新设计。"

各国对外观设计进行专门保护的立法时间并不相同，其后的修改历程和修改背景也不尽相同。《巴黎公约》和TRIPS对于成员国或者缔约方以何种方式保护以及保护期限，却未作具体要求。各国根据本国的经济发展水平作出了不同的选择，有的国家和地区采用为外观设计单独立法的形式（日本、韩国、欧盟），有的国家则将其与专利或著作权等法律相结合，其外观设计的保护期限也不相同。

中国《专利法》于1984年3月12日由第六届全国人民代表大会常务委员会第四次会议通过，1985年4月1日开始实施，对鼓励发明创造、促进我国科技进步和经济发展以及对外科技交流和经贸往来，发挥了积极的、重要的作用。

在现代知识产权理念引入国门后，1979年3月19日原国家科学技术委员会正式组建《专利法》起草小组，历时5年，经过25稿，出台了我国的《专利法》。1985年实施的《专利法》中有关外观设计的规定是在博采各国之长（特别借鉴了《日本外观设计法》）、履行已加入国际条约义务、适合中国特点的原则下制定的。在1983年11月第六届全国人大常委会审议《专利法（草案）》的过程中，曾有人对是否搞三种专利提出过质疑，"外观设计没有什么突出的经济效益，同发明一样给以保护有无必要？"原中国专利局上海分局针对这一问题专门在上海当地进行了调查，写出了《关于法律保护外观设计必要性的调查》，表达了轻工、手工、纺织和外贸等单位希望对外观设计提供法律保护的强烈愿望。1984年3月第六届全国人大常委会第四次会议，对搞几种专利座谈会上，坚持在现行《专利法》中规定发明、实用新型和外观设计三种专利的专家的理由主要有以下几点。

① 有利于鼓励群众的发明创造。

② 有利于增加工业品的花色、品种。有了实用新型和外观设计专利，别人就不能随便仿制了，这就会促使企业改变产品"多年一贯"的状况，增加花色品种，丰富人民生活，扩大产品出口。

③ 有利于科技成果的推广。

④ 有利于我国将来参加巴黎联盟。

经各方权衡和反复讨论后，在我国的《专利法》中最终形成了发明、实用新型和外观设计三种专利并行的体系架构。

中国的外观设计保护制度创立至今不到40年的时间，与世界上较早确立外观设计知识产权保护制度、具有上百年外观设计保护历史的国家相比，时间虽然短暂，但发展的速度和成熟的程度令世人瞩目。至今，中国《专利法》已经经过三次修改。

（二）外观设计专利制度的作用

外观设计专利制度的作用，应当主要有以下几个方面：一是有效地保护外观设计，设计人将其设计申请专利，国家知识产权局专利局依法将其向社会公开，授予专利权，给予设计人在一定期限内对其设计的独占权，把设计作为一种财产权予以法律保护，防止他人侵占；二是可以鼓励公民、法人的积极性，充分发挥全民族的聪明才智，促进国家设计能力和产业的迅速发展；三是有利于外观设计的推广应用，促进先进的设计应用到实践生产中去，促进国民经济的发展，获取经济利益；四是可以促进外观设计向全社会的公开与传播，避免对相同样式设计的重复开发，有利于促进外观设计技术的不断发展。

实际案例中，外观设计专利制度发挥着不可忽视的作用。比如杭州中艺公司在中国、欧盟、美国、澳大利亚、新西兰均申请了"天鹅"吧台椅专利。自投放市场后，该吧台椅销售41万件，创汇超过730万美元。该公司先后在全球启动了30余件侵权诉讼案件，其中中国30件、英国1件、法国1件、德国1件。凭借该专利，2009年，该公司制止了英国Febland Group Limited公司在其官方网站上许诺销售侵权产品的行为；2010年，制止了法国Alspapan及Sas公司在其官方网站上许诺销售侵权产品的行为。

再有，宁波赛嘉2010年10月在中国申请了口红型"便携式声波电动牙刷"外观设计专利，并远销日本，在日本销售火爆。2011年6月日本一家企业告其侵权。在诉讼中，其凭借中国的专利和牙刷的原始设计文件，成功证明自己才是原设计人，日本公司系仿造后以其名义在日本申请了该产品的外观设计专利，是一种仿冒行为。此案例说明企业应及时在产品销售地申请外观设计专利。

2012年，宇通的外观设计专利"客车（f）"（专利号：ZL03336167.3）将"笑脸"融入客车设计中，荣获首个中国外观设计专利金奖。宇通以该外观设计专利为基础，开发7个产品系列、50多个细分产品，2003年至今，该造型系列的产品累计销售超过3.2万台，除中国外，还远销东南亚、中东、欧洲、南美洲等地的50余个国家和地区，累计销售额达到100多亿元人民币，创造利润10多亿元。

2006年，尼欧普兰公司向一中院起诉中威、中大公司销售的A9系列客车侵犯其外观设计专利权。一审法院判决中威、中大公司立即停止制造、销售相关车型，并赔偿尼欧普兰公司经济损失2000万元。此案因一审判决赔偿数额巨大被称为"客车侵权第一案"，且被评为"2009年中国十大案件"。案件结果是：中威、中大公司反诉尼欧普兰公司的外观设计专利权无效，一审判决被撤销。

（三）各国家和地区外观设计制度比较

1. 保护制度

无论是否单独立法、也无论立法早晚，各国家和地区在外观设计申请和保护方面都采用了一些通行的制度。例如，各国家和地区都采用了"禁止重复授权制度""国外优先权制度""不丧失新颖性宽限期制度""分案申请制度"和"无效宣告请求制度"等。

某些通行制度的具体规定，由于总体思想一致，虽然存在些许差异，但主要是形式或者程序上的差异。例如，各国家和地区的国外优先权制度均给予申请人最长6个月的优先权期限，但对于提出优先权的书面申请的时间，中国和韩国要求在提交申请时提出书面申请，在美国则申请处于未决定的状态、且在申请的实际申请日4个月内提出或者外国申请日的6个月内提出即可；对于在先申请文本副本的提交期限，中国和韩国要求在提交申请后3个月内提交，美国要求在专利授权之前提交。

各国家和地区在某些通行制度的具体规定上，则存在较大差异，反映了各国家和地区的不同思路。例如，各国家和地区均设立了"不丧失新颖性宽限期制度"，即在外观设计申请日前特定时间内特定方式的公开不破坏该外观设计的新颖性。对于期限和公开的方式，各国家和地区存在很大差异。例如，中国的不丧失新颖性的公开方式不包括设计人对外观设计的公开，其他各国家和地区则规定设计人对外观设计的公开不影响新颖性。

除上述通行制度外，各国和地区还根据本国和地区情况采取了一些特色制度。例如，美国、日本、韩国和欧盟知识产权局都采用了"部分外观设计保护制度"，韩国和欧盟知识产权局采用了"复数外观设计申请制度"，美国采用了"先发明制度"，欧盟知识产权局采用了"展会优先权制度"和"保护设计的制度"。对于某些特色制度，虽然各国采用了类似的称谓，但其存在本质区别，例如"成套产品外观设计申请制度"（见表5.1）。

表 5.1　各国家和地区外观设计申请制度对比

	中国	美国	日本	韩国	欧盟
先发明/先申请制度	先申请	先发明	先申请	先申请	先申请
保护设计/产品设计的制度	保护产品设计	保护产品设计	保护产品设计	保护产品设计	保护设计
合案申请制度	√成套/相似设计			√（复数）	√（复数）
关联/类似外观设计申请制度			√（关联）	√（类似）	
成套产品作为一项外观设计			√	√	√
部分外观设计保护制度		√	√	√	√

续表

	中国	美国	日本	韩国	欧盟
重新确定申请日制度			√	√	√
申请转换制度			√	√	
申请公开制度				√实审申请	
保密外观设计申请制度			√	√	
延迟公布制度					√
异议制度				√无审查申请	
专利权评价报告制度	√				

2. 审查模式

各国家和地区主管局对外观设计申请采用不同的基本审查模式，有的采用初步审查制，有的采用实质审查制，有的采用登记制，还有的主管局同时采用无审查和实质审查两种模式。在基本审查模式之外，各主管局还普遍对有特殊需求的申请给予加快审查的优待。

中国国家知识产权局专利局对外观设计专利申请进行初步审查，初步审查过程中一般不进行检索。

中国的初步审查对申请文件特别是视图的形式审查非常严格，例如，审查员会对视图的比例不一致、视图投影关系不对应等缺陷发出补正通知书；中国的初步审查还包括对申请是否存在明显的实质性缺陷的审查，例如，审查提出专利申请的外观设计是否明显属于现有设计。

美国专利商标局对外观设计专利申请按领域实行实质审查，实质审查的重要环节是进行检索。美国的实质审查不但审查申请文件是否存在形式缺陷，还要审查外观设计是否具有新颖性和非显而易见性等。

在实质审查过程中，美国对申请文件的形式要求较高，审查员会根据审查指南的规定对申请文件存在的一些形式缺陷发出通知书，例如，当申请人未采用阴影线表达产品的凹凸转折时，审查员会要求申请人补足。此外，美国还有加快审查程序。

与美国专利商标局相同，日本特许厅也对外观设计申请按领域实行实质审查，审查周期相对也较长，日本发出一通的期限在2009年已经为6~7个月。

日本虽然对视图的形式要求很高，但在实质审查过程中，审查员一般不会对视图存在的形式缺陷发出通知书,即使是存在视图不对应的缺陷,也会按照错误的视图授权。在后续程序中都会采用善意推断的原则,一般不会因视图缺陷产生纠纷。

对于流行产品而言,日本的实质审查周期太长,所以,1987年日本开始实施优先审查。优先审查一般在3.5月内完成。如果出现假冒,该外观设计申请可以更为优先地进行审查,一般在1个月内完成审查。

韩国知识产权局按照申请的类型采用不同的审查方式——实质审查和无审查,二者专利权效力相同。韩国的实质审查与美国和日本相似,在此不赘述。外观设计"无审查"是1998年3月1日韩国修改外观设计法时增加的审查模式。审查员仅进行形式上的审查及是否扰乱公共秩序或道德的审查。在申请人缴纳登记费后,韩国知识产权局在无审查(非实质性审查)系统下的外观设计公报上公开注册申请内容。审查周期(从申请到授权)一般需要2~3个月。

尽管韩国的外观设计已经有了满足不同社会需求的实质审查和无审查两种模式,而且无审查的审查周期一般为2~3个月,但韩国的外观设计法还规定了优先审查模式。在申请人提出优先审查请求后,审查员需要在10天内作出是否给予优先审查的决定,在45天内开始进行审查。因此,自申请人提出优先审查请求开始,最快可以在2个月内得到第一次审查通知书。

欧盟知识产权局对外观设计申请采用登记制,不但不进行检索,对请求书、视图等的审查标准比其他国家都低。尽管欧盟知识产权局已经有了令人惊叹的注册登记速度,其仍然为有特别需求的申请人设置了"快速通道"。目前欧盟知识产权局30%的外观设计申请通过"快速通道"审查,并在10日内公开。

3. 保护客体

由于外观设计与技术的发展、美学存在着密切的关系,而且各国家和地区在立法思想以及价值取向上存在着差异,因此各国家和地区的外观设计的保护客体不尽相同。外观设计的保护客体一般体现在外观设计的定义中,中国、美国、日本、韩国、欧盟的相关法律都对要求保护的外观设计进行了定义,同时都根据本国家和地区的实际情况对获得注册或者保护的外观设计作出了一些限定或排除。

中国《专利法》第2条第4款中对"外观设计"作出了定义:"专利法所称的外观设计,是指对产品的形状、图案或者其结合以及色彩与形状、图案的结合所作出的富有美感并适于工业应用的新设计"。

《专利审查指南2010》中对外观设计的具体含义作出了解释：外观设计是产品的外观设计，其载体应当是产品。不能重复生产的手工艺品、农产品、畜产品、自然物不能作为外观设计的载体。构成外观设计的是产品的外观设计要素或要素的结合，其中包括形状、图案或者其结合以及色彩与形状、图案的结合。产品的色彩不能独立构成外观设计，除非产品色彩变化的本身已形成一种图案。适于工业应用，是指该外观设计能应用于产业上并形成批量生产。富有美感，是指在判断是否属于外观设计专利权的保护客体时，关注的是产品的外观给人的视觉感受，而不是产品的功能特性或者技术效果。

《美国法典》第171条中规定了获得专利权的条件："就产品而发明（invent）的任何具有新颖性、独创性和装饰性的外观设计，其发明者可以依据本法的规定和要求获得专利。"外观设计的保护客体除要求新颖性和原创性外，还必须应用或体现于工业产品，且必须具有装饰性。定义中所称的"就产品而发明的任何具体新颖性、独创性和装饰性的外观设计"在司法实例中的解释至少包括三种设计：一种应用或体现于工业产品表面的装饰物、压痕、印刷或应用或体现于工业产品的图像（表面标记）的设计；一种应用或体现于工业产品的形状或布局的设计；前两种的结合。

《日本外观设计法》第2条中规定的"外观设计"的定义："外观设计是指关于物品（包含物品的部分）的形状、图案、色彩或其结合的，通过视觉引起美感的设计。其中物品的部分形状、图案或色彩或其结合包括用以显示该物品或用到了该物品的一体化物品的物品操作（限于操作该物品以发挥其功能而采取的状态）用途的图像。"通过"外观设计"的定义可知，构成外观设计的外观设计注册申请必须依托于物品，必须是物品自身的形态，必须诉诸视觉，必须通过视觉引起美感。

《韩国外观设计保护法》第2条中对"外观设计"进行了定义："外观设计是指对产品（包括产品的部分及字体）的形状、图案、色彩或者其结合所作出的，通过视觉产生美感的设计。""外观设计"的定义中包含了4个构成要件：产品性、形态性、视觉性、审美性。

欧盟《共同体外观设计保护条例》第3条对"外观设计"的定义进行了解释："外观设计是由线条、轮廓、色彩、形状、产品自身和/或其装饰物的纹理和/或材料等特征所产生的整个产品或者产品的一部分的外观。产品指任何工业产品或者手工业制品，包括装配复杂产品的零部件，包装、样式、图形符号和字体设计，但计算机程序除外。组件产品指由若干能被替代的组件组成的能够拆卸和重新组装的产品。"外观设计包含的范围广泛，根据上述的定义，任何手工产品、工业制品、图形符号、标志设计、字体设计等都属于外观设计。

各国在外观设计的定义之外，都对外观设计的保护客体进行了限定或排除。中国《专利法》中排除了违反法律、社会公德或者妨害公共利益的发明创造，除此之外排除了对平面印刷品的图案、色彩或者二者的结合作出的主要起标识作用的设计。

美国审查指南对违反公共道德的外观设计进行了排除。如果外观设计申请表达的主题会被任何种族、宗教、性别、民族或国家认为是违反公共道德的，包括歪曲、讽刺或描绘，则不属于合法的主题，根据美国专利法第171条将被驳回。

《日本外观设计法》中除新颖性和创造性的要求外，申请注册的外观设计必须是工业上可利用的外观设计。此外，《日本外观设计法》中对违反道德、与他人业务发生混淆以及功能限定的设计进行了排除。

《韩国外观设计保护法》中除新颖性和创造性的要求之外，申请注册的外观设计，必须适于工业应用。此外，《韩国外观设计保护法》中对使用韩国国旗等、违反道德、与他人业务产生混淆以及功能限定的设计进行了排除。

欧盟除对新颖性和独特性的要求外，《共同体外观设计保护条例》中规定了因道德因素的排除，同时对由技术功能和连接关系限定的外观设计作出了规定。《共同体外观设计保护条例》第9条规定了违背公共政策或者道德规则的外观设计不给予外观设计注册。虽然法律中没有解释公共政策和道德的具体含义，但判断的标准应符合欧盟地区范围内公众的伦理道德观念和行为准则。《共同体外观设计保护条例》第8条第1款规定，对于仅仅受其技术功能所限的产品外观特征，不能获得外观设计权的保护。除了上述仅受技术功能所限定的外观设计外，根据该条第2款的规定，对于如下外观设计特征也不能获得外观设计权的保护，即该外观特征必须以准确的形状、尺寸再现以便采用该外观设计或与该外观设计结合的产品能够被机械地连接到或容放到或靠接到另一产品上，使各自完成相应的功能。同时，该条第3款还规定，在满足《共同体外观设计保护条例》第4条（获得保护的条件）和第5条（新颖性）规定的前提下，某种用于在标准组件系统中进行多种组装或多个可互换产品连接的外观设计也可以得到保护。

4. 单一性等其他要求

另外，关于单一性要求方面，各国家和地区的规定也不相同。我国对于外观设计专利申请有单一性的要求，即一件外观设计专利申请应当限于一项外观设计。但有两种例外情形，同一产品两项以上的相似外观设计和同一类别并且成套出售或者使用的产品的两项以上的外观设计均可以合案申请。其他国家对外观设计申请也有类似的单一性要求，并且也规定了例外情形（例外情形对于某些国家可能并不恰当，但为描述方便，姑且统称为"例外情形"）。但各国家和地区对单一性和例外情形的要求，无论在实质还是形式方面都存在很大差异。

例如，同为包含一项外观设计的申请，在我国只能给予一个分类号（多用途产品除外），并且其权利保护范围仅限于该相同和相近种类的产品，即保护产品的外观设计；而欧盟则可以给予多个分类号，保护时更是不会局限于某个或者某几个类别，即保护的是外观设计而非产品的外观设计。

再如，形式上都是成套产品复数外观设计的申请，在中国，各产品的外观设计均可独立主张权利，也可以被部分无效；在日本成套产品复数外观设计的申请则被视为一项外观设计，类似我国的组件产品的申请。

各国家和地区均对必须提交的外观设计申请文件作出了明确规定，要求各不相同。此外，美国要求必须提交"誓言和声明"较为独特，日本和欧盟不强制要求提交相关说明，各国家和组织中，欧盟对于申请要件的要求最低。

5. 国际组织与国际公约/协定

与外观设计有关的国际公约主要有《巴黎公约》、TRIPS、《洛迦诺协定》、《海牙协定》。

《巴黎公约》是世界上第一个知识产权国际公约，也是成员国最广泛的保护工业产权的国际公约，于1883年3月20日在巴黎签订，于1884年7月7日生效。目前《巴黎公约》已拥有177个成员国。我国于1985年3月19日成为该公约的成员国。《巴黎公约》也是TRIPS明确规定的，要求全体WTO成员必须执行和遵守的知识产权国际公约之一。《巴黎公约》对于工业产权的保护对象专门作出了规定，具体列举了工业产权的范围，将专利、实用新型和外观设计作为工业产权的一部分加以规定。《巴黎公约》第5条之五规定外观设计在本联盟所有国家均应受到保护。

TRIPS是WTO于1994年4月15日签署的一项协议，是将知识产权纳入 WTO 保护体制的法律根据，是 GATT 乌拉圭回合中达成的涉及世界贸易的 28 项单独协议中有关知识产权保护的重要协议之一。它规定了各成员对知识产权的保护所应达到的基本标准。

TRIPS 第 25 条规定："各成员应规定对独立创作和具有新颖性或原创性的工业品外观设计给予保护。"获得工业品外观设计保护的条件有二，一是独立创作，二是具有新颖性或原创性。所谓新颖性或原创性，是指某外观设计与已知设计或已知设计特征的组合相比，有明显区别。各成员可以规定工业品外观设计的保护，不得延及主要由技术因素或功能因素构成的设计，成员没有义务将前述保护延伸到由技术因素或功能因素构成的外观设计。TRIPS 强调对纺织品外观设计保护的要求，成员可以选择以版权法或外观设计法保护外观设计，但要特别保证对纺织品本身关于对成本、审查或公布方面的要求，不至于不合理地损害其对外观设计取得保护的机会。工业品外观设计的权利内容和范围，包括制止第三方未经许可为商业目的的制造、销售或进口带有或体现有受保护设计的复制品或实质性复制品的物品。外观设计的保护期不少于 10 年。

在 TRIPS 对各项权利规定最低保护水平的同时，一般都准许各个成员对每种权利作出一定的限制。关于对工业品外观设计的限制，TRIPS 第 26 条第 2 款规定，WTO 各成员对工业品外观设计保护在顾及第三方合法利益前提下，并不与受保护的设计正常利用不合理的冲突和不合理地损害权利人的合法权益的，可以规定有限的例外规定。

《洛迦诺协定》是《巴黎公约》成员国为统一对工业品外观设计的分类标准，于 1968 年 10 月 8 日在瑞士洛迦诺签订。其规定了外观设计的国际分类法，制定了《国际外观设计分类表》，该分类表一般 5 年修订一次。截至 2018 年 4 月，该协定共有 55 个成员国，我国于 1996 年 9 月 19 日加入该协定，在我国出版的外观设计专利文献中公布洛迦诺国际分类号。加入该协定的成员国有公布洛迦诺分类号的义务，即必须在其外观设计保存或注册的官方文件上标注洛迦诺分类号，但是成员国同时还可以保留自己本国的分类体系。

一些国家和组织虽然未加入《洛迦诺协定》，但为增强与其他国家国际文献交流的通畅性，也采用了洛迦诺国际分类法。例如，WIPO 国际局、非洲知识产权组织、比荷卢知识产权组织（BOIP）和欧盟知识产权局也在注册簿和发行的公报采用《国际外观设计分类表》中的分类法。而美国、日本、韩国等国家采用自己本国独立的分类表进行分类。

《海牙协定》于 1925 年 11 月 6 日在海牙缔结，于 1928 年生效，并成立了"海牙联盟"。该协定为缔约方的外观设计设计人和注册人提供了一种程序简单的国际注册方式，即申请人通过向国际局提交注册申请然后在指定缔约国进行审查并获得保护。《海牙协定》的申请人可以通过直接向国际局提交申请或者向一个缔约的国家局或地方局提交申请并转交给国际局的形式，使用一种语言、缴纳一种货币而获得一个国际注册。

《海牙协定》自缔结后进行了多次修订，现已有 1934 年伦敦文本、1960 年海牙文本和 1999 年日内瓦文本三个不同的文本，其工作语言为英语、法语和西班牙语。目前《海牙协定》的缔约方共有 69 个，包括法国、德国、瑞士、西班牙、意大利、新加坡、埃及、匈牙利、罗马尼亚等，欧盟也加入了《海牙协定》。目前，我国还没有加入《海牙协定》。

（四）中国外观设计专利申请要求

申请外观设计专利的，申请文件应当包括：外观设计专利请求书、图片或者照片（要求保护色彩的，应当提交彩色图片或者照片）以及对该外观设计的简要说明，各一式两份。提交图片的，两份均应为图片，提交照片的，两份均应为照片，不得将图片与照片混用。

《专利法》第 2 条第 4 款："外观设计，是指对产品的形状、图案或者其结合以及色彩与形状、图案的结合所作出的富有美感并适于工业应用的新设计。"

《专利审查指南 2010》中对外观设计的具体含义作出了解释：外观设计是产品的外观设计，其载体应当是产品。不能重复生产的手工艺品、农产品、畜产品、自然物不能作为外观设计的载体。产品的形状、图案或者其结合以及色彩与形状、图案的结合。构成外观设计的是产品的外观设计要素或要素的结合，其中包括形状、图案或者其结合以及色彩与形状、图案的结合。产品的色彩不能独立构成外观设计，除非产品色彩变化的本身已形成一种图案。适于工业应用，是指该外观设计能应用于产业上并形成批量生产。富有美感，是指在判断是否属于外观设计专利权的保护客体时，关注的是产品的外观给人的视觉感受，而不是产品的功能特性或者技术效果。（《专利审查指南 2010》第 1 部分第 3 章第 7 条）

此外，中国《专利法》中排除了违反法律、社会公德或者妨害公共利益的发明创造，除此之外，排除了对平面印刷品的图案、色彩或者二者的结合作出的主要起标识作用的设计。

《专利法》第 5 条第 1 款规定："对违反法律、社会公德或者妨害公共利益的发明创造，不授予专利权。"其中，违反法律是指外观设计专利申请的内容违反了由全国人民代表大会或者全国人民代表大会常务委员会依照立法程序制定和颁布的法律。而社会公德，是指公众普遍认为是正当的、并被接受的伦理道德观念和行为准则。妨害公共利益，是指外观设计的实施或使用会给公众或社会造成危害，或者会使国家和社会的正常秩序受到影响。(《专利审查指南2010》第1部分第3章第6.1条)

同时，《专利法》第25条第1款第（6）项排除了对平面印刷品的图案、色彩或者二者的结合作出的主要起标识作用的设计："对平面印刷品的图案、色彩或者二者的结合作出的主要起标识作用的设计，不授予专利权。"其中，主要起标识作用是指所述外观设计的主要用途在于使公众识别所涉及的产品、服务的来源等。(《专利审查指南2010》第1部分第3章第6.2条)

此外，我国对于外观设计专利申请有单一性的要求，即一件外观设计专利申请应当限于一项外观设计。但有两种例外情形，同一产品两项以上的相似外观设计和同一类别并且成套出售或者使用的产品的两项以上的外观设计均可以合案申请。

中国外观设计专利申请的递交方式包括：直接递交或者邮寄纸件申请文件、通过网络电子客户端提交电子申请文件。

中国外观设计专利申请提交后，先进行分类，获得分类号的外观设计专利申请按序进入初步审查程序。

经初步审查没有发现驳回理由的，授予外观设计专利权，在申请人办理登记手续后进行登记和公告。若初步审查发现申请不符合《专利法》及其实施细则相关规定的，申请人可以进行修改；若修改未克服缺陷，则审查员可以驳回专利申请。

对于被驳回的外观设计专利申请，申请人可以向专利复审委员会提出复审请求，由专利复审委员会进行审查。

对于授予专利权的外观设计，任何人认为其不符合《专利法》相关规定的，可以请求专利复审委员会宣告该外观设计专利无效。

（五）我国外观设计的其他知识产权保护

由于外观设计兼具装饰性和实用性的特点，在知识产权中其在某些情况下还符合著作权、商标权的客体性质。

1. 外观设计的著作权保护

著作权是指作者对其创作的文学、艺术和科学技术作品所享有的专有权利，权利指向的客体是"作品"；而外观设计专利权的权利客体是对工业品的设计，二者的权利客体是不同的。《著作权法》第 3 条规定了其保护客体的范围，与外观设计相关的为第 3 项"美术、建筑作品"和第 7 项"工程设计图、产品设计图、地图、示意图等图形作品和模型作品"。在司法实践中，如果一项设计能同时符合《著作权法》和《专利法》中客体的定义，那么它就能受到著作权和专利权的双重保护。

(1) 实用艺术作品

实用艺术作品（Works of applied art）在 WIPO 编写的《著作权与邻接权法律词汇》中定义为：具有实际用途的艺术作品，而不论这种作品是手工艺品还是工业生产的产品，例如小装饰品、玩具、珠宝饰品、金银器具、家具、墙纸、装饰物、服装等。从定义分析，实用艺术作品是一种兼具实用性和艺术性的作品。

在我国 1990 年《著作权法》中规定："科学技术作品中应当由专利法、技术合同法等法律保护的，适用专利法、技术合同法等法律的规定。"这一规定的含义是，如果一项作品已经在《专利法》中予以保护，那么就应将其排除在《著作权法》的客体之外，而《专利法》中的外观设计通常都是"富有美感并适于工业应用的新设计"，即对应的是兼具实用性和艺术性的工业产品。根据 1990 年《著作权法》第 7 条的规定，认为我国当时的《著作权法》不对实用艺术作品进行保护。

但是，关于著作权保护的国际条约《伯尔尼公约》规定了其联盟成员国有对实用艺术作品进行保护的义务，且期限不应少于自作品完成之日起 25 年。1992 年 7 月 1 日，我国声明加入《伯尔尼公约》，为履行《伯尔尼公约》对实用艺术作品的保护义务，1992 年 9 月 25 日，国务院针对《伯尔尼公约》，发布实施了《实施国际著作权条约的规定》，其第 1 条明确规定："为实施国际著作权条约，保护外国作品著作权人的合法权益，制定本规定。"第 6 条规定："对外国实用艺术作品的保护期，为自该作品完成起 25 年。"该条中，明确对外国著作权人的实用艺术作品给予保护。但是，《实施国际著作权条约的规定》的对象仅为外国著作权人，因此有观点认为我国当时的《著作权法》对外国人实施的是"超国民待遇"，即仅对外国人的实用艺术作品进行著作权保护，而不保护本国人的实用艺术作品。2001 年修改的《著作权法》删除了原《著作权法》第 7 条的规定，即不再在我国的《著作权法》内排除对实用艺术作品的保护，至此实现了国内外权利人的权利对等。

因此，如果一项外观设计，比如花瓶，从《专利法》的角度，其可以作为一项工业品获得专利权的保护；从著作权的保护，其可以作为一项实用艺术品而获得《著作权法》的保护。且我国的法律没有规定享有著作权的作品由于应用于工业而著作权自动消失，因此其可获得专利权和著作权的双重保护。

（2）美术作品

美术作品是指绘画、书法、雕塑等以线条、色彩或者其他方式构成的具有审美意义的平面或者立体的造型艺术作品。美术作品包括纯美术作品和具有实用性的美术作品。

纯美术作品是指仅能够供人们观赏的独立的艺术作品，比如油画、水彩画等。其仅作为可观赏的艺术品，而无其他实用功能。《专利审查指南2010》已明确排除了对纯美术作品的保护，因此在我国纯美术作品仅能受到著作权的保护。

美术作品中还有一类为具有实用性的美术作品。其与实用艺术作品的关系一般这样理解，如果是实用性和艺术性可分离的外观设计，那么可以将其中的艺术性部分作为美术作品予以保护。比如，一项地毯设计，那么地毯中的图案可以作为美术作品受到著作权的保护。如果是实用性和艺术性不可分离的外观设计，比如一个立体造型的香水瓶，因为美术作品的定义中包含有"立体的造型艺术作品"，因此其也可以受到著作权的保护。

在这里，一项外观设计如果以实用艺术作品主张权利，那么其法律依据应为国际条约即《伯尔尼公约》和我国《实施国际著作权条约的规定》；如果以美术作品主张权利，那么应以我国国内法即《著作权法》为法律依据；如果以外观设计专利主张权利，那么应该依据我国《专利法》的规定。寻求何种救济方式以及依据哪些法律寻求救济是原告的权利。

（3）建筑作品

建筑作品是指以建筑物或者构筑物形式表现的有审美意义的作品。建筑物属于著作权保护的客体，而且历史上建筑艺术一向被作为美术而受到崇尚，尽管建筑往往集审美与功能于一身，但人们习惯于将它归入美术或艺术的范畴。在《专利法》上，像活动房屋、活动报刊亭等都是可以申请外观设计专利的。但"取决于特定地理条件、不能重复再现的固定建筑物、桥梁等"，不给予外观设计专利保护，比如依山而建的山水别墅。

但建筑物受到著作权保护的，应在外观、装饰、设计等方面具备独创性，普遍使用的大众性建筑不具有排他性，不受《著作权法》的保护。

(4) 产品设计图、模型作品

根据《著作权法》的规定，当满足著作权的授权要件时，产品的设计图、产品的模型都可以自动享有著作权的保护，而同时，如果将完成的设计图、产品模型申请专利，也可以获得专利权的保护。

(5) 著作权的取得

我国《著作权法实施条例》第6条规定，著作权自作品创作完成之日起产生。这是著作权的"自动保护原则"，即著作权是作品完成时自动产生的，无须登记。作品一旦完成，无论是否出版，作者都享有著作权。

当然，不登记或不发表的著作权较难证明其形成时间，如果侵犯著作权的情形出现，则会使权利人举证困难。因此我国的著作权登记采取自愿原则，著作权人可以自主决定是否办理著作权登记手续。办理著作权登记主要是作为一个著作权产生日期的有力证据。外观设计专利与著作权的权利产生方式是完全不同的。外观设计专利权是经国家专利行政管理部门审查后授予的，权利自授权公告日生效。

(6) 取得著作权的实质性要件

《著作权法实施条例》第2条规定："著作权法所称作品，是指文学、艺术和科学领域内具有独创性并能以某种有形形式复制的智力成果。"因此，能够取得著作权的作品的实质性要件是具有"独创性"和"可复制性"。独创性的含义有二：

① 作品是作者独立完成的，而不是抄袭或剽窃他人的作品；

② 作品应表达出作者一定的思想和情感，独创性可以体现在作品的内容上，也可以体现在作品的表达方式上。

(7) 著作权的保护期限

《著作权法》将著作权分为人身权和财产权。对于人身权的保护，即作者的署名权、修改权、保护作品完整权的保护不受时间限制。

对于著作权中财产权的保护则有时间限制。我国《著作权法》规定，公民的作品，保护期为作者终生及其死后50年，法人或者其他组织的作品，保护期为50年，但作品自创作完成后50年内未发表的，不再保护。电影作品和以类似摄制电影的方法创作的作品、摄影作品，保护期限是50年，但作品自创作完成后50年内未发表的，不再保护。

著作权的保护期限要明显长于外观设计专利权的保护期限。

(8) 著作权的侵权判定

"接触加实质性相似"是著作权侵权判定的基本原则。接触，是指是否有接触作为著作权客体的作品的可能性,例如,有理由认为他人曾实际接触或获得过涉及的作品。《著作权法》并不保护作者在其作品中反映出的思想和观点,也不保护作者所提出的方法,更不保护作品中所反映的事实本身,而只保护作品的表现形式,因此是从作品的表达形式看两者是否实质性相似。

(9) 著作权保护与专利权保护的比较

《专利法》赋予了外观设计专利权人绝对排他权。从禁止重复授权的角度,如果他人独立创造设计了一项与专利权人的专利相同的外观设计,虽然并不是模仿或者抄袭专利权人的外观设计,但若专利权人的申请在先,那么在后独立创造的设计人就丧失了获得外观设计专利保护的机会。而从实施上说,未经专利权人许可,任何单位或个人都不得实施其专利。在专利制度中除非存在在先使用的情形,否则专利权的独占性和排他性就决定除专利权人以外的其他人不得擅自实施其专利。另外,外观设计专利的授权条件不是看设计过程是否独立完成,或者看是否是模仿他人的设计;而是与申请日前公开的外观设计(现有设计)相比较,只有与现有设计具有明显区别的才能获得外观设计专利权的保护。如果申请人自己在申请日之前公开了与申请专利的外观设计实质相同的外观设计,也会导致申请专利的外观设计不满足实质条件。仅就获权条件本身进行比较,外观设计的条件要更高一些。一般来说,与现有设计具有明显区别的一定是独创的,而独创的未必与以往的具有明显区别。

与专利权相比,著作权保护的排他性较弱,如果两个人分别独立创造并完成了相同或者相近似的外观设计,那么他们将各自享有著作权,且均不能排斥对方的实施。

在国际保护方面,根据《伯尔尼公约》规定的国民待遇原则,在一个成员国最初创作的作品,可自动在其他成员国享有著作权。而专利则具有较强的地域性特征,即专利权的授予由各国进行立法和审查,在一国生效的专利权仅在该国境内有效,而国际专利不存在。

2. 外观设计的商标权保护

(1) 受商标权法保护的外观设计

《商标法》第 8 条规定:"任何能够将自然人、法人或者其他组织的商品与他人的商品区别开的标志,包括文字、图形、字母、数字、三维标志、颜色组合和声音等,以及上述要素的组合,均可以作为商标申请注册。"因此,商标的构成要素是:文字、图形、字母、数字、三维标志、颜色和声音等。商标的作用在于区别不同的生产经营者的商品/服务或指示商品/服务的来源。

《专利法》中所称的外观设计，是指对产品的形状、图案或者其结合以及色彩与形状、图案的结合所作出的富有美感并适于工业应用的新设计。从构成要素上说，《专利法》中所称的外观设计与商标均可包含图形和色彩要素，当产品的外观设计也起到了标识性和指示性作用时，其就可以受到《商标法》的保护。

外观设计专利中有一类客体为平面标识类产品，例如瓶贴、标贴、包装袋等，该类产品的特点为其除起到装饰性作用外，一般还起到使公众通过该设计而识别其所涉及的产品、服务来源的标识性作用，在这一点上与商标的标识性重合。那么这类产品就产生了权利的竞合，即其同时符合了专利权和商标权的客体要求。为了避免在同一产品上过多的权利重叠，2008 年《专利法》第三次修改将主要起标识性作用的平面印刷品排除在专利权的保护客体之外，即明确了商标权和专利权之间关于此类客体的保护界面。主要起标识性作用的平面印刷品其主要目的还是在于指示商品或服务的来源，因此更适合《商标法》的保护。

另外，《商标法》在 2001 年修改时将注册商标的范围延伸到了立体商标，又称为三维商标。立体商标可以是商品本身的形状、商品的包装物或者其他三维标志。这就使外观设计专利中的立体产品如果达到了商标的"显著性特征"要求，也可以获得商标权的保护。立体商标最经典的例子就是"可口可乐"瓶子。1915 年可口可乐的弧形瓶问世，成为可口可乐的标志之一，1977 年获得美国专利商标局认可。显然，作为一种饮料包装瓶，其更多的是从美学、人体工程学的角度进行设计，申请外观设计专利保护无疑是最合适不过的。但这种瓶子在漫长的使用过程中获得了识别性，从 1915 年问世到 1977 年的 60 多年时间里，人们已经能够根据这个瓶子就知道它是可口可乐，因而其可以被核准商标注册。

（2）商标权的取得

商标权的取得方式以注册取得为主、驰名取得为辅，自愿注册为主、强制注册为辅。

核准注册是获得商标专用权的主要方式。经商标局核准注册的商标为注册商标，商标注册人享有商标专用权，受法律保护。这种注册方式一般是自愿式的，即自然人、法人或者其他组织认为需要对其生产、制造、加工、拣选、经销的商品，或者对其提供的服务项目，取得商标权保护，则主动向商标局申请商品商标注册或者服务商标注册。但是，对于某类产品，国家实行的是强制注册制，即国家规定必须使用注册商标的商品，必须申请商标注册，未经核准注册的，不得在市场上销售。这些特殊的商品包括卷烟、雪茄烟和有包装的烟丝等。

一般说来，商标需要向商标局正式提交申请，经过商标局的审批后才能获得注册。但是还有一类商标，即使没有提交正式的注册申请，但是经过商品的长期使用已经在市场上享有很高的声誉并且为相关公众所熟知，那么其也可以获得《商标法》保护，这就是驰名商标。

（3）取得商标权的实质性要件

《商标法》第9条规定，申请注册的商标，应当有显著特征，便于识别，并不得与他人在先取得的合法权利相冲突。通常我们认为本条规定的就是取得商标专用权的实质要件。注册商标的显著性是申请注册商标的必要条件，是指注册商标应能使人据此识别出不同的商品或者服务。

由此可见，外观设计与商标在获权实质条件上既有区别又有联系：区别在于二者的出发点不同，一个强调与现有设计的区别，另一个强调显著性；联系在于，与现有的具有明显区别的一般也是显著的，具有显著性。

另外，对立体商标而言，除具备显著性外，其还必须具备非功能性。《商标法》第12条规定："以三维标志申请注册商标的，仅由商品自身的性质产生的形状、为获得技术效果而需有的商品形状或者使商品具有实质性价值的形状，不得注册。"即立体商标排除了对产品内在功能和实用性特征的保护，如果一件产品的外观设计是功能性的，即使它具有了显著的识别性，也不能获得商标权的保护。

（4）商标权的保护期限

注册商标的有效期为10年，与外观设计的保护期限相同。但二者的期限起算日不同，注册商标自核准注册之日起计算，外观设计自申请日起算。

注册商标有效期满，需要继续使用的，应当在期满前6个月内申请续展注册；在此期间未能提出申请的，可以给予6个月的宽展期。宽展期满仍未提出申请的，注销其注册商标。每次续展注册的有效期为10年。而外观设计专利不能续展，期限届满即进入公有领域。

对于注册商标而言，连续3年停止使用的，由商标局撤销其注册商标。而外观设计是否实施并不影响其权利的有效性。

（5）商标权的侵权判定

如果申请注册的商标与他人在同一种商品或者类似商品上已经注册或者初步审定的商标相同或者近似的，商标局将驳回申请。

首先我们要了解什么是类似商品。类似商品是指在功能、用途、生产部门、销售渠道、消费对象等方面相同，或者相关公众一般认为其存在特定联系、容易造成混淆的商品。

对于服务商标而言，什么是类似服务。类似服务是指在服务的目的、内容、方式、对象等方面相同，或者相关公众一般认为存在特定联系、容易造成混淆的服务。还有商品与服务类似，是指商品与服务之间存在特定联系，容易使相关公众混淆。

商标相同是指被控侵权的商标与原告的注册商标相比较，二者在视觉上基本无差别。

商标近似是指被控侵权的商标与原告的注册商标相比较，其文字的字形、读音、含义或者图形的构图及颜色，或者其各要素组合后的整体结构相似，或者其立体形状、颜色组合近似，易使相关公众对商品的来源产生误认或者认为其来源与原告注册商标的商品有特定的联系。例如，中文文字商标"劳士力"与"劳力士"、"大阳"与"太阳"、"舒服佳"与"舒肤佳"，被判定为近似的可能性比较大。

认定商标相同或者近似有以下三个原则。

一是以相关公众的一般注意力为标准。

二是既要进行对商标的整体比对，又要进行对商标主要部分的比对，采取的是隔离对比原则；外观设计在进行比较判断时强调整体观察，综合判断，一般不会刻意强调某个局部，但对于认定为惯常设计的内容会弱化考虑。

三是判断商标是否近似，应当考虑请求保护注册商标的显著性和知名度。外观设计主要考虑二者的区别点对整体视觉效果的影响，一般不考虑外观设计的知名度或所产生的经济效益。

（6）商标权保护与专利权保护的比较

商标权与专利权的权利取得方式不同。专利必须通过向专利行政机关提交正式申请，并经过行政机关审批授权后才能生效。而注册制不是取得商标权的唯一方式，还可以通过对商标的使用而获得驰名商标的保护。

审查程序不同。外观设计专利不经过实质审查，如果一项外观设计申请经过初步审查没有发现驳回理由的，就会授予专利权，对专利权有异议的，可以向专利复审委员会提出专利无效宣告请求。而注册商标需要经过实质审查，即对是否存在与申请商标相同或近似的在先商标进行审查。

权利的存续期间不同。注册商标的有效期为 10 年，有效期届满后，商标权人可以申请续展注册，每次续展注册的有效期为 10 年，理论上，商标权人可以通过不断续展而获得永久的商标专用权。但是外观设计的保护期为 10 年，保护期间后，该外观设计即进入共有领域，成为社会的共同财富，而不能对外观设计延长其保护期。

权利保护范围都受到类别的影响。提交商标注册申请应写明商品或服务的分类。我国的商标分类采用《尼斯分类》，每份申请上的商标只能限定在一个类别之内。商标专用权的范围以核准注册的商标和核定使用的商品为限，他人未经商标注册人的许可，不得在同一种商品或者类似商品上使用与其注册商标相同或近似的商标。而外观设计保护的是应用于某一产品的外观设计，因此一件专利申请的产品用途是明确的，在新颖性的判断中，外观设计应当与相同或相近种类的现有设计或抵触申请不相同且不实质相同，但是在创造性的判断中，外观设计的比较可以突破种类的限制。

二、海牙体系总体介绍

（一）海牙体系的目的与性质

WIPO 管理的国际注册工业品外观设计海牙体系由三个国际条约组成：伦敦文本（1934 年）、海牙文本（1960 年）和日内瓦文本（1999 年）。如果没有建立海牙体系，要想在多个司法辖区内保护外观设计，需要向每个国家或者地区的知识产权局分别进行申请。海牙体系通过建立一种单一的国际注册程序简化该过程，并在多个司法辖区内实现外观设计的保护。它使得申请人能够仅向 WIPO 国际局提出单个申请，而在多个司法辖区内获得属于单一或相同类别的至多 100 项外观设计保护。它同时简化了对工业品外观设计的后续管理，只需一步程序即可登记变更或者注册续展。

（二）企业利用海牙体系的好处

海牙体系通过采用一种语言提交一份申请，并以一种货币缴纳一组费用的模式降低了外观设计注册的成本。因此，申请人无须承受在多个知识产权局进行申请时的负担，即以不同语言满足各种不同的形式要求，以及以不同的货币换算支付不同的费用。

该体系还简化了国际注册的后续管理。申请在一个单一的机构内进行管理,从而之后可由单一知识产权局(国际局)对注册进行修改或续展,而无须注册的设计人/权利人向多个知识产权局提出请求。

(三)海牙体系下外观设计申请流程

当决定在多个司法管辖区内寻求外观设计保护时,一个申请人可以向每个局分别提出申请(《巴黎公约》途径),或者通过海牙体系提交一份国际申请。图 5.1 说明了通过《巴黎公约》途径(根据《巴黎公约》)和海牙体系向多个司法管辖区提交申请的方式。

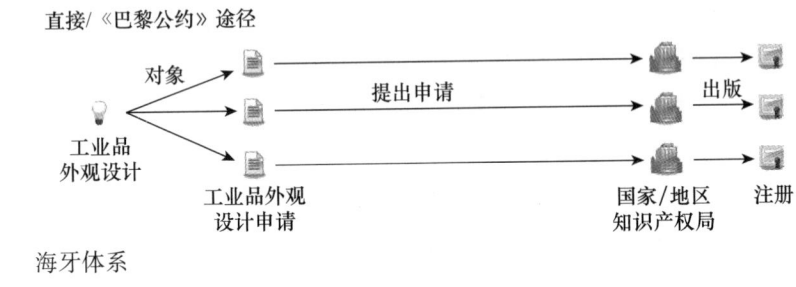

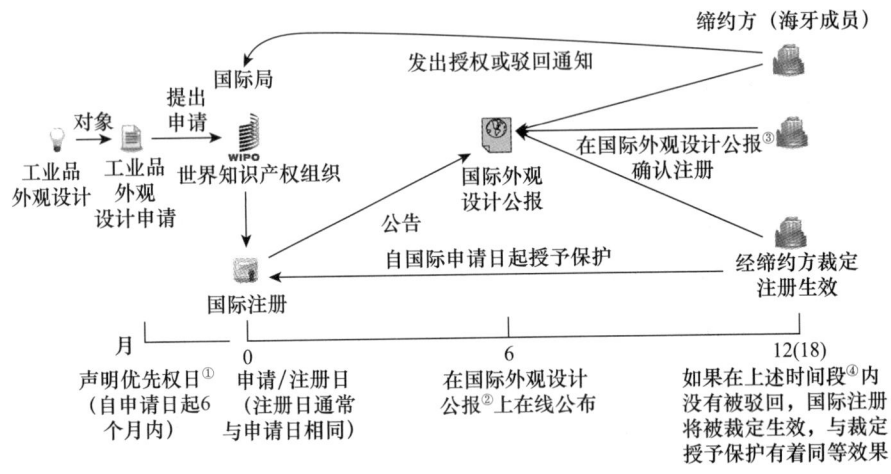

图 5.1　工业品外观设计注册过程概述

① 无论是在国际局还是国家局,申请人可以以在先申请为基础要求优先权日。然而,作为优先权基础的申请必须在当前申请日的前 6 个月内提交,否则将不承认其优先权。

② 申请人可以选择延期或者提前公开。对于延期而言,日内瓦文本下的申请人可以从最初的申请日或优先权日起请求延迟公开最长达 30 个月;根据海牙文本,申请人可以请求自申请日或优先权日起最长达 12 个月的延迟公开。

③ 在国际外观设计公报中确认后,国际外观设计注册指定的缔约方的知识产权局根据各自的国家或地区的立法开始实质性审查,如果有的话。

④ 时限是从公布之日起 6 个月或 12 个月,由缔约方决定。

来源:WIPO,2014 年 3 月。

一件国际申请通常直接提交至国际局，该局负责审查申请是否满足所有形式要求。如果申请不符合要求，申请人将被要求在3个月的期限内进行修改。如果申请人没有在期限内进行修改，申请将被视为放弃。国际局不承担实质审查（例如设计的新颖性），因此，不能依据实质性理由驳回申请。国家或地区局仍然保留决定是否授权的权力，且该权力受各国立法机关的限制。

如果符合了国际局形式审查的所有要求，国际申请将登记在国际注册簿。一般在国际注册日后6个月内国际外观设计注册将在国际外观设计公报上公开，除非申请人要求立即公布或者延迟公布。一旦注册在国际外观设计公报公开，这些外观设计国际注册被指定的国家或者地区知识产权局，将根据各自的国家或者地区法律规定进行实质性审查，如果有的话。如果一个局拒绝给予保护，其必须在国际外观设计公报公布日起6个月内将驳回通知通报国际局。在申请被驳回的情况下，申请人有向该国家或地区局直接提交申请的权利。然而，如果国际局没有在规定时限内接收到被指定国家或者地区知识产权局的驳回通知，国际注册被认为在相关管辖区内有效且享有授予保护的权限。

国际注册的有效期为5年，并可以至少续展两个5年期。最长的保护期限取决于每个被指定的海牙成员的当地适用的法律。国际局管理续展的过程。

（四）《海牙协定》文本介绍

《海牙协定》自1925年签署以来，进行过多次修订。目前，《海牙协定》由三个不同文本组成，即1999年7月2日通过，2003年12月23日起生效的1999年日内瓦文本；1960年11月28日通过，1984年8月1日起生效的1960年海牙文本；1934年6月2日通过，1939年6月起生效的1934年伦敦文本。

《海牙协定》的上述三个文本彼此独立，一个国家或政府间组织，可以选择成为其中一个文本的缔约方，也可以同时选择成为其中两个或上述三个文本的缔约方。由签署了任何一个《海牙协定》文本的缔约方一起组成了海牙联盟，即海牙联盟是指1925年11月6日的《海牙协定》建立的，并由1934年文本和1960年文本、1961年附加文本、1967年补充文本和1999年文本所维护的缔约国联盟。国际注册和有关职责以及关于海牙联盟的其他一切行政任务均由WIPO国际局执行。

其中，1999年日内瓦文本于2003年12月23日起生效，2004年4月1

日起实施。生效时间距通过日约 4 年半。1999 年日内瓦文本至今仍然生效。

该文本与前面两个文本规定的主要差异之处在于：

1999 年日内瓦文本第一次提出了与 1960 年文本的"有新颖性审查的国家"相呼应的"审查局"概念，而成为审查局的，在驳回国际申请的时间期限上，比非审查局多 6 个月时间，即共有 12 个月时间来作出驳回决定；

1999 年日内瓦文本关于审查局可以声明以单独指定费代替规定指定费等的两项规定对缔约方局颇具吸引力；

1999 年日内瓦文本第一次明确了国家间和政府间组织可以参加该文本，而不再像前两个文本一样，规定可加入的成员是国家；

关于申请人资格，为避免对之前的两个文本中要求在缔约国有"住所"的理解过于狭窄或不明确，1999 年日内瓦文本增加了"经常居所"的条件；

1999 年日内瓦文本规定了国际申请的程序、内容；

1999 年日内瓦文本规定申请时可提交外观设计一件及数件复制件，若是平面设计，还可提交样本；

1999 年日内瓦文本更加明确地规定了指定费、单独指定费、对不规范国际申请的补正、申请日、注册日、单一性声明的特别要求、延迟公布程序和驳回程序；

1999 年日内瓦文本明确规定了缔约方可以根据其国内/地区法认定国际注册无效；

1999 年日内瓦文本明确规定了国际申请注册的效力至少在包括续展期在内的 15 年期间存续；

1999 年日内瓦文本提出设立联盟大会机构并规定其任务权限；

1999 年日内瓦文本规定缔约方不得对该文本条款有任何保留；

1999 年日内瓦文本规定了文本修订的相关事宜；

1999 年日内瓦文本规定了不再设立储备金而改为周转基金等。

但是，与其他文本相比，该文本最为特殊的地方，是明确规定了缔约方可以就国际申请指定缔约方作出声明的很多特殊规定。这些可供缔约方声明的内容涉及很多内容，包括对单一性的特殊要求、必须以设计人姓名提交国家申请等，无疑将对还未加入海牙体系的国家或组织加入 1999 年日内瓦文本产生很大的吸引。美、日、韩都已于近年加入该文本成为海牙体系缔约国。

除了三个主要文本外，海牙体系还有一些补充文本，1961年摩纳哥附加议定书、1967年斯德哥尔摩补充议定书以及其他文件，如：《海牙协定1999年文本和1960年文本共同实施细则》《海牙协定申请的行政规程》《工业品国际注册海牙协定指南——A部分介绍》《工业品国际注册海牙协定指南——B部分国际程序》。

（五）海牙体系与中国外观设计制度的区别

1. 保护期限

1999年文本规定国际注册首个有效期为5年，在每个指定国可续展两次，每次5年，也就是说在权利人请求续展的情况下，每个指定国应当提供的最低保护期为15年，这与我国外观设计保护期为10年的规定存在冲突。

2. 语言

我国《专利法实施细则》第3条规定："依照专利法和本细则规定提交的各种文件应当使用中文；国家有统一规定的科技术语的，应当采用规范词；外国人名、地名和科技术语没有统一中文译文的，应当注明原文。依照专利法和本细则规定提交的各种证件和证明文件是外文的，国务院专利行政部门认为必要时，可以要求当事人在指定期限内附送中文译文；期满未附送的，视为未提交该证件和证明文件。"而《海牙协定》国际申请的官方语言为英语、法语、西班牙语。语言问题涉及国际申请的提交、登记和公布以及通信等多方面问题。

3. 形式缺陷

《海牙协定》国际申请中所认定的形式缺陷一般为产品名称、视图名称等一些问题，不包含我国所认定的各视图比例不一致、阴影线、虚线、投影关系不对应、简要说明不符合要求等。因而对于形式缺陷的认定我国与海牙体系也不相同。

4. 委托代理

海牙体系规定申请人或注册人可对国际局指定一个代理人。并且海牙体系还规定，在国际申请过程中不能要求申请人必须委托代理人，只有在指定缔约方的局对国际注册有驳回可能的情况下才能要求申请人必须委托代理人。

我国法律中对委托代理的有关规定与海牙体系的规定不同。据我国《专利法》第19条规定，在中国没有经常居所或者营业所的外国人、外国企业或者外国其他组织在中国申请专利和办理其他专利事务的，应当委托依法设立的专利代理机构办理。

5. 授权外观设计的延迟公布

1999 年文本中规定，申请人可以请求对申请延迟公布，延迟公布的规定期限应为自申请日（优先权日）起 30 个月，而我国并无延迟公布制度。

三、海牙体系发展现状

（一）海牙国际申请概况

1. 国际申请

2013 年，基于海牙体系（海牙国际申请）的国际工业品外观设计申请量增长至 2990 件，同比 2012 年增加 14.8%，实现了国际申请量连续 7 年的增长。2013 年的增长率大大超出了之前两年。值得注意的是，意大利占 2013 年增长量的 60%。

2008 年（+46.5%）和 2010 年（+32.6%）申请量的高增长部分归因于海牙体系成员国的增加，从而海牙体系对于在大量国家寻求外观设计保护的申请人具有更强的吸引力（见图 5.2）。

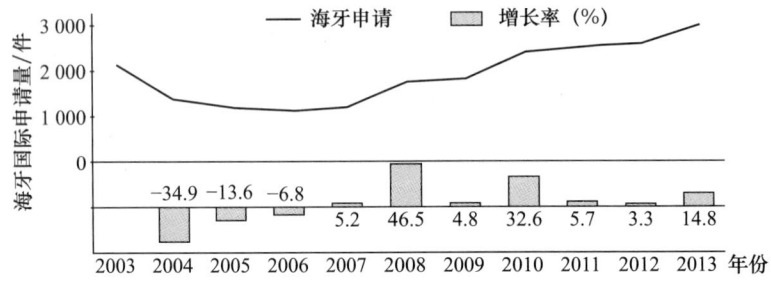

图 5.2 2003~2013 年海牙国际申请量及其增长率

来源：世界知识产权组织统计数据，2014 年 3 月。

2. 海牙申请最多的申请人

瑞士的斯沃琪（113 件）连续两年提交了最多的海牙申请，紧随其后的为荷兰皇家飞利浦电子公司（82 件）、美国宝洁（76 件）、德国戴姆勒（52 件）和德国大众公司（51 件）（见表 5.2）。

2013 年，在主要申请人中，斯沃琪（+32 件）、瑞士的欧米茄（+23 件）和宝洁（+22 件）增量最大，同时奥迪（-41 件）和戴姆勒（-23 件）降幅最大。

所有的主要申请人均来自欧洲，除了美国的宝洁和吉列公司以及中国的联想，且在 2013 年中国的联想首次进入主要申请人行列。德国在主要申请人名单中拥有数量最多的公司，其数量达到 10 家；随之为瑞士，5 家。

表 5.2　2013 年海牙申请主要申请人及其申请量

2013年排名	申请人名称	来源	海牙国际申请（件） 2011年	2012年	2013年
1	SWATCH AG（SWATCH SA）（SWATCHLTD.）	瑞士	79	81	113
2	KONINKLIJKE PHIL IPS ELECTRONICS NV	荷兰	64	67	82
3	THE PROCTER & GAMBLE COMPANY	美国	167	54	76
4	DAIMLER AG	德国	55	75	52
5	VOLKSWAGEN AG	德国	38	40	51
6	ALFRED KARCHER GMBH & CO. KG	德国	15	25	38
6	THE GILLETTE COMPANY	美国	56	29	38
8	SOCIETE DES PRODUITS NESTLE SA	瑞士	47	43	30
9	LIDL STIFTUNG & CO. KG	德国	28	32	29
10	OMEGA SA（OMEGA AG）（OMEGA LTD.）	瑞士	5	4	27
11	HERMES SELLIER SAS	法国	15	29	19
12	HANSA METALL WERKE AG	德国	8	5	16
13	KOZIOL IDEAS FOR FRIENDS GMBH	德国	5	16	15
14	AUDI AG	德国	0	54	13
14	BAYERISCHE MOTOREN WERKE AG	德国	6	6	13
14	HANSGROHE SE	德国	8	11	13
17	KRONOPLUS TECHNICAL AG	瑞士	0	3	12
17	LEIFHEIT AG	德国	12	9	12
17	PENAULT TRUCKS SAS	法国	0	6	12
17	SAVERGLASS	法国	3	23	12
21	LENOVO	中国	0	0	11
21	MAPED	法国	14	11	11
23	BILTIAG	列支敦士登	5	6	10
23	NOKIA CORPORATION	芬兰	3	9	10
23	SGARMATUREN AS	挪威	0	0	10
23	THUN SPA	意大利	8	22	10
23	TURLEN HOLDING SA	瑞士	4	7	10
23	VOLVO TRUCK CORPORATION	瑞典	0	4	10

来源：世界知识产权组织统计数据，2014 年 3 月。

(二) 海牙国际注册概况

1. 国际注册

如果国际申请满足国际局对于形式审查的要求，它们将被登记在国际注册簿上。2013 年，国际局登记了 2734 项国际注册，相较于 2012 年增长了 12.0%（见图 5.3）。注册量的大幅增长主要由于意大利和瑞士注册量的增长，其占了总增长量的 2/3。2013 年的增长率相比之前两年显著提高，这也是注册量的第八年连续增长。国际注册的整体趋势反映了国际申请的整体趋势。注册量在 2003 年之前达到顶峰，之后注册量与申请量均下降较大。然而在 2008 年欧盟成为海牙成员后，注册量又开始强力反弹，2008 年和 2010 年的国际注册增长最多。

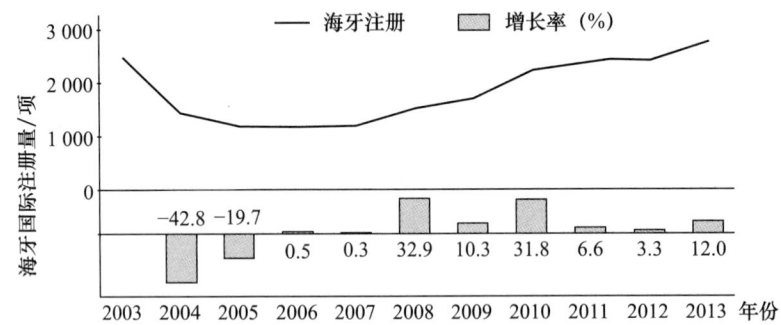

图 5.3　2003~2013 年海牙国际注册量及其增长率

由于国际局执行的是形式审查而非实质审查，申请的很大部分都能获得国际注册。在一个特定司法管辖权范围内是否给予工业外观设计保护最终是由国际注册中指定的国家或地区局决定的。

2. 国际注册中的指定

由图 5.4 可知，2010 年以来，每件注册的平均指定数量一直在增加。2013 年平均每件注册有 5.5 项指定，相对 2010 年有显著增长，但比 2008 年之前降低不少。2003 年到 2007 年，每件注册的平均指定数量在 11.1 项和 12.4 项之间变化。2008 年欧盟加入海牙协定，这使通过单一指定欧盟以在所有欧盟成员内获得保护成为可能，而不需要分别指定每一个独立的欧盟成员，因此每件注册的平均指定数量急剧减小。

第五章　国际工业品外观设计体系　145

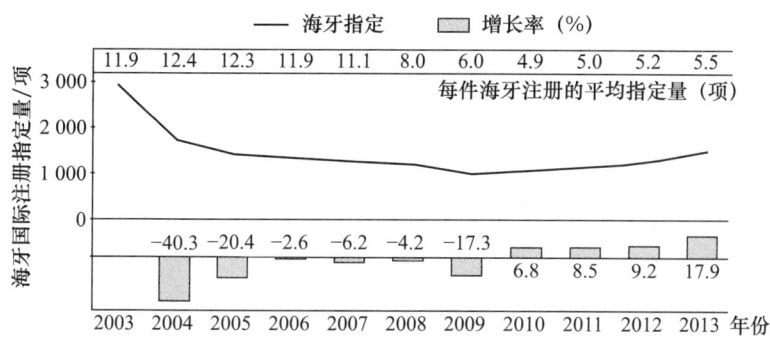

图 5.4　2003~2013 年海牙国际注册的指定量及其增长率

（三）海牙成员的国际注册

排名前十的海牙成员注册量占 2013 年全部注册量的 95.6%（见图 5.5）。所有排名前十的海牙成员除土耳其外都位于欧洲。欧盟（39.2%）占了全部注册量的最大份额，随后是瑞士（28.2%）、德国（10.3%）和法国（9.8%）。相较于前一年，2013 年份额下降最大的为欧盟（-2%）和法国（-1.5%），而瑞士（+1.6%）和挪威（+1.2%）同期份额增长最多。

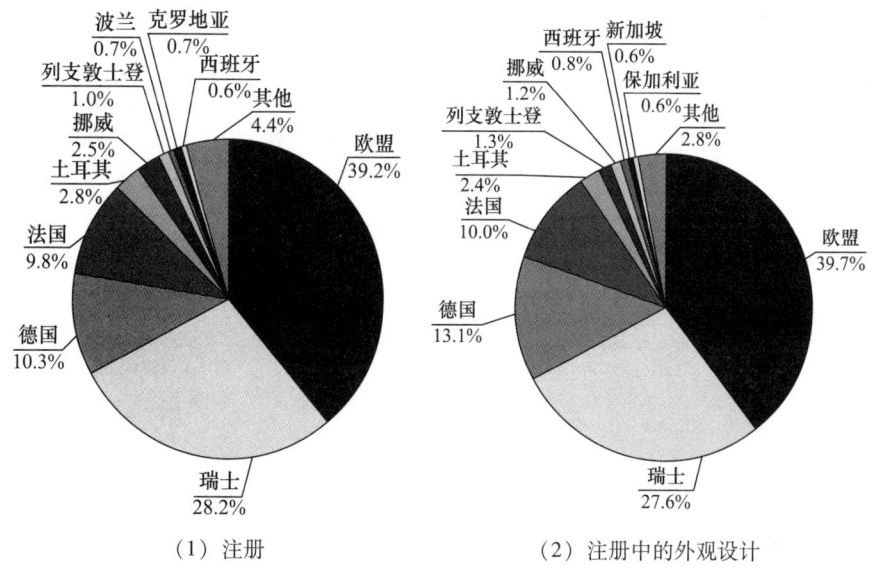

（1）注册　　　　　　　　（2）注册中的外观设计

图 5.5　2013 年排名前十的海牙成员注册量占比

＊由于相关数据只保留到小数点后第三位，可能出饼图数据总和不为"1"的情况。

（四）海牙国际注册原属国

申请人原属国定义为第一署名申请人的登记地址。因此这部分包括不是海牙体系成员的国家，例如美国。图 5.6 显示了排名前 15 的原属国的国际注册数据。居住在瑞士的持有人占有最多的国际注册数量（658），接下来是德国（637）、法国（285）、意大利（273）和荷兰（139）。在前五位的原属国中，瑞士和意大利的国际注册量在2012到2013年间有两位数的增长。尤其是后者，自2008年以来每年都有较大增幅。美国以133个注册位列第六。

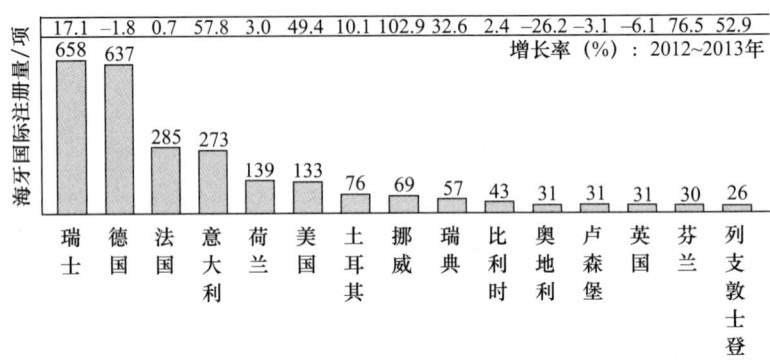

图5.6　2013年排名前15的原属国的国际注册量

（五）按洛迦诺分类的国际外观设计注册

用于商品运输或装卸的包装和容器（第9大类）和钟、表和其他计量仪器、检测仪器、信号仪器（第10大类）占总注册量的比例最大，分别为10.9%，其次是家具和家居用品（第6大类）和运输或提升工具（第12大类），分别为8.4%和7.7%。10个类别的海牙注册申请量不到总注册量的1%，其中动物的管理和驯养用品（第30大类），乐器（第17大类），防火灾、防事故、救援用的装置和设备（第29大类）的注册量最少。

在数量最多的15个类别中，记录、通信、信息检索设备（第14大类，+42.5%），工具和五金器具（第8大类，+40.3%）相较于2013年的注册量增长最快，而服装（第2大类，-15.3%）降幅最大（见表5.2）。

总体上，第9大类和第10大类是被指定最多的类别（见表5.3），但是不同类别的指定量在排名前五的原属国的国际注册中差异很大（见表5.4）。涉及钟表的第10大类是瑞士的国际注册指定最多的类别，约占瑞士国际注册总量的1/3。考虑到斯沃琪公司是最大的海牙申请人（见表5.2），这本是意料之中的事。涉及运输工具的第12大类，在来自德国的注册量中约占1/5，这很大程度上与来自德国的汽车制造商戴姆勒公司、奥迪公司和大众公司有关，它们都是排名靠前的海牙申请人（见表5.2）。第9大类（用于商品运输或装卸的包装和容器）在来自法国的注册量中占比最高（14.4%）。来自意大利的注册指定第 06 大类（家具和家居用品）和第 26 大类（照明设备）的最多，每个类别约占 14%。来自荷兰的注册中指定第 07 大类（其他类未列入的家用物品）的数量最大，约占其总数的 18.7%，这一定程度上与飞利浦电器的大量申请有关（见表 5.2）。对于法国和瑞士来说，排名前五的类别分别占其总注册量的 44.9% 和 57.3%。

表 5.3　2011~2013 年各类别（洛迦诺分类）海牙国际注册量

类别	注册量（项） 2011 年	注册量（项） 2012 年	注册量（项） 2013 年	增长率（%） 2012~2013 年	2013 年占比（%）
第 9 大类　用于商品运输或装卸的包装和容器	313	257	297	15.6	10.9
第 10 大类　钟、表和其他计量仪器，检测仪器、信号仪器	226	242	297	22.7	10.9
第 6 大类　家具	172	199	230	15.6	8.4
第 12 大类　运输或提升工具	141	207	210	1.4	7.7
第 7 大类　其他类未列入的家居物品	165	159	170	6.9	6.2
第 26 大类　照明设备	96	144	151	4.9	5.5
第 23 大类　流体分配设备、卫生设备、加热设备、通风和空调设备、固体燃料	141	130	129	-0.8	4.7
第 32 大类　图形符号、标识、表面图案、纹饰	138	98	117	19.4	4.3
第 14 大类　记录、通信、信息检索设备	66	80	114	42.5	4.2
第 8 大类　工具和五金器具	82	77	108	40.3	4.0
第 11 大类　装饰品	103	114	103	-9.6	3.8
第 25 大类　建筑构件和施工元件	58	81	92	13.6	3.4
第 15 大类　其他类未列入的机械	66	74	88	18.9	3.2
第 2 大类　服装、服饰用品和缝纫用品	75	98	83	-15.3	3.0
第 3 大类　其他类未列入的旅行用品、箱包、阳伞和个人用品	77	75	76	1.3	2.8

续表

类别	注册量（项） 2011年	2012年	2013年	增长率（%） 2012~2013年	2013年占比（%）
第19大类 文具、办公用品、美术用品和教学用品	55	62	72	16.1	2.6
第13大类 发电、配电和变电设备	61	41	62	51.2	2.3
第24大类 医疗设备和实验室设备	51	44	54	22.7	2.0
第28大类 药品，化妆用品，梳妆用品和器具	71	46	53	15.2	1.9
第21大类 游戏器具、玩具、帐篷和体育用品	52	69	52	-24.6	1.9
第20大类 销售设备和广告设备、标志物	22	23	46	100.0	1.7
第1大类 食品	9	14	34	142.9	1.2
第4大类 刷子	22	13	23	76.9	0.8
第31大类 其他类未列入的食品或饮料制备机械和设备	25	14	18	28.6	0.7
第5大类 纺织品、人造或天然材料片材	21	14	14	0	0.5
第22大类 武器，烟火用具，用于狩猎、捕鱼及捕杀有害动物的用具	14	13	8	-38.5	0.3
第16大类 照相设备、电影摄影和光学设备	7	12	8	-33.3	0.3
第18大类 印刷和办公机械	6	1	8	700.0	0.3
第27大类 烟草和吸烟用具	10	14	7	-50.0	0.3
第30大类 动物的管理与驯养用品	4	15	5	-66.7	0.2
第17大类 乐器	8	7	4	-42.9	0.1
第29大类 防火灾、防事故、救援用的装置和设备	6	3	1	-66.7	0
合计	2363	2440	2734	12.0	100.0

表5.4 2013年排名前五的原属国在各类别（洛迦诺分类）的注册量及其占比

类别	注册量（项）					所占注册量比例（%）				
	瑞士	德国	法国	意大利	荷兰	瑞士	德国	法国	意大利	荷兰
第1大类 食品	7	6	3	3	0	1.1	0.9	1.1	1.1	0
第2大类 服装、服饰用品和缝纫用品	11	12	20	14	0	1.7	1.9	7.0	5.1	0
第3大类 其他类未列入的旅行用品、箱包、阳伞和个人用品	18	16	13	12	3	2.7	2.5	4.6	4.4	2.2
第4大类 刷子	6	3	6	0	1	0.9	0.5	2.1	0	0.7
第5大类 纺织品、人造或天然材料片材	3	5	1	2	0	0.5	0.8	0.4	0.7	0
第6大类 家具和家居用品	28	70	24	40	10	4.3	11.0	8.4	14.7	7.2
第7大类 其他类未列入的家用物品	49	26	15	24	26	7.4	4.1	5.3	8.8	18.7
第8大类 工具和五金器具	25	19	12	6	5	3.8	3.0	4.2	2.2	3.6
第9大类 用于商品运输或装卸的包装和容器	39	42	41	19	10	5.9	6.6	14.4	7.0	7.2
第10大类 钟、表和其他计量仪器、检测仪器、信号仪器	226	27	17	7	2	34.3	4.2	6.0	2.6	1.4
第11大类 装饰品	34	19	16	14	3	5.2	3.0	5.6	5.1	2.2
第12大类 运输或提升工具	8	125	22	14	3	1.2	19.6	7.7	5.1	2.2
第13大类 发电、配电和变电设备	15	12	11	2	2	2.3	1.9	3.9	0.7	1.4
第14大类 记录、通信、信息检索设备	25	16	11	11	8	3.8	2.5	3.9	4.0	5.8
第15大类 其他类未列入的机械	12	39	3	9	7	1.8	6.1	1.1	3.3	5.0
第16大类 照相设备、电影摄影设备和光学设备	1	0	2	1	1	0.2	0	0.7	0.4	0.7
第17大类 乐器	1	0	2	0	0	0.2	0	0.7	0	0

续表

类别	注册量（项）					所占注册量比例（%）				
	瑞士	德国	法国	意大利	荷兰	瑞士	德国	法国	意大利	荷兰
第18大类 印刷和办公机械	5	0	0	0	0	0.8	0	0	0	0
第19大类 文具、办公用品、美术用品和教学用品	8	37	12	1	2	1.2	5.8	4.2	0.4	1.4
第20大类 销售商务和广告设备、标志物	11	7	3	17	0	1.7	1.1	1.1	6.2	0
第21大类 游戏器具、玩具、帐篷和体育用品	7	10	4	7	2	1.1	1.6	1.4	2.6	1.4
第22大类 武器、烟火用具，用于狩猎、捕鱼及捕杀有害动物的用具	2	2	0	0	0	0.3	0.3	0	0	0
第23大类 流体分配设备、卫生设备、加热设备、通风和空调设备、固体燃料	27	56	4	11	5	4.1	8.8	1.4	4.0	3.6
第24大类 医疗设备和实验室设备	18	6	3	3	9	2.7	0.9	1.1	1.1	6.5
第25大类 建筑构件和施工元件	21	21	6	11	1	3.2	3.3	2.1	4.0	0.7
第26大类 照明设备	12	30	21	39	8	1.8	4.7	7.4	13.2	5.8
第27大类 烟草和吸烟用具	1	2	0	2	0	0.2	0.3	0	0.7	0
第28大类 药品、化妆用品、梳妆用品和器具	4	7	4	1	14	0.6	1.1	1.4	0.4	10.1
第29大类 防火灾、防事故、救援用的装置和设备	0	0	0	0	0	0.5	0	0	0	0
第30大类 动物的管理与驯养用品	3	0	0	0	0	0.5	0	0	0	0
第31大类 其他类未列入的食品饮料制备机械和设备	2	1	0	0	14	0.3	0.2	0	0	10.1
第32大类 图形符号、标识、表面图案、纹饰	29	21	9	6	3	4.4	3.3	3.2	2.2	2.2
合计	658	637	285	273	139	100.0	100.0	100.0	100.0	100.0

第五章 国际工业品外观设计体系

(六) 国际注册的驳回

如果国际注册被第三方提出反对意见或者没有满足法律的具体规范，比如新颖性，指定局可以拒绝给予国际注册授权保护。否则必须自注册在国际外观设计公报公告之日起6个月内告知国际局该决定。图5.7显示了2005~2013年WIPO国际局收到的驳回的数量。柱形图形象地显示了驳回量的逐年变化。2013年WIPO国际局收到了119项驳回，比2011年（231项）明显下降但比2012年（82项）有所上升。

图5.8显示了2013年驳回的国际注册量（按洛迦诺分类）的情况，在32个大类中的23类中至少有一个海牙成员的注册申请被驳回。第9大类（用于商品运输或装卸的包装和容器）被驳回的数量最大。

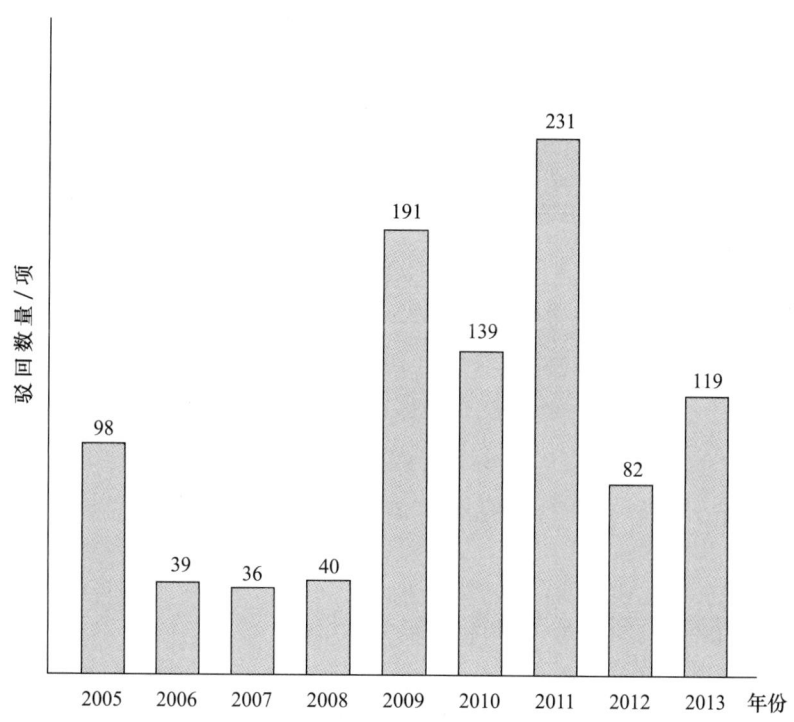

图5.7 2005~2013年国际外观设计注册驳回量走势

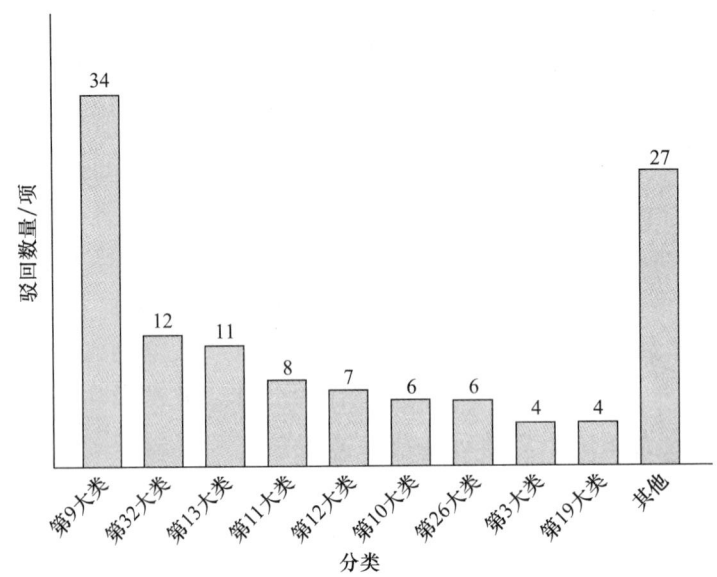

图 5.8　2013 年各类别（洛迦诺分类）国际外观设计注册驳回量

*第 9 大类用于商品运输或装卸的包装和容器，第 32 大类图形符号、标识、表面图案、纹饰，第 13 大类发电、配电和变电设备，第 11 大类装饰品，第 12 大类运输或提升工具，第 26 大类照明设备，第 3 大类其他类未列入的旅行用品、箱包、阳伞和个人用品，第 19 大类文具、办公用品、美术用品和教学用品

（七）海牙体系成员近期的发展

截至 2018 年 4 月 13 日，《海牙协定》共有 68 个缔约国，其中 54 个成员加入了日内瓦（1999 年）文本。2015 年，美国、日本加入了日内瓦（1999 年）文本。2014 年，韩国加入了日内瓦（1999 年）文本。WIPO 网站上可以查询具体有哪些国家加入了海牙的哪些协定（见表 5.5）。

四、目前海牙体系下中国相关申请情况

（一）中国申请人在海牙体系申请数量

近年来中国申请人提交的海牙申请日益增多，但由于中国未加入《海牙协定》，所以申请总数还非常少。其中大多申请的权利人是联想公司如图 5.9 所示。后面的研究和讲解将以联想的申请为基础进行。

表 5.5　各国家和组织加入《海牙协定》的时间和内容

7. Hague Agreement Concerning the International Registration of Industrial Designs[1]

Hague Agreement (1925), revised at London[2] (1934) and at The Hague (1960)[3] (supplemented by the Additional Act of Monaco (1961)), [2] the Complementary Act of Stockholm (1967) and the Protocol of Geneva (1975), [4] and amended in 1979), and the Geneva Act (1999)
(Hague Union)

Status on April 13, 2018

State/IGO	Date on which State/IGO became party to the Agreement	Date on which State became party to the Hague Act[3]	Date on which State became party to the Complementary Act of Stockholm	Date on which State/IGO became party to the Geneva Act
African Intellectual Property Organization (OAPI)	September 16, 2008	–	–	September 16, 2008
Albania	March 19, 2007	March 19, 2007	March 19, 2007	May 19, 2007
Armenia	July 13, 2007	–	–	July 13, 2007
Azerbaijan	December 8, 2010	–	–	December 8, 2010
Belgium[5]	April 1, 1979	August 1, 1984	May 28, 1979	Not yet in force[6]
Belize	July 12, 2003	July 12, 2003	July 12, 2003	–
Benin	November 2, 1986	November 2, 1986	January 2, 1987	–
Bosnia and Herzegovina	December 24, 2008	–	–	December 24, 2008
Botswana	December 5, 2006	–	–	December 5, 2006
Brunei Darussalam	December 24, 2013	–	–	December 24, 2013
Bulgaria	December 11, 1996	December 11, 1996	December 11, 1996	October 7, 2008
Cambodia	February 25, 2017	–	–	February 25, 2017
Côte d'Ivoire	May 30, 1993	May 30, 1993	May 30, 1993	–
Croatia	February 12, 2004	February 12, 2004	February 12, 2004	April 12, 2004
Democratic People's Republic of Korea	May 27, 1992	May 27, 1992	May 27, 1992	September 13, 2016
Denmark	December 9, 2008	–	–	December 9, 2008[7]
Egypt	July 1, 1952	–	–	August 27, 2004
Estonia	December 23, 2003	–	–	December 23, 2003
European Union	January 1, 2008	–	–	January 1, 2008
Finland	May 1, 2011	–	–	May 1, 2011
France[8]	October 20, 1930	August 1, 1984	September 27, 1975	March 18, 2007
Gabon	August 18, 2003	August 18, 2003	August 18, 2003	–
Georgia	August 1, 2003	August 1, 2003	August 1, 2003	December 23, 2003
Germany	June 1, 1928	August 1, 1984	September 27, 1975	February 13, 2010
Ghana	September 16, 2008	–	–	September 16, 2008
Greece	April 18, 1997	April 18, 1997	April 18, 1997	–
Hungary[9]	April 7, 1984	August 1, 1984	April 7, 1984	May 1, 2004
Iceland	December 23, 2003	–	–	December 23, 2003
Italy	June 13, 1987	June 13, 1987	August 13, 1987	–
Japan	May 13, 2015	–	–	May 13, 2015
Kyrgyzstan	March 17, 2003	March 17, 2003	March 17, 2003	December 23, 2003
Latvia	July 26, 2005	–	–	July 26, 2005
Liechtenstein	July 14, 1933	August 1, 1984	September 27, 1975	December 23, 2003
Lithuania	September 26, 2008	–	–	September 26, 2008
Luxembourg[5]	April 1, 1979	August 1, 1984	May 28, 1979	Not yet in force[6]
Mali	September 7, 2006	September 7, 2006	September 7, 2006	–
Monaco	April 29, 1956	August 1, 1984	September 27, 1975	June 9, 2011
Mongolia	April 12, 1997	April 12, 1997	April 12, 1997	January 19, 2008
Montenegro	June 3, 2006	June 3, 2006	June 3, 2006	March 5, 2012
Morocco	October 20, 1930	October 13, 1999	October 13, 1999	–
Namibia	June 30, 2004	–	–	June 30, 2004
Netherlands[5]	April 1, 1979	August 1, 1984[10]	May 28, 1979[18]	–
Niger	September 20, 2004	September 20, 2004	September 20, 2004	–
Norway	June 17, 2010	–	–	June 17, 2010
Oman	March 4, 2009	–	–	March 4, 2009
Poland	July 2, 2009	–	–	July 2, 2009
Republic of Korea	July 1, 2014	–	–	July 1, 2014
Republic of Moldova	March 14, 1994	March 14, 1994	March 14, 1994	December 23, 2003
Romania	July 18, 1992	July 18, 1992	July 18, 1992	December 23, 2003

7. Hague Agreement Concerning the International Registration of Industrial Designs[1]

Hague Agreement (1925), revised at London (1934)[2] and at The Hague (1960)[2] (supplemented by the Additional Act of Monaco (1961)),[2] the Complementary Act of Stockholm (1967) and the Protocol of Geneva (1975),[4] and amended in 1979), and the Geneva Act (1999)

(Hague Union)

State/IGO	Date on which State/IGO became party to the Agreement	Date on which State became party to the Hague Act[3]	Date on which State became party to the Complementary Act of Stockholm	Date on which State/IGO became party to the Geneva Act
Russian Federation	February 28, 2018	–	–	February 28, 2018
Rwanda	August 31, 2011	–	–	August 31, 2011
Sao Tome and Principe	December 8, 2008	–	–	December 8, 2008
Senegal	June 30, 1984	August 1, 1984	June 30, 1984	–
Serbia[11]	December 30, 1993	December 30, 1993	December 30, 1993	December 9, 2009
Singapore	April 17, 2005	–	–	April 17, 2005
Slovenia	January 13, 1995	January 13, 1995	January 13, 1995	December 23, 2003
Spain	June 1, 1928	–	–	December 23, 2003
Suriname	November 25, 1975	August 1, 1984	February 23, 1977	–
Switzerland	June 1, 1928	August 1, 1984	September 27, 1975	December 23, 2003
Syrian Arab Republic	May 7, 2008	–	–	May 7, 2008
Tajikistan	March 21, 2012	–	–	March 21, 2012
The former Yugoslav Republic of Macedonia	March 18, 1997	March 18, 1997	March 18, 1997	March 22, 2006
Tunisia	October 20, 1930	–	–	June 13, 2012
Turkey	January 1, 2005	–	–	January 1, 2005
Turkmenistan	March 16, 2016	–	–	March 16, 2016
Ukraine	August 28, 2002	August 28, 2002	August 28, 2002	December 23, 2003
United Kingdom[12]	June 13, 2018	–	–	June 13, 2018
United States of America	May 13, 2015	–	–	May 13, 2015
(Total: 68)	(68)	(34)	(34)	(54)

[1] The Geneva (1999) Act of the Hague Agreement Concerning the International Registration of Industrial Designs was adopted on July 2, 1999. The Geneva Act entered into force on December 23, 2003.

[2] The termination of the London Act, as well as of the Additional Act of Monaco, became effective on October 18, 2016, three months after the Director General received the required instruments of acceptance of termination by 11 Contracting Parties, following the earlier denunciation of the London Act by the three other Contracting Parties, which became effective on June 3, 2010, November 19, 2010, and December 13, 2011, respectively, (see Hague Notification No. 130).

[3] The Protocol to the Hague Act (1960) is not yet in force. It has been ratified by or acceded to by the following States: Belgium, France, Germany, Italy, Liechtenstein, Monaco, Morocco, Netherlands and Switzerland.

[4] The Protocol of Geneva (1975), in accordance with Article 11(2)(a) thereof, ceased to have effect as of August 1, 1984; however, as provided by Article 11(2)(b), States bound by the Protocol (Belgium (as from April 1, 1979), France (as from February 18, 1980), Germany (as from December 26, 1981), Hungary (as from April 7, 1984), Liechtenstein (as from April 1, 1979), Luxembourg (as from April 1, 1979), Monaco (as from March 5, 1981), Netherlands (as from April 1, 1979), Senegal (as from June 30, 1984), Suriname (as from April 1, 1979) and Switzerland (as from April 1, 1979)) are not relieved of their obligations thereunder in respect of industrial designs whose date of international deposit is prior to August 1, 1984.

[5] The territories in Europe of Belgium, Luxembourg and the Netherlands are, for the application of the Hague Agreement, to be deemed a single country.

[6] The Geneva Act will enter into force, with respect to Belgium and Luxembourg, at a later date in accordance with Articles 27 and 28.

[7] Applicable to Greenland as of January 11, 2011 and the Faroe Islands as of April 13, 2016.

[8] Including all Overseas Departments and Territories.

[9] With the declaration that Hungary does not consider itself bound by the Protocol annexed to the Hague Act (1960). The London Act ceased to be effective in respect of Hungary as of February 1, 2005.

[10] Ratification for the Kingdom in Europe.

[11] Serbia is the continuing State from Serbia and Montenegro as from June 3, 2006.

[12] In respect of the United Kingdom of Great Britain and Northern Ireland and the Isle of Man.

第五章　国际工业品外观设计体系　155

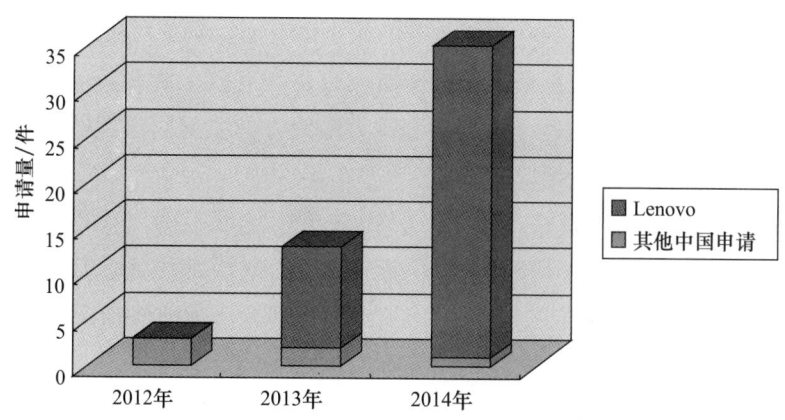

图 5.9　2012～2014 年海牙体系中的中国申请

（二）中国申请人在海牙体系申请类型

按照单个设计的分类统计类型，可以看到：联想公司申请的海牙国际申请中，电脑相关设备（1402）类产品最多，达到了 59%；其余皆为掌上电子设备、电子界面类的申请（见图 5.10）。这与联想公司的主营业务当然有绝对关系。

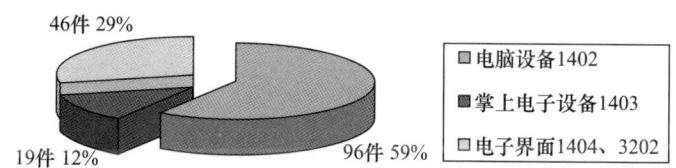

图 5.10　不同类型的联想公司海牙国际申请所占比例

（三）中国申请人在海牙体系申请途径

根据 2005 年新闻，联想在新加坡（SG）设立区域总部。而新加坡正是海牙体系缔约国，因此，联想可以以在新加坡有营业场所为基础，提交海牙国际申请。而其申请所指定请求保护的国家/区域一般为欧盟、新加坡（EU、SG）。

在中国未加入海牙体系的情况下，申请人要获得提交海牙国际申请的资格，可以通过在海牙体系缔约国建立固定营业场所，或获得该国国籍、拥有固定居所的途径来实现。

五、申请海牙国际申请操作实务

（一）海牙体系的申请人资格

拥有提交海牙国际申请资格的申请人应当是《海牙协定》具体文本的

缔约方的公民或法人，或者在缔约方的领土内有固定营业所或经常居所。

在缔约方领土内有住所、经常居所或真实和有效工商业营业所的自然人或法人，或者是这些缔约方或者作为缔约方的政府间组织的成员国的国民，可以申请国际注册。

拥有多重及独立资格的申请人，可在更广地域范围内获得保护。例如，申请人拥有仅符合 1960 年文本规定的缔约方 A 的国籍，其住所位于仅符合 1999 年文本规定的缔约方 B 领土内，结果，他能够指定符合 1960 年文本和/或 1999 年文本规定的所有缔约方。

（二）申请文件的总体要求和提交途径

申请中应当包括的内容：申请人信息、外观设计所应用的产品（名称）、外观设计图、指定的缔约方。

申请中可以包括的内容：优先权、不丧失新颖性的公开等，代理委托信息，延迟公布要求，外观设计的说明等。

所有文件需以英语、法语或西班牙语进行撰写。

除满足海牙体系相关文本的文件要求外，具体内容还应满足各指定缔约国的各自规定。

申请人可以选择通过邮寄、传真方式书面提交申请文件，也可以选择在网站上进行提交电子申请，作为电子申请提交则可以享受一定的申请费用优惠。

海牙国际申请提交电子申请文件的网址为：https：//www3.wipo.int/login/en/hague/index.jsp，登录界面及提交文件界面如图 5.11 所示：

（1）登录界面

图 5.11　海牙国际申请在线登录界面及提交文件界面

第五章　国际工业品外观设计体系　157

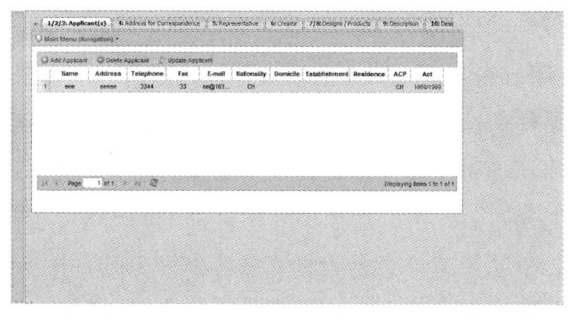

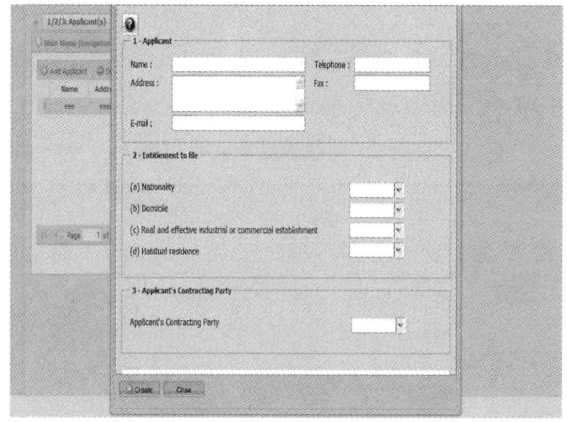

(2) 提交文件界面

图 5.11　海牙国际申请在线登录界面及提交文件界面（续）

按照上方项目提示内容，依次填入对应信息，上传对应文件，即可完成申请。

(三) 对视图的要求

所有细节均可清晰辨别并适于公布；

黑白或彩色均可，照片和其他绘图方式的表达均可；

使用非彩色的单一背景，且不包含设计以外的内容；

不接受使用墨水或者修正液体润饰的照片；

不接受有轴线和尺寸的制图以及说明性的文字或者图例；

任何缔约方不得对平面工业品外观设计或产品要求一张以上的视图，或对立体产品要求六张以上的视图。

(四) 对简要说明的要求

虽然海牙体系下规定简要说明并不是必要文件，但是缔约方可以向总干事声明要求申请人提供说明书。

如果申请人提交简要说明，则应满足海牙体系相关规定，也须满足各缔约方的要求。

根据1999年日内瓦文本第5条第（2）款的规定，原则上，工业品外观设计的说明是任何国际注册可以包含的一项可选内容。应当只对复制件的特征加以说明，不得涉及工业品外观设计操作上的技术特征或其可能的用法。如果说明超过100字，超出100字之外的每个字，应当缴纳2瑞士法郎的额外费。说明并不是必要的申请文件内容，其具体形式也无具体规定。说明也可用于放弃对工业品外观设计某些特征的保护。

（五）费用

海牙国际申请的费用见表5.6。

表5.6 海牙国际申请费用表　　　　　（单位：瑞士法郎）

基本费	
一件外观设计	397
同一国际申请中每附加一件外观设计	19
公布费	
提交公布的每一件复制件	17
同一页上显示一件或多件复制件的，每多一页	150
说明超过100字的附加费，每字	2
标准指定费	
一件外观设计	42/60/90
同一国际申请中每附加一件外观设计	2/20/50
单独指定费（数额由每一个缔约方确定）	＊＊＊＊
续展费用	
单件 5年/后10年	20/40
多件 5年/后10年	50/200

缴费期限：

相关费用需在提交国际申请时缴纳，但国际申请中请求延迟公布的，公布费可以在延迟期届满前3个月缴纳。

WIPO网站上有费用计算器。申请人可以不用自己进行计算，提交申请后即可得知需交费用。

（六）国际注册的公布

国际注册由国际局在国际外观设计公报上发表，其视为在全体缔约国内公开。外观设计的国际注册在所有缔约国都具有同样的效力，与在有关国家直接提交注册一样。

国际外观设计公报使用的文字是英文和法文两种，它的载体形式分书本式和电子版本两种。

电子版本公布网址：http：//www.wipo.int/hague/en/bulletin/

公报内容包括：

在国际注册簿上登记的相关数据；

工业品外观设计的一件或多件复制件；

延迟公布的，对延迟期限届满或被视为届满的日期的说明。

下面为公布的一份申请样例的著录项目：

（11）登记号、（15）登记日期、（73）所有权人的姓名和地址、（86）所有权人的国籍、（87）所有权人的住址或总部所在地、（88）所有权人所在国内所拥有的工业或商业机构名称，如果没有用"n/a"代替名称、（74）代理人的姓名和地址、（72）设计人的姓名、（54）产品名称、（57）特殊特征的描述、（51）洛迦诺分类号、（81）指定国、（30）优先权保存的日期和优先权号及保存的国家、（20）外观设计相关的号（一些产品的优先权）、（23）展览的地方和名称及第一次展览此项外观设计的日期、（46）延期的终止日期等。

例子：

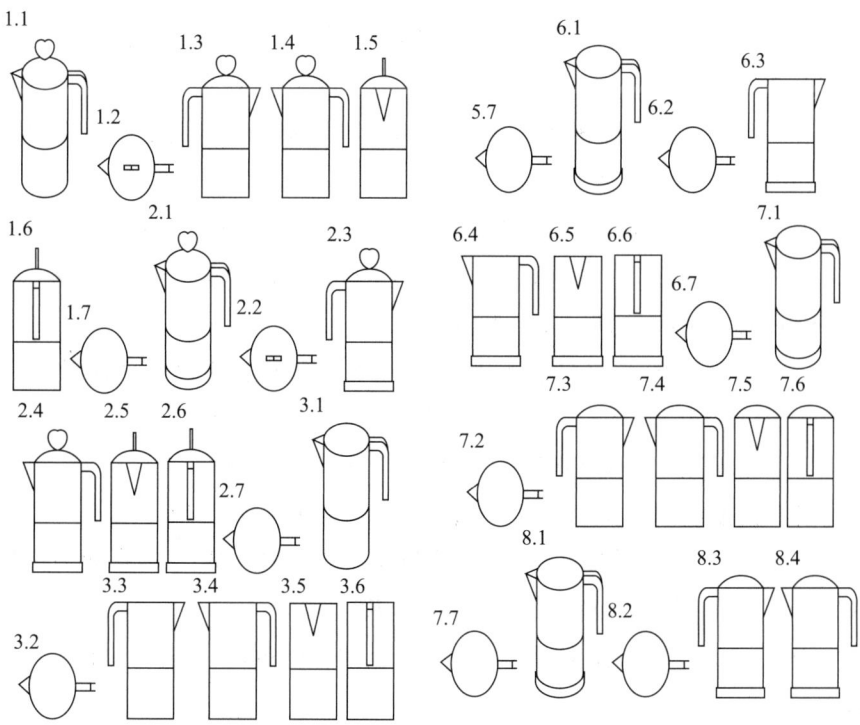

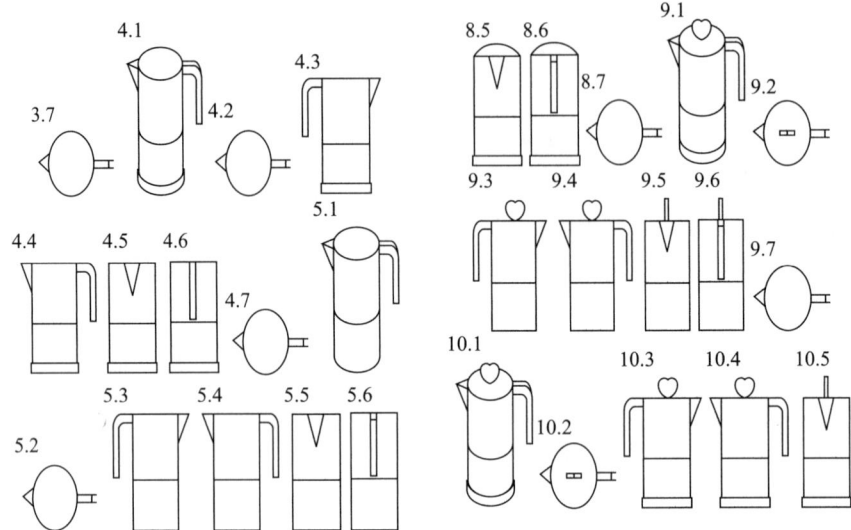

参考文献

[1] 国家知识产权局专利局外观设计审查部. 外观设计专利申请与保护 [M]. 北京：知识产权出版社，2015.

[2] 赵元果. 中国专利法的孕育与诞生 [M]. 北京：知识产权出版社，2003.

[3] 国家知识产权局学术委员会. 中美日欧韩外观设计制度比较研究 [R]. （内部资料）

[4] Hague Yearly Review：International Registrations of Industrial Designs，2014 edition [M/OL]. Geneva：World Intellectual Property Organization-Economics and Statistic Division，2014.

[5] 国家知识产权局学术委员会. 海牙协定下外观设计保护实务 [R]. （内部资料）

[6] 世界知识产权组织网站（http：//www.wipo.int）.

[7] 国家知识产权局网站（http：//www.cnipa.gov.cn）.

[8] 世界知识产权组织. 国际外观设计分类表 [M]. 国家知识产权局专利局，译. 北京：知识产权出版社，2017.

[9] 知识产权国别环境指南（http：//www.ipr.gov.cn/hwwq/zhinan.html）.

第六章 法院外知识产权争议解决体系

一、概说

知识产权在知识经济中具有越来越重要的地位，建立有效执法机制的必要性就更加突出。"信息"已变得与资本、土地或劳动力等有形资产具有至少同等重要的经济地位，因此保护无形资产的手段作为决定经济成功与否的因素，比以往任何时候都来得关键。同时，对此种知识产权资产的开发也变得日益国际化。

因此，技术型企业需要有跨越国境的有效保护手段。在此方面，许多专利局的申请率都在快速增长，对 WIPO 管理的 PCT 以及为商标国际注册提供便利的马德里体系等全球保护体系的要求也越来越多。

对国际知识产权争议进行法院诉讼，仍需在各不同管辖区经过诸多繁杂的程序，而且还有可能得到不相一致的裁决结果。仲裁与调解可以让当事人避开这些问题，通过单一的中立合议庭来解决争议。因此，越来越多的当事人都希望通过具有国际性质的有效私下处理的手段来解决知识产权争议，便不足为奇了。

公共机关也越来越认识到法院外争议解决办法的好处。各国试图将私人争议的解决分流到法院外争议解决这一渠道，要求或至少鼓励当事各方在申请司法补救之前先调解或采用其他形式的法院外争议解决办法解决争议，从而缓解国家法院系统的压力。《诉讼法》中也建议应采用甚至纳入调解或和解等办法。由于得到公共机关的承认，法院外争议解决办法作为解决私人当事方之间争议的手段，便有了更强的合法性。

司法界和律师界都主张开展知识产权等民商事纠纷的诉讼外争议解决，这一主张称为倡导对高难度纠纷的"多元化纠纷解决机制"。我国历来有人民调解的传统，民间、各部门和组织等都积累了丰富的纠纷调解经验。几年前，法院为了提倡纠纷的诉讼外解决，保障人民调解等协议的效力，还专门作了司法承认的有关规定。有些纠纷的发生，不光是法律问题，还有复杂的社会等综合问题，运用多元化机制解决纠纷，能调动各方积极性，化解社会矛盾，替企业、百姓分忧解愁，使他们从纠纷的羁绊和困扰中及时并成本较低地解脱出来。

日常的民事纠纷能够非诉讼调解解决，而专业性强的知识产权特别是专利纠纷等，能否开展诉讼外调解解决呢？回答也应该是肯定的。我国的专利管理机关的调解、律师特别是专家的调解，都是可以见到的现实的纠纷解决方式。

面对知识产权包括专利纠纷，国际上一些国家包括热衷诉讼的美国，也存在纠纷的"替代争议解决方式"（alternative dispute resolution，ADR）。这些国家运用替代争议解决方式的确解决了当事人面对的过于复杂、冗长并充满不确定性，过于耗费当事人及法院精力的诉讼程序和难以承受的诉讼费用。其实，我国应该提倡社会多元化的争议解决，运用不同的方式解决不同类别和性质的纠纷；政府和法院应当为"替代争议解决方式"创造良好的条件。法院设立调解人制度很有必要，依据一定条件法院可以将一些学者、律师、退休法官等专家列入调解人名单，推荐给当事人进行调解。在美国有的联邦法院在处理专利纠纷案件时，强制双方当事人先采用替代争议解决方式，以试行解决争议。

知识产权替代争议解决方式或者称诉讼外调解，通常分为三种方式：第一种为当事人自己参与的方式，也称为争议的自行和解，如当事人庭外和解；第二种是当事人双方同意共同选择客观第三人担任调解人居中调解，达成和解协议；第三种是法院立案前或开庭前，在法院监督下进行和解磋商。运用以上方式达成的专利、版权、商标和技术秘密等知识产权和解协议，均有一定的法律效力，如合同的法律效力，双方当事人应当履行。替代争议解决方式不同于审判和仲裁，但的确是一种方便的、节省的争议解决方式。

二、法院外争议解决办法有诸多好处

（一）程序单一

通过法院外争议解决办法，当事各方可一致同意通过单一的程序来解决涉及受若干不同国家保护的知识产权的争议，从而避免在多个管辖区起诉所带来的费用问题和复杂性以及裁决结果不一致的危险。

（二）当事人自主

由于法院外争议解决办法具有私人性质，因此与法院诉讼相比，当事人更有机会把握争议解决的进程。与法院诉讼形成对照的是，法院外争议解决办法，由当事人自己来选择最合适的争议裁决人。此外，当事人还可以选择程序可适用的法律、地点和语言。当事人有了更多的自主权，加快了争议解决的进程，这是因为当事人可以自由地为其争议选择最有效的程序。这样一来便可大大节约费用。

（三）中立性

法院外争议解决办法具有在当事各方的法律、语言和机构文化方面中立的特点，从而可以避免当事一方在法院诉讼中可能因诉讼在本国法院进行而拥有的任何优势，因为在法院诉讼中，熟悉可适用的法律和当地程序，将会带来重要的战略优势。

（四）保密性

法院外争议解决办法具有私人性质。因此，当事各方可达成一致意见，对程序和任何裁决结果保密。这可以让他们专注于争议的案情，而无须考虑其公开影响，因此对于涉及商业名声和商业秘密的争议，法院外争议解决办法具有特别重要的意义。

（五）裁决的终局性

针对法院裁决，当事各方往往可以通过一轮或多轮起诉进行抗辩，相比之下仲裁裁决，通常是不能提出上诉的。

（六）裁决的可执行性

被称为《纽约公约》的 1958 年《联合国关于承认和执行外国仲裁裁决的纽约公约》对承认仲裁裁决，并将其视同国内法院裁决，而不需再审查案情等作了总的规定。这为跨越国境执行仲裁裁决提供了极大的便利。

当然，在某些情况下，采用法院诉讼要比采用法院外争议解决办法更好。例如，由于法院外争议解决办法须经当事各方同意，因此当事双方如有一方极不合作（在非契约性侵权争议中可能发生）就不宜采用法院外争议解决办法。

三、WIPO 仲裁与调解中心

（一）介绍

知识产权是当代知识经济中的一项中心内容，因此，有效地利用知识产权具有至关重要的意义。然而，争议可以影响知识产权，有时甚至会使企业的基本资产一文不值。

认真草拟合同,的确可以减少争议发生的频率,但有时仍不免发生争议。因此,必须要设法有效地管理和解决争议。要有效地管理和解决争议,当事各方就必须要熟悉他们可以选择的各种争议解决办法。

虽然知识产权争议可以通过法院诉讼来解决,但越来越多的当事人通过调解、仲裁或其他法院外争议解决程序的办法来解决知识产权争议。法院外解决争议办法适于多数知识产权争议,尤其是来自不同管辖区的当事方之间发生的争议。这种争议解决办法可以让当事各方更好地把握争议解决的进程,妥善使用的话,既可省时、又可省钱。此外,这种解决办法须经当事各方同意,因此对抗性较小,可以让当事人相互之间结成、继续或加强对各方均有利的业务关系。

WIPO仲裁与调解中心成立于1994年,总部设在瑞士日内瓦,致力于通过法院外争议解决办法来解决知识产权争议。为实现这一目标,中心在许多第一流的熟悉法院外争议解决办法和从事知识产权工作的人士和学者的积极参与下,制定了WIPO调解、仲裁和快速仲裁的各项规则与条款。

中心是专门提供知识产权方面的法院外争议解决服务的唯一国际机构。中心对根据WIPO规则进行的程序提供咨询意见并进行管理。为此,中心还建立了详细的数据库,收录了1500多名可以担任中立人的杰出知识产权和法院外争议解决专家的资料。除了与众多知识产权和法院外争议解决专家所建立的关系网以外,中心还因其在WIPO中的地位,而确保WIPO的程序处于知识产权争议解决方面的前沿。另外,中心还在根据顾客需要制定和执行争议解决程序方面发挥着领导性作用。

中心的工作人员是掌握多门语言、在知识产权和法院外争议解决方面有专长的法律专业人士。

自1994年以来,中心便开始为当事方及其律师提供关于如何解决知识产权争议的咨询意见,并为他们提供优质、高效和具有成本效益的法院外争议解决程序。向中心提交的案件既包括契约性争议(例如:专利和软件使用许可、商标共存协议、医药产品经销协议以及研究与开发协议),也包括非契约性争议(例如专利侵权)。

(二) WIPO程序

WIPO仲裁与调解中心为以下程序定下规则并提供中立人:

① 调解是一种不具约束力的程序,由中介人——调解员——帮助当事各方解决争议。

② 仲裁是一种中立程序，在这一程序中，争议被提交一名或多名仲裁员，由其作出具有约束力的裁决。

③ 快速仲裁是一种在短时间内开展的而且收费较低的仲裁程序。

④ 调解，并在调解不成的情况下，进行仲裁是一种将调解与仲裁（在调解不成的情况下）相结合的程序。

WIPO 规则适合于所有商业性争议，因为这些规则中载有关于保密问题以及技术和实验证据的条款，对知识产权争议的当事人特别有用。

截至 2014 年，提交 WIPO 仲裁和调解的案件涉及来自奥地利、中国、法国、德国、匈牙利、爱尔兰、以色列、意大利、日本、荷兰、巴拿马、西班牙、瑞士、英国和美国的当事人。这些案件是以多种语言管理并在不同地点进行的。

（三）案件管理服务

为便于解决知识产权争议，WIPO 仲裁与调解中心：

① 在当事各方未曾约定接受 WIPO 条款的情况下，帮助当事各方将现有争议提交 WIPO 程序；

② 帮助当事各方从中心拥有的在知识产权争议方面有专长的 1500 多名中立人的数据库中选择调解员和仲裁员；

③ 与当事各方和中立人进行联络，以确保通信畅通无阻，并提高程序效率；

④ 安排支助性服务，其中包括口笔译和秘书服务；

⑤ 经与当事各方和中立人协商，确定中立人费用，并管理程序的财务工作；

⑥ 免费为在日内瓦进行的程序提供会谈室，并为在其他地方进行的程序作出后勤安排。

（四）中心提供的其他服务

中心除根据 WIPO 程序管理争议这一作用以外，还提供以下服务：

① 帮助草拟合同条款，为将来把争议提交 WIPO 程序解决作出规定；

② 应当事人的请求，并在缴纳一定费用之后，为不由中心管理的争议推荐中立人，并提供详细的专业简介，以便其作出指定；

③ 根据具体需求制定符合特殊商业情况或工业特点的争议解决程序；

④ 为调解员和仲裁员举办培训班，并举行关于知识产权争议解决问题的会议；

⑤ 提供斡旋服务，为当事各方就某具体争议是否应提交 WIPO 程序解决的问题进行讨论提供便利。

提交 WIPO 程序解决争议需经双方同意。为方便当事各方达成一致意见，中心备有建议使用的合同条款（用于根据具体合同同意将未来争议提交仲裁）以及同意按以下规则提交仲裁的协议（用于现有争议）：

① 按《WIPO 仲裁规则》仲裁；

② 按《WIPO 快速仲裁规则》进行快速仲裁；

③ 按《WIPO 调解规则》调解，调解不成，再按《WIPO 仲裁规则》进行仲裁。

WIPO 条款常见于涉及知识产权的大量合同中，其中包括专利、诀窍和软件使用许可、特许专营、商标共存协议，经销合同，合资经营、研究与开发合同，技术型就业合同，涉及重大知识产权的兼并、体育促销协议，以及出版、音乐和电影合同等。WIPO 条款最常见于来自不同管辖区的当事各方之间签订的使用许可协议中。

中心还可酌情帮助当事人根据其相互之间合同关系的具体情况调整示范条款。例如，一些为数不多的几个公司相互之间因知识产权重叠而经常产生争议的商业情况，可以制定特殊条款。由于 WIPO 规则具有普遍适用的特点，因此 WIPO 条款也适于不涉及知识产权的合同和争议。

四、调解

（一）什么是调解

在调解程序中，中介人——调解员——帮助当事各方以双方满意的方式解决争议。任何解决结果均被写入一个可予法律执行的合同中。

经验表明，知识产权诉讼常常都以和解告终。调解是一种既能达到这一结果的有效、具有成本效益的，又能维持、有时甚至加强当事各方之间关系的方式。

调解的主要特点如下。

（1）调解是一种由当事各方把握而且不具约束力的程序

当事任何一方不能强迫调解的当事另一方接受一种其不愿意接受的结果。与仲裁员或法官不同，调解员不是裁决者，其作用只是帮助当事各方找到解决争议的办法。事实上，即使当事各方已同意将争议提交调解，如果认为继续进行调解不符合其利益，他们仍可以在第一次调解会议之后放弃调解程序。然而，一旦调解程序启动，当事各方通常都积极地参与调解。如果当事各方决定继续进行调解，他们即与调解员一起共同决定如何进行调解。

（2）调解是一种保密的程序

在调解中，不能强迫当事人公开他要坚持保密的信息。

如果为帮助解决争议，当事一方选择公开保密信息或允许他人了解保密信息，那么，根据《WIPO调解规则》，该信息不得向调解程序以外的任何人提供——包括随后进行的法院诉讼或仲裁。

根据《WIPO调解规则》，是否进行过调解以及调解的结果如何都是保密的。调解的保密性让当事各方能更自由、更有成效地进行谈判，而不必担心相关信息是否会公之于众。

（3）调解是一种基于利益的程序

在法院诉讼或仲裁中，案件的结果取决于争议的事实和可适用的法律。而在调解中，当事各方却可以以其企业利益为指导。缘其如此，当事各方可以自由地选择达到一种既涉及其过去行为，又面向其未来业务关系的结果。

当当事各方顾及自身的利益并愿意进行对话时，争议往往都能通过调解解决，而且争议解决后要比未发生所涉争议创造出更大的价值。

由于调解是一种不具约束力而且保密的程序，因此当事人的风险极小，得到的利益却很大。实际上，我们可以说，即使没有找到解决办法，进行调解也永远不会失去什么，因为通过调解，当事各方能够确定事实真相和争议的问题，可以说，调解为随后进行仲裁或法院诉讼奠定了基础。

（二）WIPO调解需要多少费用

中心与当事人和中立人一起共同努力控制调解的费用。

请WIPO调解必须要支付两笔费用：

① 中心的管理费，相当于争议价值的0.10%，最多不超过10000美元；

② 调解员费用，可商议，并在指定调解员时，根据争议的复杂程度及其经济重要性以及调解员的经验来确定。

（三）调解办法

调解总是由当事人来把握，当事各方可以根据自己的要求和争议的具体情况改变调解程序。调解在程序上具有高度的灵活性，一般可分为两大类。

在引导式调解当中，调解员努力为当事双方之间进行沟通提供便利，帮助各方了解对方看问题的角度、立场和利益，以争取解决争议。在评估式调解中，调解员发挥的作用更为积极，调解员对争议提出不具约束力的评估意见，然后当事各方可以考虑接受其作为争议的解决办法，亦可予以拒绝。

《WIPO调解规则》中已包括这两种调解办法，当事各方可自由决定哪种办法最适合自己的争议。

（四）案例

案例一：

一家在三大洲各国均拥有专利的欧洲咨询公司，按咨询合同向一家生产厂家公开了一项已取得专利的发明。合同中该咨询公司既未向该生产厂家转让任何权利，也未许可该生产厂家使用任何权利。当该生产厂家开始销售该咨询公司声称包括在该项已取得专利的发明中的产品时，该咨询公司扬言要向咨询公司持有专利的所有管辖区提起专利侵权诉讼。

当事双方开始在外部专家的协助下，就专利使用许可问题进行谈判，但在专利使用费方面未能达成一致意见，因为咨询公司要求支付数百万美元的赔偿费，这大大超出了生产厂家愿意出的价钱。

当事双方根据《WIPO调解规则》请求对其争议进行调解，WIPO仲裁与调解中心向当事双方推荐了几名具有专利及相关技术方面专门知识的潜在调解人。当事双方从中选定了一名调解人，该调解人举行了为期2天的会议，令当事双方找到解决办法，不仅解决了专利使用费问题，而且当事双方还对今后的咨询合同达成了一致意见。

本案进行的调解发挥了事半功倍的作用，将当事双方打算进行旷日持久、可能耗费巨资诉讼的这种敌对状态，转变为一种让他们能达成协议，符合当事双方的商业利益，并确保以有利于双方的方式利用技术来实现各自利益的状态。

案例二：

WIPO的调解，并在调解不成的情况下，进行快速仲裁的程序案例

一家出版社与一家软件公司签订协议，开发新的网页。该项目应于1年之内完成，协议中有一款规定，同意将争议提交调解，而且如果在60天之内调解不成，同意根据《WIPO快速仲裁规则》进行快速仲裁。18个月之后，出版社由于不满意开发商的服务，而拒绝付款，并扬言要解除合同，索赔损失。出版社提出了调解请求。虽然调解最后未成，但调解程序让双方都认真看清了争议的问题，为随后进行的快速仲裁程序提供了便利。

（五）为什么要将知识产权争议提交调解

对于那些极看重维护或加强相互关系，想自己把握争议解决程序、注重保密或希望快速解决争议而不使自己声誉受到损害的当事各方而言，调解是一种极具吸引力的办法。

涉及开发知识产权的合同或结成这方面关系的当事各方在发生争议时，常常都会拥有以上这些目标。此种合同最常见的例子有：专利、诀窍和商标使用许可、特许专营、计算机合同、多媒体合同、经销合同、合资企业、研究与开发合同、技术型就业合同，涉及重大知识产权的兼并、体育促销协议以及出版、音乐和电影合同等。

（六）《WIPO 调解规则》

当事各方一旦同意将未来或现有争议提交 WIPO 调解，即表示同意将《WIPO 调解规则》作为其调解协议中的一部分。《WIPO 调解规则》旨在最大限度地让当事各方能把握调解程序。《WIPO 调解规则》为调解程序规定了起码的框架：

① 对如何启动和如何决定调解程序加以说明（第 3~5 条和第 13 条）；

② 规定怎样指定调解员（第 7 条）；

③ 明确调解程序本身和调解当中所公开的任何信息均属保密（第 15~18 条）；

④ 规定如何确定调解员费用（第 23 条）；

⑤ 分配调解费用（第 25 条）。

根据由当事各方把握调解进程这一精神，当事各方可以自由地根据其特殊要求调整《WIPO 调解规则》。

中心根据《WIPO 调解规则》对调解进行管理。作为管理机关，中心为调解提供以下服务。

① 帮助当事人从合适的中立人名单中选择并指定调解员。

② 与当事人和调解员协商确定调解员的费用并管理调解所涉的财务工作。

③ 为在 WIPO 日内瓦总部举行的调解工作免费提供会谈室和当事人休息室；调解在其他地方进行的，中心协助当事人安排适当会谈室。

④ 协助当事人安排任何可能需要的其他支助服务，例如口笔译或秘书服务。

五、仲裁

（一）什么是仲裁

仲裁是一种经当事各方同意，将争议提交一名或多名仲裁员对争议作出具有约束力的裁决的程序。当事人选择采用仲裁的形式，即意味着选择采用私下解决争议的程序，而不是上告法庭。

（二）仲裁的主要特点

（1）仲裁须经双方同意

只有在当事双方同意的情况下，才有可能进行仲裁。以防今后因合同引起争议，当事双方可在相关合同中写入一条仲裁条款。对于现有争议，当事双方可以通过达成同意提交仲裁的协议，提交仲裁。与调解形成对照的是，任何一方当事人都不得单方面地退出仲裁。

（2）由当事人选择仲裁员

根据《WIPO 仲裁规则》，当事双方可共同选择一名独任仲裁员。如果当事双方选择 3 人仲裁庭的形式，则由每一方当事人分别指定一名仲裁员，然后由该两人另择一人担任首席仲裁员。还有一个办法是，由中心来推荐在相关领域有专长的潜在仲裁员或直接指定仲裁庭的成员。中心有一个很大的仲裁员数据库，其中既有老练的争议解决领域的多面手，又有专业化程度很高的从业者以及通晓知识产权所有法律和技术问题的专家。

（三）案例

案例：

WIPO 商标仲裁

加拿大的一家软件开发商在美国和加拿大注册了一个用于通信软件的商标。一个总部设在其他国家的计算机硬件制造商在亚洲若干国家注册了一个几乎相同的商标，用于计算机硬件。两家公司在许多管辖区提起了商标注册和使用的诉讼。每一个公司都做到了在其拥有优先权的管辖区禁止对方注册或使用自己的商标这一点。为方便各自的商标在全球使用和注册，当事双方签订了一个商标共存协议，其中载有 WIPO 仲裁条款。当这家加拿大公司试图在中国注册这一商标时，商标申请被驳回，原因是担心加拿大公司的商标与另一当事方注册的在先商标造成混淆。加拿大公司请求另一方作出必要努力，以使其能在中国注册该商标，但遭到另一方拒绝，因此加拿大公司启动了仲裁程序。

（四）WIPO 仲裁的优点

（1）仲裁具有中立性

当事人除自己选择有适当国籍的人担任中立人以外，还可以对可适用的法律、语言和仲裁地点等重要方面作出选择。这让他们能确保任何一方当事人都不享有本国法院的优势。

（2）仲裁属于一种保密的程序

《WIPO 仲裁规则》明确规定必须保守进行仲裁这一事实、仲裁程序中所公开的任何信息以及仲裁结果的秘密。在某些情况下，《WIPO 仲裁规则》允许当事人对谁能了解向仲裁庭或仲裁庭的保密顾问提交的商业秘密或其他机密信息方面加以限制。

（3）仲裁庭的裁决具有终局性并易于执行

根据《WIPO 仲裁规则》，当事各方同意，对于仲裁庭的裁决，必须立即予以执行。《纽约公约》规定，国际判决由国家法院执行，并规定，国家法院只有在极其有限的情况下，才能对这些判决置之不理。

（五）什么是 WIPO 快速仲裁

WIPO 快速仲裁是一种可在短时间内完成、费用较低的仲裁形式。为实现这些目标，《WIPO 快速仲裁规则》规定：

① 采用独任仲裁员，而不用 3 人仲裁庭的形式；

② 缩短程序中所涉每一个步骤的时间；

③ 缩短听证时间；

④ 对不超过 1000 万美元的争议案件，费用固定（包括仲裁员费用）。

（六）知识产权争议为什么要采用仲裁的形式

知识产权只有在有强有力的实施手段时，才变得强有力。因此人们越来越多地采用仲裁的形式来解决知识产权方面的争议。知识产权争议自身具有一些特点，有时在国家法院系统中不好处理，但通过仲裁却可以解决。

知识产权争议具有国际性、技术性、紧急性、要求终局性、保密/商业秘密和声誉受损的危险的特点。

（七）法院诉讼与仲裁比较

（1）法院诉讼

法院诉讼按不同法律并有多种程序，裁决结果有产生冲突的危险；

在本国起诉的当事人有可能享有实际或潜在的本国法院的优势；

决策者可能不具有相关领域的专门知识；

程序常常会拖长；

一些管辖区可以提供禁令救济；

当事人可以提出上诉；

程序公开。

（2）仲裁（和国内诉讼与仲裁所得出的结果总结）

仲裁根据当事各方选定的法律只进行一种程序；

仲裁程序和仲裁员国籍可在法律、语言和当事各方的机构文化方面保持中立；

当事各方可选择在相关领域具有专门知识的仲裁员；

仲裁员和当事人可以缩短程序；

WIPO 仲裁可包括临时措施，而且不排除要求法院下达禁令的可能性；

上诉可能性很小；

程序和裁决均属保密。

（八）WIPO 仲裁需要多少费用

中心认为，仲裁必须要具有成本效益，因此，中心通过事先与当事各方和仲裁员协商，确保 WIPO 仲裁所收取的所有费用与争议的具体情况相符。

仲裁费用的多少取决于若干不同的因素，其中包括争议所涉的金额及其复杂程度。当事各方的行为也对仲裁费用产生影响。

（九）WIPO 中立人

法院外争议解决程序成功与否，往往取决于中立人的素质。对知识产权争议而言，中立人除须要有丰富的争议解决技巧和经验以外，往往还必须具有争议主题的专门知识。

如果当事人将争议提交 WIPO 仲裁，便可以享用一个载有来自 70 个国家的 1500 多名杰出仲裁员与调解员专业简介的数据库，而且这一数据库仍在不断扩大。WIPO 中立人中既有老练的争议解决多面手，又有专业化程度很高，通晓知识产权所有法律和技术问题的专家。

中心在以下情况下将使用 WIPO 中立人名单。

① 需要根据《WIPO 仲裁规则》指定中立人时，中心向当事各方提供在资历和经验上符合待处理争议的要求的中立人简介。如果当事各方不能

就中立人达成一致意见，中心将推荐候选人，并根据当事各方对这些候选人排列的次序加以指定。

② WIPO 中心还可根据请求，在不按《WIPO 仲裁规则》处理的争议中，向当事人推荐中立人。这一服务需要缴纳 500 美元。

案例

一家法国制药研究与开发公司许可另一家法国公司使用其技术诀窍和已获专利权的药品。使用许可协议中包括一项仲裁条款，规定：任何争议均将按法国法律由一个 3 人组成的仲裁庭，根据《WIPO 仲裁规则》加以解决。在被许可人拒绝支付许可使用费时，这家研发公司启动了仲裁程序。

（十）WIPO 的会谈和听证设施及后勤支助

如当事人愿意，中心将安排会谈支助服务，其中包括听证室、秘密会议室、录音设备、口笔译和秘书协助。

对于在 WIPO 日内瓦总部进行的程序，听证室和秘密会议室均免费提供。中心对口笔译或秘书协助等其他服务，收取一定费用。这笔费用与中心的管理费是分开收取的。

（十一）WIPO 域名争议解决办法

中心是国际上公认的处理与互联网域名抢注和滥用——这一通称为"域名抢注"做法有关的各种争议的主要争议解决服务提供机构。

《统一域名争议解决政策》（UDRP）是中心管理的主要域名争议解决政策。根据 WIPO 提出的建议，《统一域名争议解决政策》向全世界的商标注册人提供了一种有效的行政补救办法，以制止侵犯其权利并明显具有恶意的注册和使用域名的行为。

投诉所涉及的域名范围很广，既有驰名商标（例如 <bmw.org>、<nike.net>）、小型企业的名称，又有著名人士的姓名（例如 <madonna.com> 或 <juliaroberts.com>）。

用以解决域名争议的程序一般都采用省时、省钱的办法，例如示范投诉书、在线提交和电子邮件案件通信。域名案件的结果仅限于转让或撤销域名。案件均由中心指定的专家或由从 WIPO 特别名单中选定的人员裁决。关于转让的裁决直接由域名注册机构执行。平均而言，裁决一起争议需要 2 个月时间。

自 1999 年 12 月为 .com、.net 和 .org 域名开展这项服务以来，中心已受理数以千计的《统一域名争议解决政策》案件,涉及来自100多个国家的当事人。中心还负责管理专为解决最近采用的域名(例如.aero、.biz、.coop、.info、.museum、.name 和.pro)初始营业期间发生的争议所制定的具体政策。

中心还与负责国家代码顶级域注册的机构合作,提供域名争议解决服务。越来越多的此种机构通过自愿采用《统一域名争议解决政策》或类似程序的方式,将中心确定为其争议解决服务的提供机构。

由于中心作为域名争议解决提供机构所发挥的主导作用,因此在制定和管理在线程序方面具有无与伦比的经验。管理涉及当事人自身在因特网上的体现问题的争议方面,尤其能反映出电子通信的价值,此外中心还在日常工作中使用在线方法提高效率并降低其所管理的其他法院外争议解决程序的费用。举例来说,WIPO 案件的当事人可以将所提交的文件及其他函件存放在一个安全的在线案件机制中,当事各方和仲裁庭随时都可以查询。

(十二)推荐使用的 WIPO 合同条款和同意提交仲裁协议

(1)未来争议

调解

"凡因本合同以及本合同随后的任何修正案所引起、致使或与之相关的争议、纠纷或权利主张,包括但不限于合同的签订、效力、约束力、解释、执行、违反或终止以及非契约性权利主张,均应服从根据《WIPO 调解规则》进行的调解。调解地点为[写明地点]。调解所用语言为[写明语言]。"

仲裁

"凡因本合同以及本合同随后的任何修正案所引起、致使或与之相关的争议、纠纷或权利主张,包括但不限于合同的签订、效力、约束力、解释、执行、违反或终止以及非契约性权利主张,均应交由并最终服从根据《WIPO 仲裁规则》进行的仲裁。仲裁庭应由[3名仲裁员]/[1名独任仲裁员]组成。仲裁地点为[写明地点]。仲裁程序所使用的语言为[写明语言]。该争议、纠纷或权利主张应根据[写明管辖区]的法律进行裁决。"

快速仲裁

"凡因本合同以及本合同随后的任何修正案所引起、致使或与之相关的争议、纠纷或权利主张,包括但不限于合同的签订、效力、约束力、解释、执行、违反或终止以及非契约性权利主张,均应交由并最终服从根据《WIPO 快速仲裁规则》进行的仲裁。仲裁地点为[写明地点]。仲裁程序所使用的语言为[写明语言]。争议、纠纷或权利主张应根据[写明管辖区]的法律裁定。"

调解,并在调解不成的情况下,进行仲裁

"凡因本合同以及本合同随后的任何修正案所引起、致使或与之相关的争议、纠纷或权利主张,包括但不限于合同的签订、效力、约束力、解释、执行、违反或终止以及非契约性权利主张,均应服从根据《WIPO 调解规则》进行的调解。调解地点为[写明地点]。调解所用语言为[写明语言]。

如果,以及一旦达至某程度以致任何此种争议、纠纷或权利主张在调解开始后[60]/[90]天之内调解不成,应根据任何一方当事人提出的仲裁申请,交由并最终服从根据《WIPO 仲裁规则》进行的仲裁。另外,如果在所述[60]/[90]天期限届满前,任何一方当事人未能参加或继续参加调解,则争议、纠纷或权利主张应根据另一方当事人提出的仲裁申请,交由并最终服从根据《WIPO 仲裁规则》进行的仲裁。仲裁庭应由[3名仲裁员]/[1名独任仲裁员]组成。仲裁地点为[写明地点]。仲裁程序所使用的语言为[写明语言]。交由仲裁的争议、纠纷或权利主张应根据[写明管辖区]的法律裁定。"

调解,并在调解不成的情况下,进行快速仲裁

"凡因本合同以及本合同随后的任何修正案所引起、致使或与之相关的争议、纠纷或权利主张,包括但不限于合同的签订、效力、约束力、解释、执行、违反或终止以及非契约性权利主张,均应服从根据《WIPO 调解规则》进行的调解。调解地点为[写明地点]。调解所用语言为[写明语言]。

如果,以及一旦达至某程度以致任何此种争议、纠纷或权利主张在调解开始后[60]/[90]天之内调解不成,应根据任何一方当事人提出的仲裁申请,交由并最终服从根据《WIPO 快速仲裁规则》进行的仲裁。另外,如果在所述[60]/[90]天期限届满前,任何一方当事人未能参加或继续参加调解,则争议、纠纷或权利主张应根据另一方当事人提出的仲裁申请,交由并最终服从根据《WIPO 快速仲裁规则》进行的仲裁。仲裁地点为[写明地点]。仲裁程序所使用的语言为[写明语言]。交由仲裁的争议、纠纷或权利主张应根据[写明管辖区]的法律裁定。"

（2）现有争议

调解

"我们，以下签字的当事各方，兹同意将以下争议交由根据《WIPO 调解规则》进行的调解：

［简要说明争议］

调解地点为［写明地点］。调解所用语言为［写明语言］。"

仲裁

"我们，以下签字的当事各方，兹同意将以下争议交由并最终服从根据《WIPO 仲裁规则》进行的仲裁：

［简要说明争议］

仲裁庭应由［3 名仲裁员］/[1 名独任仲裁员］组成。仲裁地点为［写明地点］。仲裁程序所使用的语言为［写明语言］。争议应根据［写明管辖区］的法律裁决。"

快速仲裁

"我们，以下签字的当事各方，兹同意将以下争议交由并最终服从根据《WIPO 快速仲裁规则》进行的仲裁：

［简要说明争议］

仲裁地点为［写明地点］。仲裁程序所使用的语言为［写明语言］。争议应根据［写明管辖区］的法律裁决。"

调解，并在调解不成的情况下，进行仲裁

"我们，以下签字的当事各方，兹同意将以下争议交由根据《WIPO 调解规则》进行的调解：

［简要说明争议］

调解地点为［写明地点］。调解所用语言为［写明语言］。

我们进一步同意，如果，以及一旦达至某程度以致争议在调解开始后［60］/[90］天之内调解不成，应根据任何一方当事人提出的仲裁申请，交由并最终服从根据《WIPO 仲裁规则》进行的仲裁。另外，如果在所述［60］/[90］天期限届满前，任何一方当事人未能参加或继续参加调解，则争议应根据另一方当事人提出的仲裁申请，交由并最终服从根据《WIPO 仲裁规则》进行的仲裁。仲裁庭应由［3 名仲裁员］/[1 名独任仲裁员］组成。仲裁地点为［写明地点］。仲裁程序所使用的语言为［写明语言］。交由仲裁的争议应根据［写明管辖区］的法律裁定。"

调解，并在调解不成的情况下，进行快速仲裁

"我们，以下签字的当事各方，兹同意将以下争议交由根据《WIPO调解规则》进行的调解：

［简要说明争议］

调解地点为［写明地点］。调解所用语言为［写明语言］。

我们进一步同意，如果，以及一旦达至某程度以致争议在调解开始后［60］/［90］天之内调解不成，应根据任何一方当事人提出的仲裁申请，交由并最终服从根据《WIPO快速仲裁规则》进行的仲裁。另外，如果在所述［60］/［90］天期限届满前，任何一方当事人未能参加或继续参加调解，则争议、纠纷或权利主张应根据另一方当事人提出的仲裁申请，交由并最终服从根据《WIPO快速仲裁规则》进行的仲裁。仲裁地点为［写明地点］。仲裁程序所使用的语言为［写明语言］。交由仲裁的争议应根据［写明管辖区］的法律裁定。"

六、专家裁定

专家裁定是争议双方协议将争议或分歧提交给专家进行裁定的程序。除了双方另有约定的，裁定具有约束力。中心根据《WIPO专家裁定规则》来管理专家裁定程序。中心可向当事各方提出合同条款或同意提交仲裁协议的建议，并指定或推荐具有相关领域专长的中立人。

（一）特征

（1）争议双方共识

只有双方同意，才能按照《WIPO专家裁定规则》进行专家裁定。双方在订立相关合同时，就未来可能发生的合同争议或分歧写入专家裁定条款。从而在发生争议或分歧时，双方递交协议请求专家裁定。与调解不同，争议方不允许单独撤出专家裁定。

（2）选择具有相关知识的专家

按照《WIPO专家裁定规则》，争议双方可以一起选择专家。如果一方不同意专家人选或指定专家的程序，中心在征询双方同意后指定一名专家。中心从在广泛的技术、商业领域熟悉知识产权问题的专家中进行选择，可以针对相关议题挑选适当的专家。

（3）灵活、中立

双方不仅能选择适当资质的专家，而且可以选择语言、会议地点等重要事宜。

(4) 保密

《WIPO 专家裁定规则》要求对专家裁定的存在、信息披露和裁定结果保密。

(5) 除双方另有决定，专家裁定具有约束力

原则上，专家裁定的约束力等同于双方合同的效力。如果双方约定，也可以具有建议的效力。

(6) 程序灵活

与仲裁不同，专家裁定程序更加不正式而快速。专家裁定可以是单独程序，也可以和仲裁、调解或诉讼相连接。

(二) 专家裁定的适用范围

专家裁定适合技术、科学或有关商业特征的问题，例如：知识产权资产评估或赔偿率问题、专利的权利要求书解释、许可的权利范围等。

(三) 申请指南

关于 WIPO 专家裁定需要经过双方同意，争议双方缔结的合同中带有 WIPO 专家裁定条款或双方缔结了 WIPO 专家裁定提交协议，争议才会经历 WIPO 专家裁定程序。

(四) 如何提交 WIPO 专家裁定请求书

争议一方向 WIPO 仲裁和调解中心提交书面的专家裁定请求书启动 WIPO 专家裁定。专家裁定请求书也可以和专家裁定协议一并提交。

专家裁定请求书包括：

① 请求按照《WIPO 专家裁定规则》对相关争议或分歧进行专家裁定；

② 各方名称及通信详细信息和联系人；

③ 专家裁定协议副本；

④ 涉及任何技术的权利和性质的说明；

⑤ 与裁定相关的任何文件或其他信息；

⑥ 专家裁定的范围和时限要求；

⑦ 指定专家的请求和要求，包括期望的专家资质。

⑧ 任何与专家裁定有关的，已经开始或终止的法律程序或其他争议解决程序的信息；

⑨ 请求的提交方式包括快递、邮寄、传真或电子邮件。

中心建议纸件和电子件一并提交。其中纸件请求应当准备几份，以便

提供给各位专家和在中心留存。

请求方应当向中心缴纳管理费［根据《WIPO专家裁定规则》第5（b）（ix）条和第20条及中心费用表］。中心建议申请人提交请求时，写明缴费情况，以便中心财务部门及时将该项费用归入该请求账户。

专家裁定费用，包括管理费和专家费，费用双方均摊或依据双方协议确定。

请求方应在请求书中注明是否使用WIPO电子案件系统（ECAF）进行专家裁定程序。由争议方同意使用ECAF。中心收到请求书，将书面通知各方收到该请求及裁定开始的日期。

（五）如何提交对专家裁定请求的答复

如果请求书不是双方共同提交的，非提交方应当在专家裁定开始的14天内提交请求的答复，详细答复请求，同时提交附加文件及与裁定相关的其他信息。

答复的提交方式包括快递、邮寄、传真或电子邮件。中心建议纸件和电子件一并提交。其中纸件请求应当准备几份，以便提供给各位专家和在中心留存。

参考文献

［1］世界知识产权组织官网（http：//www.wipo.int）

［2］世界知识产权组织．世界知识产权组织仲裁规则［Z/OL］．http：//www.wipo.int/amc/zh/arbitration/rules/index/html.

［3］世界知识产权组织．世界知识产权组织快速仲裁规则［Z/OL］．http：//www.wipo.int/amc/zh/arbitration/expedited-rules/index.hml.

［4］世界知识产权组织．世界知识产权组织调解规则［Z/OL］．http：//www.wipo.int/amc/zh/mediation/rules/index.html.

［5］蒋志培．知识产权纠纷的替代解决方式［EB/OL］．http：//ip.people.com.cn/GB/11749882.html.

［6］李宗辉．论知识产权案件的替代性纠纷解决机制［J］．暨南学报，2015，37（2）：84-91.

第七章　国际域名争议解决及我国现状

域名是互联网上唯一的识别标志，随着互联网的发展，与域名有关的纠纷不断增多。对互联网络协议（IP）地址资源以及域名系统进行管理和协调的国际组织——互联网名称与数字地址分配机构（ICANN），从2000年9月30日起正式运行。1999年8月26日，ICANN公布了《统一域名争议解决政策》；1999年10月24日，ICANN又公布了《统一域名争议解决政策之规则》；1999年11月29日，ICANN又指定了第一个"域名纠纷处理服务提供者"——WIPO。WIPO从1999年12月1日起受理有关域名纠纷的投诉，其制定的《统一域名争议解决办法补充规则》也同时开始生效。自此，由《统一域名争议解决政策》《统一域名争议解决政策之规则》《统一域名争议解决办法补充规则》共同构成的域名争议解决机制正式开始运行。

一、什么是域名

（一）域名概述

域名是互联网络上识别和定位计算机层次结构的字符标志，与计算机的 IP 地址相对应。域名构成互联网地址中的一项，如假设的一个地址 domain.com 是与 IP 地址相对应的一串容易记忆的字符，由若干个从 a 到 z 的 26 个拉丁字母及 0 到 9 的 10 个阿拉伯数字及"-""."符号构成并按一定的层次和逻辑排列。目前一些国家也在开发其他语言的域名，如中文域名。域名不仅便于记忆，而且即使在 IP 地址发生变化的情况下，通过改变解析对应关系，域名仍可保持不变。

网络是基于 TCP/IP 协议进行通信和连接的，每一台主机都有一个唯一的标识——固定的 IP 地址，以区别网络上成千上万个用户和计算机。网络在区分所有与之相连的网络和主机时，均采用了一种唯一、通用的地址格式，即每一个与网络相连接的计算机和服务器都被指派了一个独一无二的地址。

为了保证网络上每台计算机的 IP 地址的唯一性，用户必须向特定机构申请注册，该机构根据用户单位的网络规模和近期发展计划，分配 IP 地址。网络中的地址方案分为两套：IP 地址系统和域名地址系统。这两套地址系统其实是一一对应的关系。IP 地址用二进制数来表示，每个 IP 地址长 32 比特，由 4 个小于 256 的数字组成，数字之间用点间隔，例如 166.111.1.11 表示一个 IP 地址。由于 IP 地址是数字标识，使用时难以记忆和书写，因此在 IP 地址的基础上又发展出一种符号化的地址方案，来代替数字型的 IP 地址。每一个符号化的地址都与特定的 IP 地址对应，这样网络上的资源访问起来就容易多了。这个与网络上的数字型 IP 地址相对应的字符型地址，就被称为域名。

可见域名就是上网单位的名称，是一个通过计算机登上网络的单位在该网中的地址。一个公司如果希望在网络上建立自己的主页，就必须取得一个域名。域名由若干部分组成，包括数字和字母。通过该地址，人们可以在网络上找到所需的详细资料。域名是上网单位和个人在网络上的重要标识，起着识别作用，便于他人识别和检索某一企业、组织或个人的信息资源，从而更好地实现网络上的资源共享。除了识别功能外，在虚拟环境下，域名还可以起到引导、宣传、代表等作用。

（二）域名的特征

相对于传统的知识产权领域，域名是一种全新的客体，非经法定机构注册不得使用，一经获得即可永久使用，并且无须定期续展，这与传统的专利、商标等客体不同。把域名作为知识产权的客体是科学和可行的，在实践中对于保护企业在网络上的相关合法权益是有利而无害的。

1. 域名的五个特征

（1）识别性

域名作为企业在网络中唯一具有识别性的标志，具有显著的区别功能。域名是使用者在网络空间人格形象的鉴别符号。

（2）唯一性

域名作为域名持有者在网络上的标志符号，其在全球范围内都是唯一的、不可能存在两个完全相同的域名。

（3）国际性

域名在国际互联网络上的效力是无限的，不受地域的限制，在全球范围内享有的利益是一致的。

(4) 排他性

在互联网络中，同一等级水平内的域名是唯一的、绝对排他的。一个域名只能由一个人或单位占有，权利人自己使用时无法授权他人同时使用相同的域名。域名申请遵循"先申请先注册"的原则，域名的排他性是其唯一性的进一步延展和必要保证。

(5) 无形性

域名是互联网络上不同的用户用来识别身份的。从某种程度上来说，域名与域名持有者的商业声誉、荣誉等紧密相连，其商业价值不仅仅在于域名本身，还有巨大的无形价值。

2. 域名的法律属性

域名持有者对域名享有专属权，是指

① 使用权，域名持有人可以使用自己的域名；

② 禁止权，域名持有人可以禁止别人使用自己的域名，别人也不得妨碍域名持有者合法使用域名；

③ 许可权，域名持有人可以许可他人使用自己的域名；

④ 转让权，域名持有人可以转让自己的域名以获得收益。

(三) 我国互联网域名体系

我国域名由中国互联网络信息中心（CNNIC）统一管理。中国互联网络信息中心是经国家主管部门批准，于 1997 年 6 月 3 日组建的管理和服务机构，行使国家互联网络信息中心的职责。

根据工业和信息化部关于调整中国互联网域名体系的公告（中华人民共和国工业和信息化部公告 2018 年第 7 号），我国互联网域名体系如下。

我国互联网域名体系中各级域名可以由字母（A～Z，a～z，大小写等效）、数字（0～9）、连接符（-）或汉字组成，各级域名之间用实点（.）连接，中文域名的各级域名之间用实点或中文句号（。）连接。

我国互联网域名体系在国家顶级域名 ".CN"".中国"之外，设有多个英文和中文顶级域名，其中 ".政务"".公益"顶级域名为面向我国党政群机关等各级政务部门及非营利性机构的专用中文顶级域名。我国互联网域名体系图详见 "http://中国互联网域名体系.中国""http://中国互联网域名体系.政务"或 "http://中国互联网域名体系.信息"。

国家顶级域名 ".CN" 之下，设置"类别域名"和"行政区域名"两类二级域名。

设置"类别域名"9个，分别为："政务"适用于党政群机关等各级政务部门；"公益"适用于非营利性机构；"GOV"适用于政府机构；"ORG"适用于非营利性的组织；"AC"适用于科研机构；"COM"适用于工、商、金融等企业；"EDU"适用于教育机构；"MIL"适用于国防机构；"NET"适用于提供互联网服务的机构。

设置"行政区域名"34个，适用于我国的各省、自治区、直辖市、特别行政区的组织，分别为："BJ"北京市；"SH"上海市；"TJ"天津市；"CQ"重庆市；"HE"河北省；"SX"山西省；"NM"内蒙古自治区；"LN"辽宁省；"JL"吉林省；"HL"黑龙江省；"JS"江苏省；"ZJ"浙江省；"AH"安徽省；"FJ"福建省；"JX"江西省；"SD"山东省；"HA"河南省；"HB"湖北省；"HN"湖南省；"GD"广东省；"GX"广西壮族自治区；"HI"海南省；"SC"四川省；"GZ"贵州省；"YN"云南省；"XZ"西藏自治区；"SN"陕西省；"GS"甘肃省；"QH"青海省；"NX"宁夏回族自治区；"XJ"新疆维吾尔自治区；"TW"台湾省；"HK"香港特别行政区；"MO"澳门特别行政区。

在国家顶级域名".CN"".中国"下可以直接申请注册二级域名。

中华人民共和国工业和信息化产业部负责中国互联网域名的管理工作。中国互联网络信息中心是域名注册管理机构，负责运行和管理相应的域名系统，维护域名数据库，授权域名注册服务机构提供域名注册服务。域名注册服务机构由域名注册管理机构认证，直接面向用户受理域名申请。域名争议解决机构由域名注册管理机构指定的中立第三方担任，按照注册管理机构指定的域名争议解决办法提供域名仲裁服务，域名争议裁定由域名注册服务机构执行。".CN"域名和中文域名争议解决机构有两家：中国国际经济贸易仲裁委员会（CIETAC）和香港国际仲裁中心（HKIAC）。

（四）域名与知识产权

域名是重要的无形资产和战略品牌资产，被誉为"网上商标"。企业网站是和广告宣传同样重要的商业拓展方式，和企业名称相同的域名具有同样的无形财产性质。域名对企业商标具有防御作用，可以避免其他企业甚至竞争对手利用其商誉注册或者使用相近或易混淆的域名，防止潜在客户的流失。很多企业域名与其企业名称、商号、注册商标相同和近似，是用户在互联网上找到该企业的非常重要途径，具有识别性。

二、什么是域名争议

域名争议是互联网时代新出现的法律纠纷形式。域名是对应于 IP 地址的层次结构式网络字符标识。从技术上说，域名只是连接在互联网上各计算机的地址。但域名同时也是联系网络用户和网站所有者的桥梁，具有可观的经济价值，在法律规定尚不完善的情况下，纠纷四起也在所难免。在互联网发展的不同阶段，域名争议的主要形态也有所不同。

（一）域名争议的类型

域名争议多种多样，归纳起来大致有以下三种类型。

1. 域名抢注

域名抢注就是把别人有名或比较有名的商号或商标大量注册为域名，再出价让权利人把这些域名买回去。例如，有家广州公司曾在".cn"之下将肯德基、可口可乐、宝马等 20 多个国际知名商标注册为域名，并报价出卖。例如，"baoma.com.cn"争议案，投诉人德国宝马汽车公司，域名主体部分"baoma.cn"与投诉人拥有的"BAO MA"注册商标拼写完全一致。

2. 注册使用域名

注册使用域名以假冒、淡化他人注册商标或商号。例如，有人故意注册"playboyxxx.com"的域名，该域名不仅与美国花花公子企业集团的注册商标 PLAYBOY 非常相似，而且指向的网站提供的服务也与美国花花公子企业集团相同，所以构成对 PLAYBOY 商标的侵权。

3. 由域名引起的权利冲突

这是由域名的唯一性与同一商标、商号可以存在多个权利人的矛盾引起的。例如，按照我国《商标法》的规定，一般情况下，只有未经商标注册人的许可，在同一种商品或者类似商品上使用与其注册商标相同或者近似的商标的才构成侵权。所以，在我国"中华""长城""梅花"等商标被众多企业注册为商标。因此如果有人注册的域名与众多的同一商标的权利人发生冲突，这种冲突就不仅是域名与商标的冲突，而且是商标注册人相互之间的冲突。

案例：奥运冠军姓名的域名抢注

（二）域名争议形式

1. 域名合同争议

域名合同争议主要包括由域名注册合同、域名转让合同、域名许可使用合同、域名权属合同等引起的纠纷。

2. 域名侵权争议

域名侵权争议主要包括因网络域名中包含他人文字注册商标的单词、字母等引起的纠纷，域名恶意抢注而引起的纠纷等。总体而言，域名侵权纠纷主要是域名注册者与驰名商标、普通商标、商号等的权益人因侵权或不正当竞争等引起的纠纷。

（三）域名争议解决途径

域名争议通常可以通过司法途径解决，也可以通过非司法途径解决，如调解、仲裁、双方协商，或者通过域名争议解决机制来解决争议。

1. 协商、调解、仲裁解决

当发现域名被抢注，在咨询法律专家后，确认自己的权利可能被恢复时，当事人可以通过协商或者发律师函、调解、仲裁等方式，要回自己的域名。

2. 诉讼解决

当协商无效时，当事人可以通过诉讼来解决域名纠纷。

3. 域名争议解决机制解决

当事人在协商不能解决纠纷的情况下，除诉讼外，还有一种更经济、快捷的域名争议解决途径，那就是域名争议解决机制。

如果域名注册人与任何第三人之间的域名纠纷没有被提交统一域名争议解决程序，那么纠纷可以通过诉讼、仲裁或调解解决。

在有关域名纠纷的诉讼程序或者仲裁程序开始之后，域名注册人不得再将域名注册转让给其他人，除非受让人以书面方式同意接受法庭或仲裁庭裁决的约束。域名注册人违反上述要求的，域名注册组织有权取消有关域名的转让。

在有关域名纠纷的诉讼程序或者仲裁程序开始之后，域名注册人可以将域名注册转移到其他域名注册组织，但其原来的域名注册仍然是诉讼程序或仲裁程序的标的。

三、国际域名争议解决机制

（一）适用的基础

按照 ICANN《统一域名争议解决政策》的规定，统一域名争议解决机制也是以域名注册合同为基础的。ICANN 要求各域名注册组织将《统一域名争议解决政策》作为格式化的域名注册合同的条款。域名注册申请人只有接受这些条款，即接受《统一域名争议解决政策》作为解决其与域名注册组织之外的任何第三人之间因其域名的注册和使用而引起的争议的规则和条件，才能获得域名注册。

ICANN《统一域名争议解决政策》还要求域名注册申请人在申请注册或者维持、续展注册时，作出陈述，向域名注册组织保证：

① 其有关域名注册合同的表述都是完整和确切的；
② 就其所知，所申请的域名注册不会侵犯任何第三人的权利；
③ 其注册域名并非出于违法目的；
④ 其将不会故意使用域名违反任何法律或法规。

域名注册申请人的上述陈述不仅是预防域名纠纷的措施，同时也是解决域名纠纷的基础。

1. 适用的条件

ICANN 的《统一域名争议解决政策》规定，统一域名争议解决机制适用于投诉人向有关的争议解决服务提供者投诉的符合以下 3 个条件的域名纠纷：

① 注册域名与投诉人享有权利的商品商标或者服务商标相同或者令人混淆地近似，
② 域名注册人就其域名不享有权利或合法利益，
③ 域名被恶意注册和使用。

2. "恶意注册"的证明

投诉人在统一域名争议解决程序中必须举证证明域名注册人的行为符合以上 3 个条件。就上述第 3 个条件而言，纠纷的裁决者如果发现有下列任何一种情形（但不限于这些情形），将认定证明恶意注册和使用域名的证据成立，即：

该情形表明，被投诉人注册或获得域名的主要目的在于向作为商标权人的投诉人或者投诉人的竞争对手，以高于域名注册的直接花费的昂贵价格，出售、出租或者以其他方式转让域名注册；

被投诉人注册域名是为了阻止商标权人将商标注册为对应的域名，并且被投诉人已经实施了此类行为；

被投诉人注册域名的主要目的在于扰乱其竞争对手的经营活动；

被投诉人通过使用域名，可能使网络用户误以为投诉人的商标与被投诉人使用域名的网站或其他在线站点及其提供的产品或服务有同一来源或有其他联系，从而出于商业目的，故意试图将网络用户吸引到其自己的网站或者其他在线站点。

3. 非恶意的辩解

域名注册人在收到投诉的通知之后，如果能举证证明下列任何一种情形（但不限于这些情形），纠纷裁决者就能基于证据的证明力，认定域名注册人就域名享有权利或合法利益，即：

① 在收到投诉通知之前，域名注册人就已经出于善意在所提供的商品或服务上使用或者能证明准备使用该域名或者某个与该域名对应的名称；

② 域名注册人（不论是个人、企业或其他组织）因该域名而为公众所知，虽然域名注册人并未获得相应的商标权；

③ 域名注册人使用域名出于合法的非商业性目的或属于合理使用，并非出于牟取商业利益的目的而误导性地吸引消费者或者贬损有关的商标的声誉。

被投诉的域名注册人只要能证明其对域名的使用符合上述任何一种情况，就不会遭受不利的后果。例如，某个注册了域名的小型企业在被投诉之后，可以提供企业的经营计划、商业信函、经营报告或其他证据，以证明其在收到投诉通知之前就已经出于善意在产品或服务上使用了该域名，所以其域名注册不应受投诉的影响。

又如，美国著名的网络公司"Yahoo!"曾于1996年被美国得克萨斯州一家蛋糕公司控告为商标侵权，理由是该蛋糕公司于1989年注册了商标"YAHOO"，并从1990年开始使用于蛋糕产品上。该蛋糕公司要求法院禁止"Yahoo!"公司在网络上使用"YAHOO"一词。最终双方达成了和解，该蛋糕公司另外注册了域名"yahoocake.com"。假定这一纠纷被提交统一域名争议解决程序，那么，即使"Yahoo!"公司尚未将"Yahoo!"注册为商标，也完全可以证明其域名"yahoo.com"已经为公众所熟知，不属于恶意注册域名侵害该蛋糕公司的商标权的情形。

（二）处理程序

ICANN制定的《统一域名争议解决政策》和《统一域名争议解决政策之规则》对统一域名争议解决程序中纠纷裁决者的选任、投诉与答辩、通讯方式、审理程序、裁决的公布、救济措施等环节作出了详细的规定。WIPO作为第一个被ICANN指定的"争议解决服务提供者"，制定了《统一域名争议解决办法补充规则》，对争议解决程序作了更具体的规定。

以下对统一域名争议解决程序的分析基本以ICANN制定的规则为依

据，以 WIPO 的补充规则为补充。

1. 争议解决服务提供者与争议裁决者

ICANN1999 年 10 月公布了《统一域名争议解决政策之规则》之后不久，又公布了其选任争议解决服务提供者的标准。ICANN 表示，将从所有申请成为争议解决服务提供者的机构当中，从申请机构的能力和背景、机构裁决者的水平以及机构在线解决争议的硬件设施等方面进行衡量，选任执行新机制的争议解决服务提供者。

投诉人只能从 ICANN 选任的争议解决服务提供者中选择其中之一，提交其投诉。受理投诉的争议解决服务提供者将主持程序的运行，解决投诉的争议。

被 ICANN 指定的作为争议解决服务提供者的机构应当保持一定数量的争议裁决者，并公布裁决者姓名和资历的名单。争议解决服务提供者将根据投诉者和被投诉者的选择和案件具体情况，任命争议的裁决者。裁决组织的构成分为 1 人独任制或者 3 人小组制。

裁决者应当保持中立和独立的地位。如果裁决者存在妨碍其中立性或独立性的情形，应当在接受任命之前向争议解决服务提供者披露；如果在程序进行过程中，裁决者出现妨碍其中立性或独立性的情形，也应当立即向争议解决服务提供者披露。在上述情形下，争议解决服务提供者有任命替代裁决者的裁量权。

裁决者的职权包括：

① 按照 ICANN《统一域名争议解决政策》和《统一域名争议解决政策之规则》裁决案件；

② 保证各方当事人得到平等的待遇，让每个当事人都有公平的机会表达自己的观点；

③ 保证遵守时限，迅速地处理案件；

④ 认定证据的证明力；

⑤ 按照当事人的请求，决定将多个域名纠纷合并审理。

2. 投诉

任何个人或组织都能够向争议解决服务提供者投诉，从而启动统一域名争议解决程序，投诉书应当同时采用打印形式和电子形式。

投诉书主要包括以下内容：

① 将投诉提交统一域名争议解决程序裁决的请求；

② 提供投诉人及其授权的代表人的名称、通信地址、电子邮件地址、

电话及传真号码；

③ 指定一种向投诉人送达文件的通信方法；

④ 说明是选择 1 人独任制还是 3 人小组制来裁决争议；

⑤ 提供被投诉人（域名注册人）的名称和投诉人所知的被投诉人的联系信息（包括通信地址、电子邮件地址、电话及传真号码），使争议解决服务提供者足以将投诉文件送达被投诉人；

⑥ 指明作为投诉客体的域名；

⑦ 指明在投诉之时被投诉域名的注册组织；

⑧ 指明其投诉基于的商品商标或者服务商标、使用商标的商品或服务以及使用商标的方式；

⑨ 说明其投诉的争议符合上述统一域名争议解决程序要求的 3 个条件；

⑩ 说明寻求的救济措施；

⑪ 说明已经开始或结束的有关域名争议的其他法律程序；

⑫ 声明如果被投诉人对统一域名争议解决程序所作的取消或转移域名注册的裁决不服，向法院起诉，投诉人将接受的法院管辖（一般是指域名注册组织主要办事机构所在地的法院或者域名注册人所在地的法院）；

⑬ 投诉人或其授权的代表人的签名。

此外，投诉人还应当保证其指控仅针对域名注册人，不针对争议解决服务提供者、域名注册组织以及 ICANN。投诉可以针对同一个域名注册人的多个域名。因为统一域名争议解决程序只适用于恶意域名注册和使用的情形，所以投诉没有时效限制。

3. 答辩

争议解决服务提供者在收到投诉书之后，经审查认为符合统一域名争议解决程序要求的，应当送达给被投诉人。投诉书送达之日为统一域名争议解决程序开始之日。争议解决服务提供者应当及时将程序开始的日期通知给投诉人、被投诉人、有关域名注册组织和 ICANN。被投诉人应当在程序开始之日起 20 日内提交答辩。答辩书应当同时采用打印形式和电子形式。答辩书的内容除了应当符合上述投诉书的格式要求之外，主要应当对投诉书指控的内容进行辩解，并说明其保留被投诉域名的注册和使用的理由。如果被投诉人在规定期间不提交答辩，裁决者将根据投诉的内容对争议作出裁决。

4. 通信方式

由于统一域名争议解决程序是一种全球性的机制，当事人处于世界各国，有关通知、文件的提交和送达都必须借助通信手段，因此通信方式的选择和确认在这种机制中占有重要地位。投诉人和被投诉人应当分别在投诉书和答辩书中说明其希望采用何种通信方法（邮寄、传真还是电子邮件）。争议解决服务提供者不论采用何种通信方式向当事人送达文件，都必须保留文件送达的证明，包括传真的发送确认报告、邮寄收据以及发送电子邮件的记录。文件送达证明上记载的日期被认定为送达的日期，作为程序期间的起算日期。各方当事人的联系方式一旦发生变动，应当及时通知争议解决服务提供者。

任何文件的发送者都有义务保留发送的证明。对于文件发送的事实或时间有异议的对方当事人有权要求查询文件发送的证明。如果一方当事人收到文件无法被发送的通知，应当立即通知裁决者，由裁决者决定在以后的程序如何通讯联系。

5. 审理程序

《WIPO最终报告》曾经建议统一域名争议解决程序的发展方向是借助互联网完成对争议的审理和裁决。ICANN采纳了这一建议，在选任争议解决服务提供者时，充分考虑申请机构有无在线处理争议的能力。如果不采用在线方式解决争议，让天南地北的当事人齐聚一堂，那么统一域名争议解决程序廉价、高效的优势就丧失殆尽了，而且域名争议的各方当事人应当都有能力通过网络参加争议解决程序。在网络审理程序中，争议解决服务提供者采用技术措施，保障网络通信的安全。争议当事人借助网络提交文件，交换信息。裁决者也通过网络通知当事人送达。

根据ICANN的规定，争议裁决一般采取"书面审理"，即裁决者通过审查各方当事人提交的文件和所作的陈述进行裁决。在特殊情况下，裁决者也可以开庭审理，例如利用远程会议、可视会议或万维网会议等技术手段组织"虚拟开庭"，借助视听设施在网上组织当事人陈述观点、提供证据、进行辩论，并由终端数据库将把所有审理过程记录下来。

合并审理是统一域名争议解决程序的一个突出特点，也是突出的优点。域名争议的一个难点就在于，对一个商标稍加变动就能够引出一系列域名，因此围绕一个知名商标可能存在着许多个恶意注册的域名。例如英特尔公司的商标"INTEL"就可能被他人恶意注册为域名"INTLE""INTTEL"等。在普通诉讼程序中，商标权人为了保护其商标权只能逐一起诉。

然而，在统一域名争议解决程序中，同一域名注册人在任何国际顶级域名之下注册的多个域名都属于侵犯同一商标权人的商标权的恶意注册的，多个域名引发的争议可以合并审理。在程序开始之后，商标权人或域名注册人都可以申请合并审理。合并审理由第一组被任命的裁决者进行。

6. 裁决

裁决者应当根据 ICANN 制定的规则以及其他应当适用的法律规定和原则对争议作出裁决。在正常情况下，裁决者应当在被任命后 14 日内将就投诉作出的裁决交给争议解决服务提供者，如果裁决者是 3 人小组制，那么裁决适用少数服从多数原则。裁决者制作的裁决书应当采用书面形式，写明裁决的理由、出具的日期以及裁决者的姓名。

如果裁决者在审查投诉书后发现投诉的争议不属于统一域名争议解决程序的适用范围，应当在裁决书中写明。如果裁决者发现投诉是出于反向域名抢注或者骚扰域名注册人的恶意，也应当在裁决书中声明投诉出于恶意，构成对统一域名争议解决程序的滥用。

如果在裁决之前，各方当事人达成和解协议，裁决者应当终止统一域名争议解决程序。如果在裁决之前，因某种原因使统一域名争议解决程序变得不必要或者不可能，裁决者也应当终止该程序，但一方当事人在裁决者限定的期间内提出正当理由反对终止程序的除外。

争议解决服务提供者在收到裁决者的裁决书后 3 日内，应当将裁决书全文通过国际互联网传送给各方当事人、有关域名注册组织和 ICANN。有关域名注册组织应当立即将执行裁决的日期通知各方当事人、争议解决服务提供者和 ICANN。

争议解决服务提供者应当在供公众访问的网站上公布裁决书的全文和执行裁决的日期，除非裁决者决定只公布裁决书的部分内容。在投诉人恶意投诉的情况下，认定投诉人滥用统一域名争议解决程序的裁决应当一概被公布。公布裁决是为了在统一域名争议解决机制中形成一系列有关解决域名争议的判例，使裁决更具有可预见性。

7. 救济措施

裁决者给予域名纠纷投诉的救济限于要求域名注册组织取消被投诉人的域名注册或者将被投诉人的域名注册转移给投诉人。域名注册组织在收到有关裁决之后，应当立即按照裁决的要求取消或转移被投诉人的域名注册。

8. 保全措施

在域名纠纷被统一域名争议解决程序审理期间或者在程序结束后 15 个

工作日之内，被投诉的域名注册人不得将域名注册转让给第三人。域名注册组织有权取消违反上述规定的域名注册转让。

在域名争议正被统一域名争议解决程序审理期间或者在程序结束后 15 个工作日之内，被投诉的域名注册人不得将域名注册转移到另一域名注册组织。

（三）与诉讼、仲裁、调解的关系

在统一域名争议解决程序开始之前或者结束之后，投诉人或者被投诉人都可以将纠纷提交有管辖权的法院处理。如果统一域名争议解决程序的裁决者裁决被投诉的域名注册应当被取消或转移，域名注册组织将在收到争议解决服务提供者的通知之后等待 10 个工作日。

如果被投诉的域名注册人在 10 个工作日之内提交了其已经向对投诉人有管辖权的法院起诉的证明（例如起诉书副本或者法院收案的收据），域名注册组织将不执行统一域名争议解决程序的裁决，直到域名注册组织得到证据证实当事人已经解决了争议或者域名注册人的起诉已经被撤回，或者收到法院驳回域名注册人起诉或者认定域名注册人无权继续使用域名的裁决，才会采取进一步行动。

如果有关域名争议的诉讼程序在统一域名争议解决程序开始前或进行中被提起，统一域名争议解决程序的裁决者拥有决定是否中止、终结统一域名争议解决程序或者继续裁决的裁量权。

如果统一域名争议解决程序进行中一方当事人提起了有关域名争议的诉讼程序，应当立即通知统一域名争议解决程序的裁决者和争议解决服务提供者。

四、我国域名争议解决机制及相关规定

（一）中国域名争议机制

1. 建立和发展

2000 年初，中国互联网络信息中心开始研究《统一域名争议解决政策》的规则，参照 ICANN 的《统一域名争议解决政策》引入民间争议解决机制，解决网络域名与商标的争议及域名抢注纠纷。在 2000 年 11 月推出中文域名之前，中国互联网络信息中心公布了《中文域名争议解决办法》，授权和委托中国国际经济贸易仲裁委员会建立域名争议解决中心，制定相应的《中文域名争议解决程序规则》，以专家组裁决方式在线解决

中文域名争议。2002 年 9 月 30 日，依据原信息产业部 2002 年颁布的《中国互联网域名管理办法》，中国互联网络信息中心发布《域名争议解决办法》及其程序规则，2006 年 3 月 17 日，中国互联网络信息中心修订并发布新的《域名争议解决办法》及其程序规则。现行 2014 年 11 月 21 日起施行的《中国互联网络信息中心国家顶级域名争议解决办法》。

中国国际经济贸易仲裁委员会（贸仲委）网上争议解决中心的前身是中国国际经济贸易仲裁委员会域名争议解决中心。中国国际经济贸易仲裁委员会域名争议解决中心成立于 2000 年 12 月。2001 年 1 月，作为中国互联网络信息中心授权的域名争议解决机构，中国国际经济贸易仲裁委员会开始受理域名争议，于 2005 年 7 月启用"中国国际经济贸易仲裁委员会域名争议解决中心"名称，并于 2007 年 8 月在保留"中国国际经济贸易仲裁委员会域名争议解决中心"名称的同时正式以"中国国际经济贸易仲裁委员会网上争议解决中心"名称对外开展工作。

中国国际经济贸易仲裁委员会网上争议解决中心自成立以来，不断扩大纠纷解决的范围，从最初由中国互联网络信息中心授权解决中国域名争议，到以亚洲域名争议解决中心北京秘书处名义解决通用顶级域名争议，中心积累了丰富的网上争议解决的经验。

2. 特点

① 我国域名争议解决机制属于准强制性管辖，介于法院强制性管辖与仲裁协议管辖之间；

② 根据域名注册人在其与域名注册服务机构所签订的域名注册合同中所作的保证确定案件范围；

③ 我国域名争议解决机制仅限于恶意域名注册引发的纠纷；

④ 裁决结果仅限于争议域名自身状态的变化，不涉及损害赔偿问题；

⑤ 注册人规避争议解决程序的行为受到限制；

⑥ 争议域名在争议解决程序进行期间禁止转让；

⑦ 全部程序在线进行，执行保障，注册服务机构无条件执行；

⑧ 争议解决机制与法院诉讼并行不悖。

(二) 相关规定

1. 投诉人权益认定问题

域名争议与一般商标侵权在权益判断上应有所区别，不能简单因争议域名使用的标志与投诉人的商标相同即认定投诉人对域名标志享有权益。

对投诉人的注册商标是否构成《中国互联网络信息中心国家顶级域名争议解决办法》规定的民事权益，应重点分析对于公众而言，在认识上是否将域名使用的标志与投诉人的企业、商品或服务产生联系。

2. 投诉人民事权益的范围

（1）狭义范围

有些专家主张《中国互联网络信息中心国家顶级域名争议解决办法》中民事权益的范围仅包括权利相对明确的注册商标专用权和企业名称权等。由于域名争议解决程序是一种有限的程序，注重效率，在有限的资源、时间和权限内，专家组应仅对权利界定明确的权益进行认定，对于界定不明确的权益，投诉人可以选择司法程序维护自己的权益。

（2）广义范围

有些专家则认为民事权益不应仅限于注册商标专用权和企业名称权，对于《著作权法》《反不正当竞争法》上的权利，甚至不构成权利的合法权益（法益）也可以认定为《中国互联网络信息中心国家顶级域名争议解决办法》所称的权益。投诉人享有利益的标志如果被抢注为域名，也会对投诉人的权益造成损害。

3. 如何认定被投诉人具有"恶意"

所谓"恶意"是指非权利人故意将他人享有权利或利益的名称或设计注册为自己的域名。对于恶意的判断尤其要考虑以下因素：域名持有人提出向商标权人或其竞争对手出售、出租或以其他方式有偿转让域名的；以营利为目的，以故意混淆域名与争议人商标的方式引诱互联网用户进入其网页或其他在线服务的；专为阻止商标权人将其商标用于自己的域名而注册的；为损害竞争对手的业务而注册域名的。

常见的恶意情形：

① "专业"域名抢注者——抢注他人名称及通常名称等，然后以向其他人出售域名作为营利手段者，如抢注奥运冠军姓名并进行拍卖的"朱抢抢"等；

② "兼职"域名抢注者——有选择地将几个知名商标或名称注册为域名，并创建一个或几个很少更新的网页，等待商标权人或其他人出价者；

③ 搭他人便车者——在网上经营某种产品，并注册一个或几个和同类知名产品的商标相同或近似的域名者；

④ 相同或近似的域名。

除非被投诉人有明显的正当理由,"恶意"通常会被认定;"明知或应知他人权利的存在"是认定恶意的关键甚至是决定性因素。在大多数情况下,专家组要考虑的是被投诉人是否"没有恶意",只要找不到这方面的依据,往往就会认定存在恶意;目前已经基本形成的共识是:只要在域名中使用了他人享有权利的标志,本质上就是恶意的。

五、域名争议纠纷的司法解决

(一)法律依据

最高人民法院《关于审理涉及计算机网络域名民事纠纷案件适用法律若干问题的解释》(以下简称《域名司法解释》),共8条。该司法解释于2001年6月26日由最高人民法院审判委员会第1182次会议通过,于2001年7月24日起施行,是中国法院审理域名纠纷案件的主要法律依据,总结和借鉴了国内外处理域名纠纷案件的实践经验,指导各级人民法院适用《民法通则》《反不正当竞争法》等相关法律解决网络域名纠纷。该司法解释明确从商标侵权的角度规范域名的注册和使用。

此外,人民法院在审理域名争议纠纷案件中,还将以《民法通则》《合同法》《商标法》《反不正当竞争法》《民事诉讼法》等基本法律规定作为审理和判决的相应法律依据。

(二)法院受理域名纠纷案件的范围

《域名司法解释》第1条规定:对于涉及计算机网络域名注册、使用等行为的民事纠纷,当事人向人民法院提起诉讼,经审查符合《民事诉讼法》第108条规定的,人民法院应当受理。这就是说,域名纠纷案件属于平等主体之间的民事纠纷案件。

域名纠纷的案由,根据最高人民法院《民事案件案由规定》主要有:网络域名合同纠纷(包括网络域名注册合同纠纷、网络域名转让合同纠纷及网络域名许可使用合同纠纷)、网络域名权属、侵权纠纷(包括网络域名权属纠纷和侵害网络域名纠纷),此外,根据当事人双方争议法律关系的性质,还包括侵犯商标权纠纷和不正当竞争纠纷两类纠纷。

(三)域名纠纷案件的司法管辖

《域名司法解释》第2条对域名侵权纠纷案件的管辖作出了规定:首先,考虑到域名纠纷案件专业性较强,有可能涉及驰名商标的认定,因此规定由中级人民法院作为第一审法院。

其次，域名纠纷案件应当执行《民事诉讼法》关于侵权诉讼地域管辖的一般规定，即由侵权行为地或者被告住所地人民法院管辖。针对网络案件的特点，在难以确定侵权行为地和被告住所地的情况下，原告发现该域名的计算机终端等设备所在地可以视为侵权行为地。

参考文献

［1］中国互联网络信息中心. 第38次中国互联网络发展状况统计报告［R/OL］.（2016－08－03）. http：//www.cnnic.net.cn/hlwfzyj/hlwxzbg/hlwtjbg/201608/P020160803367337470363.pdf.

［2］我国域名注册与管理机构［EB/OL］. http：//www.wqdian.com/zhuanti/6/38/p/10852.html.

［3］http：//www.chinaz.com/news/2016/.

［4］http：//arbiter.wipo.int/domains.

［5］《域名争议解决机制及法律保护研究》2009年7月讲座　汪涌

［6］刘小明. 从实务角度看域名纠纷诉讼程序和UDRP域名争议解决机制的优劣［EB/OL］.（2016－04－03）. http：//wenku.baidu.com/view/fb89f9a5cf84b9d529ea7a7a.html.

［7］《域名经济与法律规制》胡钢

［8］薛虹. 统一域名争议解决机制［J］. 电子知识产权，2016（6）：60－61.